・三版・

龍樹與中觀哲學

Nāgārjuna and Mādhyamaka

楊惠南／著

不生亦不滅，不常亦不斷，不一亦不異，不來亦不出。

能說是因緣，善滅諸戲論，我稽首禮佛，諸說中第一。

——龍樹

東大圖書公司

獻 給

上印 下順 導 師

再版序

中國最早的佛經翻譯，相傳是迦葉摩騰於白馬寺譯《四十二章經》。迦葉摩騰在後漢永平十年（西元 67 年），應漢明帝使者蔡愔等人之請，越過沙漠到達洛陽，住於明帝為他所建的白馬寺，譯出《四十二章經》。這件事，雖有學者懷疑它的真實性，但這是史上記載最早的譯經，則毫無疑問。隨後，大量的佛經被譯了出來，一直到宋朝，譯經工作還在進行。被譯出來的佛經，包括天台宗所宗重的《妙法蓮華經》；華嚴宗所宗重的各類《華嚴經》；禪宗所宗重的《楞伽經》和《金剛經》；淨土宗所宗重的「淨土三經」（《無量壽經》、《觀無量壽經》、《阿彌陀經》）；唯識宗所宗重的《楞伽經》和《解深密經》；密宗所宗重的《金剛頂經》和《大日經》。除此之外，各類《般若經》，如後漢．支婁迦讖譯的《道行般若經》；西晉．竺叔蘭譯的《放光般若經》；姚秦．鳩摩羅什譯的《大品般若經》、《小品般若經》、《金剛般若經》；唐．玄奘譯的《大般若經》等等，都是影響中國至深且鉅的佛典。

在這幾類佛經當中，有些是義理難信的經典，如《法華經》、《華嚴經》、「淨土三經」；有些是因為神祕而若無上師指導，便難以深入的《金剛頂經》、《大日經》；有些則是雖難信，但卻論證嚴謹、條理分明，所以容易理解的唯識經論。但這些經論，只要起信，只要花點時間研讀，卻不難深入。

依筆者的經驗，最難理解，因此也最難深入的，是《般若經》及其相關論書，如龍樹的《中論》、《迴諍論》。難理解，是因為這些佛經所宣說的「空」，概念看似簡單卻相當複雜。把這個概念說清楚、講明白的，正是龍樹的《中論》和《迴諍論》。

在《中論》中，龍樹所採用的邏輯（推理方法），和一般我們所熟知的邏輯不同；有西方學者，例如 Richard H. Robinson, T.R.V. Murti 等人稱它為「辯證法」。這種方法，在辯證的最終，留下一個超越一切的理體——空；這是主張一切皆空，連「空」也空的龍樹，所無法同意的。而在拙著《龍樹與中觀哲學》裡，則大力證明龍樹所採用的邏輯不是辯證法，而是大家所熟知的邏輯，只是加以改良而已。

這本書，花去筆者許多心血。筆者曾在拙著《印度哲學史》的再版序裡說到，撰寫這本書時，曾因為熬夜等過度勞累而吐血。這本書，也被韓國的學者，譯成了韓文。筆者要感謝這位不認識的學者，將本書介紹給韓國佛學界知道。

楊 惠 南 寫於

台灣大學教職員宿舍

2022 年 4 月 15 日

自　序

在中國，龍樹 (Nāgārjuna; A.D. 150–250) 被尊為佛教的「八宗共祖」；也就是說，中國佛教所開展出來的八個大乘宗派——三論、唯識、天臺、華嚴、禪、淨、密、律等八宗，都共尊龍樹為該宗的一代祖師。而龍樹的著作，特別是《中論》(中觀論頌，*Madhyamaka-kārikā*)、《十二門論》(*Dvādaśanikāya-śāstra* 或 *Dvādaśamukha-śāstra*) 和《大智度論》(*Mahā-prajñāpāramitāpadeśa*)，也受到了三論、天臺、華嚴，乃至唯識、淨土各宗歷代祖師的重視，成了這些宗派的思想泉源。其中，三論宗更把龍樹的《中論》、《十二門論》，以及其弟子提婆 (聖天，Āryadeva) 的《百論》(*Śata-śāstra*) 等三部論典，當做直接的研究對象，以致獨得「三論宗」的名稱。

在中國，龍樹是「八宗共祖」；而在印度，他是大乘兩大宗派之一——中觀學派 (Mādhyamika) 的創立者。〔印度另一大乘宗派則是由無著 (Asaṅga; A.D. 310–390) 所開創出來的瑜伽行派 (Yogācāra)，又名唯識學派 (Vijñāna-vāda)。〕

龍樹之所以受到中、印佛教界的推崇，並不是沒有原因的。他所活動的年代 (A.D. 150–250)，正是印度大乘佛教 (Mahāyāna) 初興的時期。因此，一方面，他必須代表新興的大乘佛教，和傳統的小乘佛教 (Hīnayāna) 相抗衡；另一方面，他也不得不結合當時的政治力量，以便和一向被視為「正統的」(āstika) 異教——婆羅門教 (Brahmanism) 相周旋。所以，鳩摩羅什所譯的《龍樹菩薩傳》，說他死在一個小乘論師的手裏；而布敦 (Bu-ston) 的《佛教史》(*Chos-hbung*)，則說他死在一場宮廷裏的政治鬥爭當中。這兩種說法，表面上看來似乎是互相矛盾的，但實際上正好反映了在該一時空之中，龍樹所不得不肩負的兩種時代使命——對抗小乘佛教和婆羅門教，以弘揚大乘佛教。

顯然，龍樹是死於「非命」的，很多迷信的佛教徒也許會認為這是「道行」不高的緣故。然而，龍樹為大乘佛法捐軀，顯然是有深意和代價的。因為，大乘佛法從此走上了興盛的康莊大道；許多大乘的經典，例如《楞伽經》、《摩耶經》等，都透過釋迦佛的金口，預言、讚嘆龍樹的事跡。而《龍樹傳》更說，龍樹死後，南印度的人們競相為他立廟，並且還像崇敬釋迦佛一樣地禮拜他。這些點點滴滴，相信都是他之所以能在中國成為「八宗共祖」的原因吧？

筆者對龍樹之著作的研讀，開始於一九七〇年左右。在此之前，筆者曾沉溺於念佛自修當中，不看電視、不聽音樂，也不交際應酬，終日念佛、打坐，朋友、同事視我為不通人情世故的怪物。但是，在一個巧妙的機緣之下，筆者讀到了印順法師的早年作品《妙雲集》，才覺悟到自己所走的修行路線，正是他所極力批判的小乘行。他那眾人皆醉我獨醒的呼聲——佛教必須走入人間、走入社會、走入廣大的眾生當中，深深感動了我原本自私的心態。於是，我開始撥出更多的時間在「化他」的工作上，不再完全把自己隔絕於親友、同事乃至社會之外。而一個窮書生所能做的「化他」工作又能夠是什麼呢？那自然是致力於大乘經論的研讀，特別是龍樹之作品的探究了。

十多年來，自修的工夫荒廢了，而「化他」的心願卻一直未能實現。對於龍樹之作品的研究，竟然只有區區數篇論文發表，而其內容也僅限於《中論》和《迴諍論》(*Vigraha-vyāvartanī*)——另一部少為中國學者所注意的龍樹作品之內。這不能不說是令筆者時時感到汗顏的地方！

在這些論文當中，由於是單獨發表的關係，篇與篇之間並沒有照顧到它們的貫通性，有些內容甚至是一再重複的。其中，第二篇——〈龍樹的「空」〉，是特別為《諦觀》雜誌致中法師的邀稿而寫的，內容比較淺顯，正好做為龍樹哲學的簡介。而第一篇——〈引論：龍樹的生平及其影響〉，內容牽涉較廣，但卻沒有什麼獨特的見解，僅僅是龍樹其人及其思想、影響的簡介；這純粹是為了本書的出版而最後補寫的。

由於筆者的龍樹研究，受益於印順法師的《妙雲集》甚多，也由於他是當今中國佛學界的龍樹研究權威，(這特別可以從他的大著《妙雲集》中的《中觀論頌講記》、《中觀今論》等書看出來，）更由於他還是我二十年前就已皈依了的師父，因此，筆者虔誠地將這十多年來的小小研究成果，奉獻給印順法師。

另外，像這樣一本純粹學術性質的論文集，必定少有商業的價值；而東大圖書公司卻慨然答應出版。這除了要特別感謝業師傅教授偉勳先生的推介之外，還要感謝東大圖書公司劉董事長振強先生的幫忙！

楊 惠 南

1988 年 1 月 10 日

龍樹與中觀哲學

目　次

龍樹的《中論》用了辯證法嗎？

《中論》裏的「四句」之研究

「空」否定了什麼？——以龍樹《迴諍論》為主的一個研究——

引論：龍樹的生平及其影響

一、青年時期的龍樹

在中國，有關龍樹 (Nāgārjuna; A.D. 150–250) 生平的說法，大都來自姚秦．鳩摩羅什所譯的《龍樹菩薩傳》、元魏．吉迦夜與曇曜所譯的《付法藏因緣傳》，以及來自印度經論或遊記（例如唐．玄奘之《西域記》）當中的一些傳說。

鳩摩羅什所譯的《龍樹（菩薩）傳》❶，說到龍樹是「南天竺梵志種」❷；梵志，應是婆羅門 (Brāhmaṇa) 階級的意思❸。這

---

❶ 現存由鳩摩羅什所譯的《龍樹菩薩傳》，有許多不同的版本。（參見《大正藏》卷 50，頁 184❸；頁 185❶。）但內容大同小異，對於了解其生平大概，並無重大影響。

❷ 下文所引《龍樹傳》文，皆見《大正藏》卷 50，頁 184 上～185 中；或見同書，頁 185 中～186 下。

❸ 印度的社會制度共分四姓階級。依其地位之高低次序是：⑴婆羅門，即婆羅門教 (Brahmanism) 之宗教師及其家族；⑵剎帝利 (Kṣatriya)，即軍事和政治上的統治階級——武士；⑶吠舍 (Vaiśya)，即士、農、工、商等庶民階級；⑷首陀羅 (Śūdra)，即奴隸階級。這四姓階級在釋迦出世前即已形成。最早之記載，應是記載於西元前 1500–1000 之間所成立之《梨俱吠陀》(*Ṛg-veda*) 第十章之〈原人歌〉(Puruṣasūkta) 當中。

從西藏人布敦 (Bu-ston; A.D. 1290–1364) 所著之《佛教史》(法史，*Choshbyung*) 即可看出來。他說：龍樹是生在南方一個名叫「毘達拔」(Vidarbha) 的國家，父親是一個富有的婆羅門 (Brāhmaṇa)❹。

既然是生在一個富有的婆羅門家庭之中，龍樹自然從小就受到完整的婆羅門教 (Brahmanism) 教育。所以，《龍樹傳》說他「天文、地理、圖緯、祕讖及諸道術，無不悉綜」。甚至還傳說：「在乳餔之中，聞諸梵志，誦四圍陀典，各四萬偈，(每) 偈有三十二字，皆諷其文，而領其義。」其中，所謂「四圍陀典」，即是婆羅門教的根本經典——四種《吠陀 (經)》(圍陀經，*Veda*) ❺。

然而，布敦的《佛教史》則有略微不同的說法❻：龍樹在七

---

❹ 詳見 Bu-ston, *History of Buddhism* (*Chos-hbyung*), tr. by Dr. E. Obermiller, Heidelberg 1931, II Part, p. 122.

❺ 吠陀 (Veda) 音譯為「圍陀」、「韋陀」或義譯為「明論」，即智慧之書的意思。相傳是上古之大仙 (ṛṣi)，受到天神之「天啟」(即聽聞，śruti) 而誦出者。誦出之《吠陀》共有四種，分別由四種祭師 (ṛtvij)，在祭祀當中唸頌：(1)《梨俱吠陀》(讚誦明論，*Ṛg-veda*)，由勸請者 (hotṛ) 所唸頌；(2)《沙磨吠陀》(歌詠明論，*Sāma-veda*)，由詠歌者 (udgātṛ) 所唸頌；(3)《夜柔吠陀》(祭祀明論，*Yajur-veda*)，由行祭者 (adhvarju) 所唸頌；(4)《阿達婆吠陀》(禳災明論，*Atharva-veda*)，由祈禱者 (brahman) 所唸頌。這四祭師後來都稱為「婆羅門」(Brāhmaṇa)。四吠陀原來皆以詩歌的形式集成，稱為「本集」(saṃhitā)，即是《龍樹傳》中所說的「偈」。其後也有一些註釋「本集」的散文體的部分被加進去，成為廣義的《吠陀》。加進去的部分即是「梵書」(Brāhmaṇa)、「森林書」(Āraṇyaka)、「奧義書」(Upaniṣad) 和「經書」(Sūtra)。

❻ 下面有關布敦之《佛教史》的引文，請參見 Bu-ston, *History of Buddhism*

歲以前似乎是個體弱多病，幾度瀕臨死亡的少年。他的父親聽了占卜者的勸告，把他送到了那爛陀寺 (Nālanda)❼。到了寺廟門口，龍樹高聲地唱唸四《吠陀》之一的《沙磨吠陀》(*Sāmaveda*)❽裏的經文，寺中的薩拉哈婆羅門 (Brāhmaṇa Sāraha) 聽到之後，就勸他出家以延壽。於是，龍樹出家了，並且從他師父那裏學得了死亡之神的征服者——阿彌陀 (Amitāyus) 的密咒❾，以致成了一個長壽者❿。後來，他又和薩拉哈婆羅門學習《吉祥祕密集坦特羅》

(*Chos-bhyung*), II Part, pp. 122–130.

❼ 原註說：木刻本中，Nālanda 作 Nālendra。依唐．玄奘，《大唐西域記》卷 9，〈摩伽陀國下〉條，此寺在中印度王舍城北方，最先由第五世紀初之鑠迦羅阿逸多王（帝日王，Śakrāditya）所興建，其後經歷代帝王之整建，而成為一大叢林。為印度古代最有名之佛寺之一。（參見《大正藏》卷 51，頁 923 中～924 上。）

❽ 參見❺。

❾ 塔拉那達 (Tāranātha) 之《七高僧傳》(*Bkaḥ-babs-bdun-ldan*) 說，龍樹在那爛陀寺依羅睺羅 (Rāhula) 出家，所學之延壽密咒則是「無量壽陀羅尼」(aparimitāyur-dhāraṇī)。（參見望月信亨，《望月佛教大辭典》卷 5，頁 4995 中。）在漢譯經典中，有一名為《大乘無量壽經》（一卷）的經典，乃唐．法成所譯，（見《大正藏》卷 19，頁 82 以下。）與宋．法天所譯之《佛說大乘聖無量壽決定光明王如來陀羅尼經》（一卷）應為同本（見前書，頁 85 以下）。而二經之梵名皆為 aparimitāyur-dhāraṇī。因此，龍樹所唸之密咒或許即是本經中之咒語。

❿ 有關龍樹的壽命，有各種不同的傳說。《龍樹傳》末，說他「假餌仙藥，現住長壽，二百餘年，住持佛法」。（引見《大正藏》卷 50，頁 185 中。）唐．法藏，《十二門論宗致義記》卷上更說：「西國有傳，龍樹從佛滅後三百年出南天竺。共一國王，以藥自持，擬待彌勒。（依《彌勒下生經》，彌勒相傳五十六億餘年以後才會下生人間。）至八百年，彼王諸子並皆老死，無嗣位

(*Çrī Guhyasamāja*) 等經典，並跟從羅睺羅跋多羅 (Rāhulabhadra)⓫受戒，法名「有德」(Çrīmān)⓬。

《龍樹傳》和布敦《佛教史》之間的最大差別是：前者認為弱冠以前的龍樹，所受的都是婆羅門教的教育；而後者則說到七歲以後，龍樹即接受佛法的熏習。

依照《龍樹傳》看來，年輕時代的龍樹，不但是一個「外道」，而且是一個耽迷於慾樂的不良青年。《傳》說：龍樹和「契友三人」，「俱至術家，求隱身法」。學得隱身法之後，「縱意自在，常入王宮」，以致「宮中美女皆被侵凌，百餘日後，宮中人有懷妊者」。於是國王下令捕殺，契友三人皆死，唯有龍樹一人逃過大劫。正危難中，龍樹「始悟欲為苦本，眾禍之根，敗德危身」，因此發誓說：「我若得脫，當詣沙門，受出家法。」所以，脫難後，龍樹就「入山詣一佛塔，出家受戒」。這些說法和《付法藏因緣傳》卷 5 所說相同⓭，但與上引布敦《佛教史》的記載相去甚遠。不過，卻可以做為龍樹早年信仰「外道」(婆羅門教) 的佐證⓮。

者。後一太子恨無得位，母氏教云，汝父不死，是龍樹所持；汝乞彼首，父則隨喪。子便依言往乞，菩薩剔頸與之，於是而卒。既五百年在世，是故……。」(引見《大正藏》卷 42，頁 218 下。) 依此，則龍樹活了五百歲。另外，唐・道世，《法苑珠林》卷 53 更說，龍樹「壽年七百歲」。(見《大正藏》卷 53，頁 681 下。) 總之，龍樹大約是一個長壽的人，其真正的壽命成謎，推測在百歲以上。

⓫ 原註：藏文名 Sgra-gcan-ḥdzin-bzaṅ-po。此人可能是教導龍樹唸誦長壽之密咒的法師。(參見❾)

⓬ 原註：藏文名 Dpal-ldan。

⓭ 參見《大正藏》卷 50，頁 317 中～下。

二、學佛中的龍樹

不管龍樹的出家學佛，是為了求得長壽（如布敦《佛教史》所說），或是為了體悟慾樂的苦空不實（如《龍樹傳》、《付法（藏因緣）傳》所說）；也不管龍樹的出家學佛是在七歲的少年（布敦說），或是在有了慾愛之後的青年（《龍樹傳》、《付法傳》說）；總之，出家學佛之後的龍樹，是一個虔誠、精進的行者。《龍樹傳》和《付法傳》都說到他在出家九十日後，就把所有的經論研讀完畢。諒想，所謂所有的經論，應指小乘的經論⑮；因為，《龍樹傳》說：當他讀完所有的經論之後，「雪山中深遠處，有佛塔，塔中有一老比丘，以摩訶衍經與之，誦受愛樂。雖知實義，未得通

---

⑭ 《付法藏因緣傳》卷6，還說：「當是時也有婆羅門，聰慧奇悟，善於言論。造《鬼名書》，甚難解了。章句廣博，十有萬偈。……龍樹一聞，尋便開悟，善能憶持，如舊誦習。」（引見《大正藏》卷50，頁319下。）可見龍樹早年確實信奉「外道」。

⑮ 筆者這樣猜測，除了有《龍樹傳》的「摩訶衍經」（詳正文下文）之說外，更可以從《付法（藏因緣）傳》的部派色彩看出來。《付法傳》的師承，迦葉、阿難除外的二十二祖當中，第三祖商那和修 (Śāṇavāsin)、第四祖憂波毱多 (Upagupta)、第五祖提多迦 (Dhītika)、第九祖脇比丘 (Pārśva)、第十祖富那奢（望滿，Pūrṇayassa）、第十一祖馬鳴 (Aśvaghoṣa)，都是說一切有部 (Sarvāstivādin) 的著名學者。（參見印順，《說一切有部為主的論書與論師之研究》第三章第二節、第七章第二節，臺北：慧日講堂，1968。）可見，《付法傳》乃說一切有部之作品。而龍樹是其中的第十三祖，自然也是屬於這一部派的人物。因此推斷，龍樹最初出家學佛是在小乘部派中的說一切有部。

利。周遊諸國，更求餘經。於閻浮提中，遍求不得。」引文中的摩訶衍經即大乘經⑯。龍樹既然在出家後九十日中，遍讀經論而大嘆「更求異經都無得處」(《龍樹傳》語）的時候，接受了雪山老比丘的「摩訶衍經」，可見其原先所讀的是小乘經，而其出家也在小乘的部派當中⑰。

初次品嚐到「摩訶衍經」之滋味的龍樹，似乎是一個狂傲的人。《付法傳》說他此後「即便自謂一切智人」⑱，《龍樹傳》則有下面一段重要的記載：

> ……即起邪慢心，自念言：「世界法中，津塗甚多，佛經雖妙，以理推之，故有未盡。未盡之中，可推而演之，以悟後學，於理不違，於事無失，斯有何咎？」思此事已，即欲行之，立師教戒，更造衣服，令附佛法，而有小異。欲以除眾人情，示不受學。擇日選時當與，謂弟子受新戒、著新衣。

這段記載與譯於元魏的《付法傳》所說大同小異，想必傳自於《付法傳》。因此，也必是龍樹原先所出家之小乘說一切有部的傳說。從小乘的觀點來說，龍樹在初次接觸「摩訶衍經」之後，竟然就想「立師教戒，更造衣服」乃至「受新戒、著新衣」，自然

---

⑯ 摩訶衍，乃梵文 mahāyāna 之音譯；義譯為大乘。

⑰ 參見⑮。

⑱ 本文有關《付法（藏因緣）傳》的引文，皆見《大正藏》卷 50，頁 317 中～318 下。

是一件大逆不道的事情。但是，從大乘的另外一個觀點來說，龍樹的圖謀興革，可能只是意味著他對大乘的嚮往和對小乘的失望而已⓳。

龍樹的圖謀興革，如果不是失敗，就是並沒有繼續施行。《龍樹傳》說，當他正要有所興革之時，有一天，「獨在靜處，水精房中，大龍菩薩見其如是，惜而愍之，即接之入海。於宮殿中，開七寶藏，發七寶華函。以諸方等深奧經典、無量妙法授之」。這一傳說也和《付法傳》一致，但與布敦的《佛教史》卻略有出入。布敦說：龍樹在他所出家的那爛陀寺 (Nālanda) 犯了戒律，而被逐出寺門之後，即到處流浪⓴。在流浪中，還和著有《莊嚴正理論》(*Nyāyalaṁkāra*)㉑，而顯然是正理學派 (Nyāya) 學者的商羯羅 (Çaṁkara)㉒進行了一場辯論，因此有機會遇到了兩個龍 (nāgas) 族

⓳ 布敦，《佛教史》說到龍樹在那爛陀寺 (Nālanda) 當侍者 (Žal-ta-pa) 的時候，曾經因為饑荒，破戒賺錢購買糧食，而被眾僧驅出寺院，並罰他建造一千萬所寺院。（參見 Bu-ston, *History of Buddhism* (*Chos-hbyung*), II Part, pp. 123–124.）依此看來，龍樹確實是一個敢於違抗戒律，因而受到他出家之部派所排斥的人。

⓴ 原文說他以神通力遊戲於世間 (mundane) 與出世間 (supermundane) 之中。（參見 Bu-ston, *History of Buddhism*, II Part, p. 124.）

㉑ 原註說：Nyāyalaṁkāra 的西藏文是 Rigs-paḥi-rgyan，而其梵名又叫 Yuktyalaṁkāra（莊嚴論理論）。

㉒ 從 Çaṁkara 所著 *Nyāyalaṁkāra* 的書名，即可斷定他是一個正理學派 (Nyāya) 的學者。在正理學派的文獻上，也有一部同名（或名為 *Nyāyalaṅk-āra*）的作品，不過，它可能是遲至十四世紀的 Śrīkaṇṭha 的作品，或是 Abhayatilak (A.D. 1275–1325) 的作品。（參見 M. S. C. Vidyabhusana, *A History of Indian Logic*, Delhi: Motilal Banarsidass, 1978, p. 151. 又見：K. H.

的小孩。在這兩個小孩的引導和龍王的禮請下，龍樹進入龍宮說法，並讀到了許多人間所未讀過的大乘經；它們包括：⑴《十萬頌（般若經）》(*Çatasāhasrikā*) ㉓；⑵《小字般若經》(*Svlpākṣara*)㉔。

儘管中國本土和西藏各有不同的傳說，但是，有一個共同點是，這此傳說都說到了「龍」(nāga)。依《龍樹傳》，龍樹受到大龍菩薩接引入龍宮讀經之後，「受讀九十日中，通解甚多。其心深入，體得寶利」。龍樹還自稱自己在龍宮所研讀的經典，「十倍閻浮提」㉕。由於龍樹乃受大龍菩薩的接引，進入龍宮研讀經典，所以其名字當中有個「龍」字㉖。布敦的《佛教史》，在說到「龍樹」一詞的意義時，列舉了四項意義㉗，其中，第一項意義是：從絕對本質之大海㉘所生，就像真龍生於大海一樣；第二項意義是：不住著於常、斷二見當中，就像真龍自知住處的無限一樣；

Potter, *Indian Tradition of Nyāya-Vaiśeṣika up to Gaṅgeśa*, in *Encyclopedia of Indian Philosophies*, Princeton: Princeton Univ. Press, 1977, p. 668.）

㉓ 相當於漢譯《大般若經》初分的片斷。

㉔ 原註：西藏文作 *Yi-ge-ñuṅ-ṅu* 乃小《般若波羅蜜多經》(small *Prajñā-pāramitā-sūtras*) 之一。收於北京版《西藏大藏經》，甘珠爾部（Bkaḥ-ḥgyur，即佛說部），十萬坦特羅部 (Rgyud)，第七。（筆者按：相當漢譯《佛說佛母小字般若波羅蜜多經》。）

㉕ 閻浮提，梵名 jambudvīpa，泛指我人所居住之人間。

㉖ 《龍樹傳》說：「其母樹下生之，因字阿周陀那 (arjuna)。阿周陀那，樹名也。以龍成其道，故以龍配字，號曰龍樹也。」

㉗ 以下四項意義皆見 Bu-ston, *History of Buddhism*, II Part, p. 128.

㉘ 原註：藏文是 chos-dbyiṅs，即梵文的 dharma-dhātu（法界）。

第三項意義是：擁有法寶，就像真龍擁有無量黃金和珠寶一樣；而第四項意義則是：具有（如火一樣的）洞見，能燃燒和照亮，就像真龍的火眼一樣。可見《龍樹傳》和布敦的說法很相近㉙，它們都與「龍」有關。

三、弘法中的龍樹

《龍樹傳》和《付法傳》都說到，學成後的龍樹，曾經兩度和婆羅門教舉行大鬥法。依據《龍樹傳》，第一次的大鬥法是：一個婆羅門，「善知咒術」，說服了「天竺國王」，在國王的「殿前」舉行鬥法。婆羅門和龍樹各顯神通，前者變化出「千葉蓮華，自坐其上」；而龍樹則「化作六牙白象，行池水上，趣其華坐，以鼻絞拔，高舉擲地」。結果，「婆羅門傷腰，委頓歸命龍樹」。而《付法傳》則說，「婆羅門傷背委困」；最後，「龍樹慈矜，度令出家」。

龍樹和婆羅門教的第二次鬥法，比較溫和。依《龍樹傳》的記載，有一「南天竺王，總御諸國，信用邪道（指婆羅門教）」。龍樹為了度化這位國王，於是「應募為其將，荷戟前驅，整行伍勒部曲」㉚。國王開始注意到龍樹，一打聽，才知道「此人應募，

㉙ 二者的不同點是在 arjuna（龍樹的「樹」字）的解釋上。《龍樹傳》以為 arjuna 是龍樹所生之地的一棵樹名（詳見註釋㉖）；但是，布敦《佛教史》卻說：「arjuna 的意思是『具有力量的人』。」而所謂「有力量」，是指：⑴法界 (the kingdom of the Doctrine) 的守護者和領導者；⑵諸論敵，亦即世間邪惡力量的降伏者。（參見 Bu-ston, *History of Buddhism*, II Part, p. 128.）而在中國，玄奘把「龍樹」譯為「龍猛」，恰巧和西藏所傳相吻合。

既不食廪，又不取錢」。國王於是召見龍樹，並與他展開了一場鬥法和辯論。最後，「王乃稽首，伏其法化」。不但國王改變信仰，成了龍樹的信徒，而且，「殿上有萬婆羅門，皆棄束髮，受成就戒」。

龍樹的參與政治，在唐．玄奘的《大唐西域記（卷 10）．憍薩羅國條》當中，也曾經提到：

> 憍薩羅國……城南不遠，有故伽藍，傍有窣堵波，無優王之所建也……後龍猛菩薩止此伽藍。時此國王號娑多婆訶（原註：唐言引正），珍敬龍猛，周衛門廬……龍猛菩薩善閑藥術，飡餌養生，壽年數百，志貌不衰。引正王既得妙藥，壽亦數百。㉛

這是玄奘對龍樹與憍薩羅國王——娑多婆訶（引正）之間情誼的第一段記載。類似的說法，也出現在布敦的《佛教史》當中。不過，國王的名字改為安提瓦哈那 (Antīvāhana) 或優檀亞那跋陀羅 (Udayanabhadra)㉜。

有關引正王與龍樹之間的交往，《大唐西域記》還有另外的一段記載：

> （憍薩羅）國西南三百餘里，至跋邏末羅耆釐山（原註：

㉚ 《付法傳》還說，龍樹應徵當兵，前後共有七年。

㉛ 引見《大正藏》卷 51，頁 929 上～中。其中，龍猛即龍樹的另一譯名。

㉜ 參見 Bu-ston, *History of Buddhism*, II Part, p. 127.

> 唐言黑蜂)……引正王為龍猛菩薩鑿此山中，建立伽藍……其中則長廊步簷，崇臺重閣。閣有五層……龍猛菩薩以釋迦所宣教法及諸菩薩所演述論，鳩集部別，藏在其中。故上第一層唯置佛像及諸經論；下第五層居止淨人、資產、雜物；中間三層僧徒所舍。㉝

這是描述引正王為龍樹所建造之寺院——伽藍的情形。透過龍樹的政治關係，因為這樣而建造起來的，必定不在少數；而且，也可能不限於引正王所統治的憍薩羅國。唐．道世的《法苑珠林》卷 38，即曾說：「《西域志》云：龍樹菩薩於波羅柰國造塔七百所。」㉞布敦，《佛教史》更說，龍樹前後建了一千萬所寺院；而其入龍宮的目的之一，即是為了運回泥土以做建寺之用㉟。

龍樹與政治的關係，布敦的《佛教史》還有一段記載：當龍樹出龍宮而遊化到北方的拘羅 (Kuru) 時，途中經過一個名叫沙拉馬 (Salama) 的城鎮，遇到了一個名叫傑他卡 (Jetaka) 的小孩。龍樹依據小孩的手相，預言小孩長大會當國王。數年後，當龍樹因為在拘羅地方弘法失敗㊱，而再度重遊沙拉馬時，傑他卡已經長

㉝ 引見《大正藏》卷 51，頁 929 下～930 上。

㉞ 同前書，卷 53，頁 589 上。

㉟ 參見 Bu-ston, *History of Buddhism*, II Part, p. 124. 文中還說到龍樹出龍宮之後，在東方的帕他威夏 (Paṭaveça) 地方，建了許多寺院。（同前書，頁 125。）

㊱ 龍樹在拘羅地方的弘法大約是失敗的。布敦《佛教史》說，他剛到拘羅而洗僧衣之時，拘羅人把他的僧衣拿走。當龍樹抗議說：「那是我的」之時，拘羅人卻說：「依照本地的語言，『我的』就是『我們的』！」（參見 Bu-ston,

大成為國王了。傑他卡王送了許多珠寶給龍樹，龍樹也特別寫了《寶行王正論》(*Ratnāvalī*)[37]送給傑他卡王，做為回報[38]。

龍樹參與政治的程度一定相當的深入，因為傳說他是死於一場宮廷的政爭。玄奘的《大唐西域記（卷 10）．憍薩羅國條》曾說：由於娑多婆訶（引正）王得到了龍樹的幫助，以致長壽不死。引正王的兒子想繼承王位，卻無法如願。母后就唆使王子去找龍樹理論，並向龍樹索取人頭。二人展開了一場對話。最後，龍樹「徘徊顧視，求所絕命，以乾茅葉，自刎其頸」[39]。玄奘的記載幾乎一字不改地重寫於布敦的《佛教史》當中。唯一不同的是：國王的名字是安提瓦哈那 (Antīvāhana) 或優檀亞那跋陀羅 (Udayanabhadra)，王子的名字是夏克提曼 (Çaktimān)；並說龍樹不是「自刎」，而是王子用吉祥草（即茅草，Kuça）[40]割下龍樹的

History of Buddhism, II Part, p. 125.）按，拘羅 (Kuru) 在古代又名「中國」(Madhyadeśa) 或「婆羅門國」(Brahmāvarta)，乃婆羅門教的文化中心所在，自然不是佛教勢力所輕易可以傳入的地方。（參見高楠順次郎、木村泰賢著，高觀盧譯，《印度哲學宗教史》，臺北：臺灣商務印書館，民國 60 年，頁 5。）龍樹在拘羅的傳教失敗，是可以預見的。

[37] 漢譯佛典中，確實有一名為《寶行王正論》的作品，一卷，陳．真諦所譯，全部偈頌體；但作者不詳。（收錄在《大正藏》卷 32，頁 493 以下。）不過，拉曼南 (K. Venkata Ramanan) 以為，這是龍樹寫給好友夏他瓦哈那 (Śātavāhana) 王的一封信。（參見 K. V. Ramanan, *Nāgārjuna's Philosophy*, Delhi: Motilal Banarsidass, 1987, p. 35.）

[38] 以上見 Bu-ston, *History of Buddhism*, II Part, p. 125.

[39] 詳見《大正藏》卷 51，頁 929 中～下。

[40] 荻原雲來等編，《梵和大辭典》上卷，頁 362b 說：Kuśa 草譯為茅草、吉祥草等，學名為 Poa cynosuroides。

頭。另外，還說龍樹當時住在妙光山 (Çrīparvata)[41]。

但是，《龍樹傳》和《付法傳》卻有和以上之傳說完全不同的說法。《龍樹傳》說：

> 是時，有一小乘法師，常懷忿疾。龍樹將去此世，而問之曰：「汝樂我久住此世不？」答言：「實所不願也！」退入閑室，經日不出。弟子破戶看之，遂蟬蛻而去。

這樣看來，龍樹是自殺而死（或夭年而死），也與政爭無關；反而是與小乘之間的爭執有關了。

也許，這兩種看來完全矛盾的傳說，也可以會通如下：夏克提曼王子為了篡奪父親的王位，因此籠絡小乘師，而共同陷害龍樹吧？

四、龍樹的著作

龍樹除了和婆羅門教鬥法、辯論，和小乘師、國王、王子周旋，以及到處興建寺院之外，還寫了不少的作品。依《龍樹傳》，他的著作有：(1)《優婆提舍》十萬偈；(2)《莊嚴佛道論》五千偈；(3)《大慈方便論》五千偈；(4)《中論》五百偈；(5)《無畏論》十萬偈（《中論》出其中）。其中，第(1)的《優婆提舍》(*Upadeśa*)，義譯為論議，應即是包括《大智度論》(*Mahā-prajñāpāramitā-*

---

[41] 以上見 Bu-ston, *History of Buddhism*, II Part, p. 127.

śāstra) 在內的論典 (śāstra)。其次，第(2)的《莊嚴佛道論》(*Buddhamārgālaṅkāra-śāstra*)，拉曼南 (K. Venkata Ramanan) 以為即是與《十地經論》(*Daśabhūmika-śāstra*) 有關的作品㊷。這樣看來，它應該相當於漢譯的《十住毘婆沙論》了（詳下文）。而第(3)的《大慈方便論》，不知所指為何？也許是像漢譯《菩提資糧論》、《廣大發願頌》（詳下文）之類闡揚菩薩精神的作品吧？第(5)的《無畏論》(*Akutobhaya-śāstra*)，可能即是傳入西藏的《中論無畏疏》㊸，因為《龍樹傳》說到第(5)的《中論》(*Madhyamaka-kārikā*) 乃節錄自《無畏論》。

事實上，《龍樹傳》所提到的五種龍樹的著作，乃是經過歸納的結果。依據《昭和法寶總目錄》四，列在龍樹名下的漢譯作品，共有下面二十四種：

1.《大智度論》（一百卷），姚秦．鳩摩羅什譯；
2.《十住毘婆沙論》（十七卷），姚秦．鳩摩羅什譯；
3.《中論》（四卷）（龍樹造偈，青目釋），姚秦．鳩摩羅什譯；
《順中論》（二卷）（龍樹造偈，無著釋），姚秦．鳩摩羅什譯；
《般若燈論釋》（十五卷）（龍樹造偈，分別明釋），唐．波羅頗蜜多羅譯；
《大乘中觀釋論》（九卷）（龍樹造偈，安慧釋），宋．惟淨等譯；
4.《十二門論》（一卷），姚秦．鳩摩羅什譯；
5.《百字論》（一卷），後魏．菩提流支譯；

㊷ 參見 K. Venkata Ramanan, *Nāgārjuna's Philosophy*, Delhi: Motilal Banarsidass, 1987, p. 34.

㊸ 參見前書。

6.《壹輸盧迦論》（一卷），後魏．瞿曇般若留支譯；
7.《大乘破有論》（一卷），宋．施護譯；
8.《六十頌如理論》（一卷），宋．施護譯；
9.《大乘二十頌論》（一卷），宋．施護譯；
10.《十八空論》（一卷），陳．真諦譯；
11.《迴諍論》（一卷），後魏．毘目智仙共瞿曇流支譯；
12.《方便心論》（一卷），後魏．吉迦夜譯；
13.《大乘寶要義論》（十卷），宋．法護、惟淨等譯；
14.《因緣心論頌因緣心論釋》（一卷），失譯；
15.《寶行王正論》（一卷），陳．真諦譯；
16.《菩提資糧論》（六卷）（龍樹本，自在釋），隋．達摩笈多譯；
17.《菩提心離相論》（一卷），宋．施護譯；
18.《菩提行經》（四卷），宋．天息災譯；
19.《釋摩訶衍論》（十卷），姚秦．筏提摩多譯；
20.《福蓋正行所集經》（十二卷），宋．日稱譯；
21.《龍樹菩薩為禪陀迦王說法要偈》（一卷），宋．求那跋摩譯；
《勸發諸王要偈》（一卷），宋．僧伽跋摩譯；
《龍樹菩薩勸誡王頌》（一卷），唐．義淨譯；
22.《讚法界頌》（一卷），宋．施護譯；
23.《廣大發願頌》（一卷），宋．施護譯；
24.《龍樹五明論》（二卷），失譯[44]。

---

[44]《昭和法寶總目錄四．大正新脩大藏經著譯目錄．附印度諸論師著作目錄》，頁 697 上～下。

在這二十四種著作當中，有些已經確定不是龍樹的作品。依望月信亨，《佛教大辭典》㊺，已知《十八空論》、《方便心論》不是龍樹的作品；《菩提行經》西藏傳說是寂天 (Śāntideva; A.D. 650–750) 所集；而《釋摩訶衍論》和《龍樹五明論》，則是中國所撰㊻。

另外，依拉曼南 (K. Venkata Ramanan) 所說，《百字論》(*Akṣara-śataka*) 是提婆 (Āryadeva; A.D. 175–275) 的作品；《大乘二十頌論》(*Mahāyānaviṁśika*) 也不是龍樹的作品；《十八空論》(*Aṣṭādaśa-śūnyatā-śāstra*) 乃後代學派——成唯識 (Vijñāptimātrata siddhi) 的論典，顯然不是屬於中觀學派 (Mādhyamika) 之龍樹的作品；《釋摩訶衍論》也是一部屬於瑜伽（行）唯識派 (Yogācāra-vijñānavāda) 的論典，不可能是龍樹的作品；龍樹著作的主題是「空」(śūnyatā) 與「中道」(madhyamā-pratipat)，因此，像《方便心論》(*Upāyahṛdaya*)、《菩提心離相論》(*Lakṣaṇa-vimukta-bodhi-hṛdaya(citta)-śāstra*)、以及《廣大發願頌》(*Mahāpraṇidhānotpāda-gāthā*) 等這類與這一主題無關的作品，都是可疑的；另外《福蓋正行所集經》不過是一些有關德行之經文的節錄重編，也與「空」與「中道」無關，因此也似乎不是龍樹的作品；而《龍樹五明論》(*Nāgārjuna-pañcavidyā-śāstra*) 是後代密教的典籍，也不可能是中觀學派的著作㊼。

另外，望月信亨還說，梵本《法集名數經》

㊺ 望月信亨，《佛教大辭典》5，頁 4996 中。

㊻ 《昭和法寶總目錄》，頁 697 原註❺說，《釋摩訶衍論》乃新羅・月忠所偽撰。

㊼ 以上見 K. V. Ramanan, *Nāgārjuna's Philosophy*, pp. 34–35.

(*dharmasaṃgraha*)、迦才《淨土論》卷中所載之〈十二禮文〉，以及唐．不空所譯之《金剛頂瑜伽中發阿耨多羅三藐三菩提心論》等，也傳說是龍樹所作，但實際都是後人所撰㊽。

在西藏所傳方面，布敦的《佛教史》把龍樹的著作分成了下面幾大類㊾：

(一)形上學 (metaphysics) 方面的著作：㊿

1. 《中觀論頌》(*Mādhyamika-stotras*)；
2. 六部有關中觀 (Mādhyamika) 的論典51。

(二)教理之實踐方面的著作：

1. 《經典集要》(*Sūtra-samuccaya*)，與經典相契的教理；

㊽ 望月信亨，《佛教大辭典》5，頁 4996 中～下。

㊾ 詳見 Bu-ston, *History of Buddhism*, II Part, pp. 125–127.

㊿ 所謂形上學的著作，布敦解釋說，那是指有關中觀 (Mādhyamika) 之哲學主題為中心的著作。(Ibid., II Part, p. 125.)

51 亦即布敦《佛教史》上冊，所列舉的六部作品：(1)《七十空性論》(Çūnyatā-saptati)，詮釋所有存在事物都是緣起，並詮釋因果與雜多 (Pluralism) 都是空幻的作品；(2)《根本般若》(*Prajñā-mūla*)，破斥由我 (self) 或非我 (non-self) 而生之真實性；(3)《六十頌如理論》(*Yukti-ṣaṣṭikā*)，有關理論（指龍樹之哲學）的邏輯證明；(4)《迴諍論》(*Vigraha*-vyāvartani)，對論敵之挑戰的回辯；(5)《廣破論》(*Vaidalya-sūtra*)，說明與論敵和一般因明學者論辯的方法；(6)《圓滿施設論》(*Vyavahāra-siddhi*)，說明在第一義諦中皆無實體、在世俗諦中有世間諸行，二者並行不悖。（以上見 Bu-ston, *History of Buddhism*, I Part, pp. 50–51.）

2.《夢如意寶珠譚》(*Svapna-cintāmaṇi-parikathā*)，用論理的方式，說明大乘心並喚起聲聞乘清淨的本性。

㈢闡明在家居士和出家僧眾之主要行為準則的著作：

1.《親友書函》(*Suhṛllekha*)；
2.《菩提海會》(*Bodhigaṇa*)。

㈣有關坦特羅 (Tantras) 密教方面的著作：

1.《坦特羅集要》(*Tantra-samuccaya*)，有關坦特羅密教之理論與實踐的綱要書；
2.《菩提心釋》(*Bodhicitta-vivaraṇa*)，密教理論之詳釋；
3.《成就法略集》(*Piṇḍīkṛta-sādhana*)，摘要地說明（密教之）初學次第；
4.《經集》(*Sūtra-melāpaka*)[52]；
5.《曼陀羅儀軌》(*Maṇḍalavidhi*)；
6.《五次第》(*Pañca-krama*)，以上三部都在說明最後之次第。

㈤有關政治、醫藥、煉金術等之著作：

1.《治療法一百》(*Yogaçataka*)；
2.《養護臣民點滴》(*Jana-poṣaṇa-bindu*)；

---

[52] 原註說：本文集梵文之全名為 *Çrī-Guhyasamāja-mahā-yoga-tantra-utpatti-krama-sādhanam Sūtra-melāpakam nāma*。(參見 Bu-ston, *History of Buddhism*, II Part, p. 126，註釋 909.)

3.《百智慧論》(*Prajñā-çataka*)；

4.《寶行王正論》(*Ratnāvalī*)53；

5.《緣起輪論》(*Pratītyasamuptpāda-cakra*)；

6.《香瑜伽寶鬘》(*Dhūpa-yoga-ratṇa-mālā*)，以上二部都與煉金術有關。

㈥註釋方面的著作：

1.《祕密集坦特羅細疏》(*Guhyasamāja-tantra-ṭīkā*)；

2.《稻竿頌》(*Çālistambaka-kārikā*)；

3.《學集》(*Çikṣā-samuccaya*)，智慧手大師 (Prajñākaramati) 之《入菩提行細疏》(*Bodhicaryā-vatara*) 以為本書乃龍樹之作品；

4.《四印契決定》(*Caturmudrā-niçcaya*)，依《廣釋要門苞》(*Āmnāya-mañjarī*) 所說，本書並非龍樹所著。

以上布敦所歸納的六類二十七部作品當中，有一些想必也不是龍樹的手著；特別是第㈣大類的六部和第㈥大類中的第 1 部，都是有關坦特羅密教的作品，可以肯定不是龍樹的作品，因為龍樹的時代根本沒有坦特羅密教的存在。

另外，依照《望月大辭典》所列，西藏《大藏經》，「丹珠爾」當中，經疏部所列龍樹之作品有下面幾種：

1.《稻竿頌》(*Sā-lu-ljaṅ-paḥi tshig-leḥur-byas-pa*)；

2.《稻竿經廣疏》(*Ḥphags-pa sā-lu-ljaṅ-pa shes-bya-ba theg-*

---

53 原註：或名《中觀寶行王正論》(*Mādhyamika-ratnāvalī*)。(Bu-ston, *History of Buddhism*, II Part, p. 126.)

pa chen-poḥi mdoḥi rgya-cher bśad-pa)；

3.《菩提過犯懺悔註》(*Byaṅ-chub-kyi ltuṅ-ba bśags-pahi ḥgrel-pa*)；

4.《賢行願大王會疏》(*Bzaṅ-po spyod-paḥi smon-lam-gyi rgyal-po chen-poḥi bśad-sbyar*)。

在阿毘達磨部中，所列龍樹之作品有下面一種：

《法界心髓註解》(*Chos-kyi dbyiṅs-kyi sñiṅ-poḥi rnam-par ḥgrel-pa*)。

在律部中，則有下面兩種：

1.《根本說一切有部沙彌頌》(*Gshi thams-cad yod-par smra-baḥi dge tshul-gyi tshig-leḥur-byas-pa*)；

2.《十學儀軌》(*Bslab-pa bcuḥi cho-ga*)。

在中觀部有下面十九種：

1.《中論本頌》(*Dbu-ma rta-baḥi tshig-leḥur-byas-pa śes-rab ces-bya-ba*)；

2.《六十頌如理論》(*Rigs-pa drug-cu-paḥi tshig-leḥur-byas-pa shes-bya-ba*)；

3.《摧破經》(*Shib-mo rnam-par ḥthag-pa shes-bya-baḥi mdo*)；

4.《空性七十頌》(*Stoṅ-pa-ñid bdun-cu-paḥi tshig-leḥur byas-pa shes-bya-ba*)；

5.《空性七十註》(*Stoṅ-pa-ñid bdun-cu-paḥi ḥgrel-pa*)；

6.《迴諍論本頌》(*Rtsod-pa bzlog-paḥi tshig-leḥur-byas-pa shes-bya-ba*)；

7.《根本中觀註無畏》(*Dbu-ma rtsa-bahi ḥgrel-pa-ga-las ḥjigs-med*)；

8.《催破論》(*Shib-mo rnam-par ḥthag-pa shes-bya-baḥi rab-tu-*

byed-pa)；

9.《迴諍論》(*Rtsod-pa bzlog-paḥi ḥgrel-pa*)；

10.《大乘二十頌論》(*Theg-pa chen-po ñi-śu-pa*)；

11.《百字論偈》(*Yi-ge brgya-pa*)；

12.《百字論》(*Yi-ge brgya-pa shes-bya-baḥ ḥgrel-pa*)；

13.《因緣心論頌》(*Rten-ciṅ-ḥbrel-bar-ḥbyuṅ-baḥi sñiṅ-poḥi-tshig-leḥur-byas-pa*)；

14.《因緣心論釋》(*Rten-ciṅ-ḥbrel-bar-ḥbyuṅ-baḥi sñiṅ-poḥi rnam-par-bśad-pa*)；

15.《不覺令覺論》(*Ma-rtogs-pa rtogs-par-byed-pa shes-bya-baḥi rab-tu-byed-pa*)；

16.《大乘破有論》(*Srid-pa ḥpho-pa*)；

17.《入三自性成就》(*Raṅ-bshin gsum-la ḥjug-paḥi sgrub-pa*)；

18.《修習次第》(*Bsgom-paḥi rim-pa*)；

19.《發菩提心儀軌》(*Byaṅ-chub-tu sems bskyed-paḥi cho-ga*)。

其次，在禮讚部中，掛名龍樹的作品有下面三種：[54]

1.《讚法界頌》(*Cho-kyi dbyiṅs-su bstod-pa*)；

2.《佛三身讚》(*Sku-gsum-la bstod-pa shes-bya-ba*)；

3.《八大靈塔名號經》(*Gnas-chen-po brgyad-kyi mchod-rten-la bstod-pa*)。

在坦特羅部當中，掛名龍樹之作品，有下面一種[55]：

---

[54] 原文說有十九種，但實際僅列出三種。(望月信亨，《佛教大辭典》5，頁4997上。)

[55] 原文說共有四十七種，但實際上只僅出一種。(參見望月信亨，《佛教大辭

《密意語註釋》(*Dgoṅs-pahi skad-kyi hgrel-pa*)。

而在書翰部當中，掛名龍樹的作品，則有下面三種(56)：

1.《寶行王正論》(*Rgyal-po-la gtam-bya-ba rin-po-cheḥi phreṅ-ba*);

2.《大乘破有論》(*Srid-pa-las ḥdas-paḥi gtam*)；

3.《龍樹菩薩勸誡王頌》(*Bśes-paḥi spriṅ-yig*)。

在醫方明部當中，列有下面一種(57)：

《治療法一百》(*Sbyor-ba brgya-pa*)。

工巧明部當中，列有一部：

《香混合偈》(*Spos-kyi sbyor-ba reḥu char-byas-ba*)。

修身部當中列有一部(58)：

《一百智慧論》(*Śes-rab brgya-pa shes-bya-baḥi rab-tu-byed-pa*)。

而在雜部之中，也列有下面一部(59)：

《金剛誓願》(*Rdo-rjeḥi smon-lam*)。

阿底沙小部集，也列有一部(60)：

《發菩提心儀軌》(*Byaṅ-chub-tu sems-bskyed-paḥi cho-ga*)。

以上，在西藏《大藏經》中，收有一百二十五部，都掛名為龍樹的作品。但是，其中相信絕大多數都是後人的偽撰(61)。

典》5，頁 4997 上。)

(56) 原文說有五部。(同前書)

(57) 原文說有二部。(同前書)

(58) 原文說有三部。(同前書)

(59) 原文說有九部。(同前書)

(60) 原文說有十三部。(同前書)

(61) 望月信亨，《望月大辭典》5，頁 4996 下～4997 上。

五、龍樹的弟子與後繼者

有關龍樹的弟子，除了前文提到的一些改信佛教的婆羅門之外，《龍樹傳》並沒有提到其他的人。但是，《付法傳》卷 6，卻記載了龍樹「臨去此世」時，「告大弟子迦那提婆」的事情[62]。其中，「迦那提婆」(Kāṇadeva) 即獨眼提婆的意思，那是因為提婆 (Deva) 是一個缺了左眼的修行人的關係[63]。提婆，又名聖提婆（聖天，Āryadeva）；有關他的事跡，除了《付法傳》之外，後秦．鳩摩羅什所譯的《提婆菩薩傳》，則是正式的傳記。依據此傳的說法，提婆除了弘揚佛法之外，也和他的師父龍樹一樣，是個熱衷政治的人物。他透過一位「南天竺王」的親密關係，「三月度百餘萬人」，以致得罪了「邪道」。「邪道」的「婆羅門弟子」，於是「以刀決之，五藏（臟）委地」；提婆就這樣被異教徒殺死了[64]。

---

[62] 見《大正藏》卷 50，頁 318 下。

[63] 《付法傳》卷 6，曾說明為什麼提婆只有一眼的原因：「其初託生南天竺土婆羅門種，尊貴豪勝。由毀神眼，遂無一目；因是號曰迦那提婆。」（引見《大正藏》卷 50，頁 318 下。）另外，鳩摩羅什所譯的《提婆菩薩傳》，也說到了提婆之所以少掉左眼的原因。（參見《大正藏》卷 50，頁 186 下～187 上。）

[64] 以上見《大正藏》卷 50，頁 187 上～下。《提婆傳》中還說，他度化「南天竺王」的方式，也和龍樹一樣，應徵當兵。其中描述幾乎和《龍樹傳》中完全相同。而「南天竺王」為他開了一場與婆羅門的辯論大會，提婆立下了三個辯論主題：(1)「一切諸聖中，佛聖最第一」；(2)「一切諸法中，佛法正第一」；(3)「一切救世中（眾？），佛僧為第一」。結果提婆大勝，婆羅門大敗。

依《提婆傳》的記載，提婆的著作有《百論》（二十品）和《四百論》[65]。但依據布敦的《佛教史》，提婆的著作則可分為兩類：

㈠顯教部分：

1.《中觀四百論》(*Mādhyamika-catuḥçatikā*)；
2.《中觀掌中論》(*Mādhyamika-hastavāla-prakaraṇa*)；
3.《破邪成正理因論》(*Skhalita-pramathana-yukti-hetu-siddhi*)；
4.《智慧要集》(*Jñāna-sāra-samuccaya*)。

㈡坦特羅密教部分：

1.《行業合分論》(*Caryā-melāyana-pratīpa*)[66]；
2.《心識染淨論》(*Citta-āvaraṇa-viçodhana*)；
3.《四座坦特拉王曼荼羅方便儀軌要集》(*Catuḥ-pīṭha-tantra-rāja-maṇḍala-upāyikā-sāra-samuccaya*)；
4.《四座成就論》(*Catuḥpīṭha-sādhana*)；
5.《智荼加女成就論》(*Jñāna-ḍākinī-sādhana*)[67]；
6.《一林細疏》(*Eka-druma-pañjikā*)[68]。

---

[65] 參見《大正藏》卷 50，頁 187 下。

[66] 原文 melāyana 作 melayana，應有誤。而 melāyana 是結合的意思，pratīpa 則是對立（分開）的意思。

[67] 原註說：又名《智妃成就論》(*Jñāneśvarī-sādhana*)。

[68] 以上見 Bu-ston, *History of Buddhism*, II Part, p. 131. 另外，布敦還說，有人以

以上是布敦《佛教史》所列的一些有關提婆的著作，其中自然也有許多是後人的偽撰；特別是第二部分有關坦特羅密教的六種，大概可以肯定是偽撰，因為提婆時代並沒有密教存在。

另外，在《昭和法寶總目錄》中，還列有兩本有關提婆的作品：⑴後魏．菩提留支譯，《提婆菩薩破楞伽經中外道小乘四宗論》(一卷)；⑵同譯者，《提婆菩薩釋楞伽經中外道小乘涅槃論》（一卷）[69]。相信，這兩部也是後人的偽撰，因為《楞伽經》應屬提婆之後所成立的經典。

《提婆傳》並沒有說到提婆的弟子，但是《付法傳》卷 6 卻說到提婆有一弟子，名羅睺羅（羅睺羅跋多羅，Rāhulabhadra)。羅睺羅和提婆、龍樹三人，「名德竝著，美聲俱聞」；當時有一婆羅門，「造《鬼名書》，甚難解了，章句廣博，十有萬偈」，羅睺羅等「三大士」，卻「讚誦之」。其中，「龍樹一聞，尋便開悟，善能憶持，如舊誦習」；而「提婆菩薩為羅睺羅，更廣分別，演其章句；羅睺羅聞，豁然意解」。最後，在羅睺羅的晚年，則「以法付囑尊者僧伽難提 (Saṃghanandi)」[70]。

以上是《付法傳》對提婆之弟子羅睺羅的簡略記載。至於僧伽難提 (Saṃghanandi)，《付法傳》卷 6 曾有簡略的記載[71]，但他

為《分明顯密註疏》(*Pradīpa-uddyotana-abhisaṁdhi-prakāçikāvyākhyā-ṭīkā*) 一書，也是提婆的作品；但布敦卻懷疑其年代上的可靠性。(Ibid., II Part, p. 132.)

[69] 見《昭和法寶總目錄四．大正新脩大藏經著譯目錄．附印度諸論師著作目錄》，頁 695 中。

[70] 以上詳見《大正藏》卷 50，頁 319 下～320 上。

是否為一中觀學派的人物，實可懷疑；因為，西藏並沒有這一傳承。

最值得注意的是，布敦的《佛教史》，引了中期中觀派學者——月稱 (Candrakīrti; A.D. 600–650) 的作品——《明句論》(*Prasannapadā*) 中的話說：羅睺羅跋多羅並不是提婆的弟子，而是龍樹的師父(72)。顯然，這和上述漢譯文獻的說法完全矛盾。也許，布敦所說才對吧？因為有下面兩個理由支持這一說法：(1)隋．吉藏的《中觀論疏》卷 3 本，曾說：「羅睺羅法師是龍樹同時人，釋八不乃作常、樂、我、淨四德明之。」(73)羅睺羅既然是龍樹同時代的人，怎麼可能是提婆的弟子呢？(2)同書卷 10 末，吉藏又說：「……龍樹《智度論》第十八卷〈歎般若偈〉(74)，此是羅䕶（即羅睺羅之別譯）法師所作。但龍樹、羅䕶、提婆既是同時人，所以《智度論》引羅䕶所說。」(75)龍樹的作品——《大智度論》當中，既然引用了羅睺羅的詩偈，那麼，龍樹乃羅睺羅的弟子更加有可能性了(76)。

龍樹的弟子，除了提婆之外，還有龍智 (Nāgabodhi)。布敦的

---

(71) 參見前書，頁 320 上。

(72) 參見 Bu-ston, *History of Buddhism*, II Part, p. 135.

(73) 引見《大正藏》卷 42，頁 40 下。

(74) 原名〈讚般若波羅蜜偈〉；參見《大正藏》卷 25，頁 190 中～191 上。

(75) 引見《大正藏》卷 42，頁 168 下。

(76) 羅睺羅的作品似乎流傳很廣。因為不但龍樹的《大智度論》引用了他的作品，而且，連唯識系的《攝大乘論釋》卷 6（真諦譯）和堅意的《入大乘論》卷下，也都引用了他另外的偈頌。（詳見《大正藏》卷 31，頁 195 上；同書，卷 32，頁 48 下。）

《佛教史》也曾為他立了一個簡略的傳記。依這一傳記看來，龍智熟悉於正統與異端學派的哲理，住於山上 (Çrīparvata)[77]以致長壽，著有《祕密合集曼荼羅儀軌》(*Guhyasamāja-maṇḍala-vidhi*) 和《五次第註》(*Pañca-krama-ṭīkā*) 等書。[78]

在中國，傳說龍智是一個與密教有關的人物。例如，唐．不空所譯之《金剛頂瑜伽三十七尊出生義》即說：

> 故自佛已降，(密教) 迭相付囑。釋師子得於毘盧舍那如來方授，而誓約傳金剛薩埵。金剛薩埵得之，數百年傳龍猛菩薩。龍猛菩薩受之，數百年傳龍智阿闍梨。又住持數百年，傳金剛智阿闍梨。金剛智阿闍梨以悲願力，將流演於中國，遂挈瓶杖錫，開元七載至自上京，十四載遽得其人。復以誓約傳不空金剛阿闍梨，然後其枝條付囑頗有其人。[79]

這是不空所描述的密宗傳承，不但說到龍智是龍樹的弟子，而且說到龍智是繼承毘盧舍那如來所傳授下來的密教之一代祖師——阿闍梨 (ācārya)。不過，龍樹的前後年代，印度應該沒有密教存在，因此，這一傳說是可疑的。

---

[77] 依文義看來，Çrīparvata 是一座山的名字；不過，它的字典上的意義，卻是許多山的名字。

[78] 以上參見 Bu-ston, *History of Buddhism*, II Part, p. 132.

[79] 引見《大正藏》卷 18，頁 299 上。

六、中後期的中觀學派

龍樹一定是一位感化力極深的菩薩，以致《龍樹傳》說：「(龍樹）去此世已來，至今始過百歲，南天竺諸國為其立廟，敬奉如佛。」但是，當南天竺諸國正把他敬奉如佛的時候，反而沒有什麼重要的中觀派學者出現。一直到第五、六世紀，才有一個名叫佛護 (Buddhapālita; A.D. 470–540) 的論師出現，以「應成法」(歸謬證法，prāsaṅgika)，來註釋龍樹的《中論》。所謂的「應成法」，是一種指出論敵主張之內在矛盾，以否定其主張的推理方法，類似西洋邏輯中的歸謬證法 (reductio ad absurdum) ； 例如 ，《中論（卷 1） ·觀因緣品（第一)》中的證明「不自生」(並非自己生起自己)，即是採用這種方法。亦即，假設「自生」是對的，則有內在的矛盾產生，可見「自生」是錯的，「不自生」才是對的[80]。

---

[80] 應成法 (prāsaṅgika) 的中譯，乃出自法尊所譯之《菩提道次第廣論》 卷 17（臺北：新文豐出版公司，1975。）而《菩提道次第廣論》(*Lam-rim-chen-po*) 乃西藏大學者——宗喀巴 (Tsoṅ-k’a-pa；西元十四—十五世紀) 的巨著。依梵文 prāsaṅgika 的字義，乃由 prā（在前、前面）與 saṅgika（附著、關連、因果、內在性等）兩字所組成的；意思是：由接觸或緊密關連而得到之結果 。(以上見 Monier Monier-Williams, *A Sanskrit-EnglishDictionary*, p. 702 c.）因此，所謂「應成法」，指的是一種由先前 (prā) 假設（通常是論敵的主張）中的內在 (saṅga) 矛盾，而導出此一假設不成立的推理方法。例如，假設「自生」(自己生起自己)，然後從「自生」導出矛盾——一物有二體（此與常識矛盾)，最後下結論說：「自生」的假設（既然會導出矛盾，所以）不成立。〔有關「自生」不成立的論證，詳見《中論（卷 1） ·觀因緣

佛護的繼承人是月稱 (Candrakīrti;A.D. 600–650)。布敦的《佛教史》，說到佛護和月稱是「中觀應成學派」(Mādhyamika-prāsaṅgika) 的主要代表人物。布敦又說，所謂「中觀應成學派」，又叫「世間極成部行中觀學派」(Loka-prasiddhi-varga-cāri-mādhyamika)81。依此看來，這個學派之所以被稱為「中觀應成派」，乃是因為他們主張採用「應成法」來解釋龍樹的哲學。而事實上，西藏大論師——宗喀巴（Tsoṅ-k'a-pa；西元十四—十五世紀）的《菩提道次第廣論》(*Lam-rim-chen-po*) 卷 20，曾說到應成派的弟子主張：「中觀師者，唯破他許，餘無自宗……正理之果，亦唯令捨他宗。除彼之餘，自無所許。故一切種……唯用應成。」82依此看來，佛護和月稱的應成派，至少有兩個重要的特色：⑴用歸謬證法（應成法），證明論敵的主張含有內在的矛盾，以致不成立；⑵自己不提出任何主張。前者即是引文中的「破他許」、「捨他宗」；後者則是引文中的「無自宗」、「自無所許」。

和應成學派正好對立的是由清辯（分別明，Bhāvaviveka 或

品（第一）》；《大正藏》卷 30，頁 2 中。〕這樣看來，「應成法」與西洋邏輯中的「歸謬證法」(reductio ad absurdum) 非常接近。

81 所謂「世間極成部行中觀學派」一名的意義，並不清楚。依字義，「世間極成」(loka-prasiddhi) 是完全成立，沒有疑問地被接受的意思；大概是此一學派自己加給自己的美稱。而所謂「部行」(varga-cāri)，是集體修行、行動的意思。很可能是指此一學派的修行方式，但更可能與另一個和它對立的中觀學派——自續派 (Svātantrika) 的名字有關。因為，「自續」(svātantra) 有獨立自主、自由自在的意思；其相反，應即是「部行」。

82 引見宗喀巴著，法尊譯，《菩提道次第廣論》卷 20，臺北：新文豐出版公司，1975，頁 9 上。

Bhavya; A.D. 500–570）所創立的「自續派」(Svātantrika)[83]。所謂「自續」(svātantra)，字面的意思是獨立自主。這應該是指這一學派主張用自己的論證，來證明自己之哲學——「空」為正確的意思。也就是說，清辯以為龍樹的哲學——「空」，可以用唯識宗的因明 (Hetu-vidyā)[84]，來證明其成立。例如，清辯的《掌珍論》(*Karatalaratna*) 卷上即說：

真性有為空，如幻緣生故；
無為無有實，不起似空華。[85]

在這簡短的四句偈當中，就隱含著兩個因明中的論證——「三支作法」[86]：前兩句是一個，而後兩句是兩外一個。前兩句的「三支作法」是：

---

[83] 有關「自續派」一詞的中譯，出自法尊譯之《菩提道次第廣論》(宗喀巴著) 第 17 章。

[84] 所謂因明 (Hetu-vidyā) 即唯識宗的學者們，特別是陳那 (Dignāga; A.D. 400–480) 等人所發展出來的一套佛教邏輯。它的一個重要特色是「三支作法」，亦即由「因」(hetu) 與「喻」(udāharaṇa) 兩個前提，推論到結論「宗」(pratijñā)。例如，由「遠山有煙（故)」之「因」及「凡有煙的地方必定有火，例如灶」之「喻」(指「灶」)，推論到「遠山有火」之結論「宗」。因此，基本上，因明的三支作法，類似西洋傳統邏輯當中的「三段論式」(syllogism)。(參見沈劍英，《因明學研究》第 1 章，上海：中國大百科全書出版社，1985。)

[85] 清辯造，玄奘譯，《大乘掌珍論》卷上；引見《大正藏》卷 30，頁 268 中。

[86] 所謂「三支作法」，請見[84]。

宗（主張，pratijñā）：真性有為空（在真性當中，凡是有為法都是空的）。

因（原因，hetu）：緣生故（因為，凡是有為法都是因緣所生的緣故）。

喻（實例，udāharaṇa）：如幻（就如幻事一樣，凡是因緣所生的都是空的）。

在這個「三支作法」當中，「宗」支是主張或結論；其中，「真性」(tattvataḥ) 是指究竟的真理，亦即中觀學派所說的第一義諦（勝義諦，paramārtha-satya）。也就是說，清辯的主張（或結論）是：在究竟的真理當中，一切有為法 (saṃskṛta) 都是空的 (śūnya)。理由有兩個，一是「因」支，另一是「喻」支。因支說：凡是有為法都是「因緣（所）生」(pratyayodbhavāt)；而喻支則說：凡是因緣所生的，都像幻事（魔術，māyā）一樣，都是空的。

《掌珍論》的第二個「三支作法」是：

宗：無為無有實（在真性當中，凡是無為法都沒有真實性）。

因：不起（因為，無為法不生起的緣故）。

喻：似空華（就如空華一樣，凡是不生起的都是沒有真實性的）。

其中，宗支的「無為法」(asaṃskṛta) 是相對於有變化之「有為法」而言的事物，例如虛空、涅槃等；因支的「不起」(anutpādāḥ) 即不產生、沒有變化的意思；而喻支的「空華」(khapuṣpavat)，則是由眼睛幻覺所產生的空中幻象。

從以上《掌珍論》中的兩個「三支作法」的實例，即可知道清辯之自續派，主張採用因明中之「三支作法」，來證明自己之哲學——「在真性當中，凡是有為法和無為法都是空的」。因此，所謂自續派，也有兩個起碼的條件：(1)批判論敵之主張的錯誤；(2)以「三支作法」證明自己之主張——「空」的正確性。後者顯然是自續派和應成派最大的差異所在。而二派之間的爭議，應該主要是限於方法論上的不同。亦即，應成派主張用歸謬證法證明論敵之錯誤，而不自己提出固定的哲學；而自續派卻堅持採用「三支立量」來證明自己之哲學——「空」。

清辯所創立的自續派，又名「經部行中觀學派」(Mādhyamika-sautrāntika)[87]，因為此派的某些主張採取了小乘經（量）部 (Sautrā-ntika) 的哲學。從知識論 (Epistemology) 的觀點來看，經部是一個主張觀念論 (Idealism) 的學派。也就是說，他們承認外界事物的存在，但卻不像說一切有部 (Sarvāstivādin) 那樣，站在實在論 (Realism) 的立場，以為我人可以直接認識到這些外界事物；相反地，經部師主張我人無法直接認識外物，我人所認識的外物，其實只是內心的影像 (image) 或觀念 (idea) 而已[88]。

---

[87] 梵名又叫 Sautrāntika-mādhyamika。

[88] 經部的這種觀念論的主張，在說一切有部的一些作品當中，反映得相當清楚。例如，《大毘婆沙論》卷 44 即說：「謂或有執有緣無智，如譬喻者。」（引見《大正藏》卷 27，頁 228 中。）引文中的「譬喻者」即經部師；而所謂「有緣無智」，是指有認識（緣慮）活動，但卻沒有直接而真實的認識內容（智）。又如，眾賢的《順正理論》卷 51，在介紹了說一切有部的主張之後，也順便批判了經部的觀念論：「又一切識必有境故，謂見有境，識方得生……非彼經說有識無境。」（引見《大正藏》卷 29，頁 628 中～下。）

清辯的自續派，即在世俗諦 (sāṃvyavahāra-satya) 當中，採取了經部的這種觀念論主張。也就是說，就勝義諦來看，一切事物固然都是空的，但是，就世俗諦而言，雖然我人無法真正地認識到外在的事物89，卻不妨承認外在事物的真實性。這種經部觀念論的色彩，明顯地表現在《掌珍論》卷上當中：

> 以諸世間於此境上多起分別，故說是言：「真性有為空，如幻緣生故。」此中，世間同許有者，自亦許為世俗有故。世俗現量生起因緣，亦許有故。眼等有為，世俗諦攝。牧牛人等皆共了知，眼等有為是實有故。勿違如是自宗所許，現量共知，故以真性簡別立宗。真義自體，說名真性，即勝義諦。就勝義諦立有為空，非就世俗。90

以上是清辯自己對於上述第一個「三支作法」的註釋。其中明白地肯定，在世俗諦當中，一切有為法都是真實存在的，理由是：(1)「世間同許有」，連牧牛人都認為真實存在；(2)「現量共知」，

其中，「有（認）識，卻無（認識之內容——）境」，即是經部的主張。經部這種認識內容只是我人內心之影像 (image) 或觀念 (idea) 的觀念論主張，後來被大乘唯識宗所採用，而成為心識含有「相分」的說法。（與「相分」對應的則是能認識「相分」的「見分」。）

89 清辯站在中觀學派的立場，自然會認為我人無法真正地認識到外在的事物；因為，外在的事物都是空的，我人對於它們的任何認識作用，都只能認識其虛妄的一面，而無法認識其真實的本質。這也是他之所以被認為是採用了經部之觀念論的原因。

90 引見《大正藏》卷 30，頁 268 下。

亦即感官知覺（現量，pratyakṣa）告訴我人真實存在。由於這兩個理由，所以在世俗諦中一切外物都是實有的。

和清辯這種經部行中觀學派正好對立的是「瑜伽行中觀學派」(Yogācāra-mādhyamika)。依照布敦的《佛教史》，這一學派的代表人物有智藏 (Jñānagarbha)、吉祥護 (Çrīgupta)、寂護 (Çāntirakṣita; A.D. 725–788)、蓮華戒 (Kamalaçīla; A.D. 700–797) 和師子賢 (Haribhadra) 等人[91]。智藏等人的「瑜伽行中觀學派」和清辯的「經部行中觀學派」，有什麼不同呢？對於這個問題，宗喀巴的《菩提道次第廣論》卷 17，曾有簡短的回答：

> 佛護、清辨（即清辯）、月稱、靜命（即寂護）等大中觀師，皆依聖天（即提婆）為量，等同龍猛。故彼父子（指龍猛與聖天）是餘中觀師所依根源。故諸先覺稱彼二師名根本中觀師，稱諸餘者名隨侍中觀師。又有一類先覺知識，作如是言：就立名言而立名者，略於二類大中觀師。謂於名言許外境者，名經部行中觀師；及於名言不許外境者，名瑜伽行中觀師。就勝義諦亦立二名：謂勝義諦現空雙聚，名理成如幻；及許勝義諦唯於現境斷絕戲論，名極無所住。二中初者許是靜命論師及蓮華戒等。其如幻及極無所住之名，印度論師亦有許者。[92]

---

[91] 參見 Bu-ston, *History of Buddhism*, II Part, p. 135.

[92] 引見宗喀巴著，法尊譯，《菩提道次第廣論》卷 17，頁 26 下～27 上。本段引文有許多難解之處，經過任教於政治大學邊政系的陳玉蛟先生的幫忙，透過了《菩提道次第廣論》藏文原典的理解，才略知其中大意。特此致最深之

引文中說到了下面四件事情：⑴龍樹、提婆是「根本中觀師」，其他像佛護、清辯、月稱、寂護等都是「隨侍中觀師」。⑵從「名言」（abhidhāyaka 或 nāman），亦即世俗之言語（即世俗諦）的觀點來看，「隨侍中觀師」又可分成兩派：〈a〉主張「外境」實有的，稱為「經部行中觀師」；〈b〉主張「外境」實無的，稱為「瑜伽行中觀師」。⑶從「勝義諦」（究竟真理）的觀點來看，「隨侍中觀師」也可分成兩派：〈a〉主張「現空雙聚」的，稱為「(理成) 如幻派」(sgyu-ma rigs grub)；〈b〉主張「唯於現境斷絕戲論」的，稱為「極無所住派」(rab tu mi gnas-pi)。⑷寂護與蓮華戒二人屬於「(理成) 如幻派」。

在以上有關宗喀巴的說法當中，⑴是容易理解的。而⑵中說到「瑜伽行中觀師」，無疑地與前文布敦《佛教史》所說的相吻合；那是一個與後代瑜伽行派 (Yogācāra)，亦即唯識宗 (Vijñāna-vāda) 合流的中觀學派。瑜伽行派在形上學 (Metaphysics) 上是一個典型的唯心論 (Idealism)[93]，亦即主張萬物（外境）的本質並不

謝忱。

[93] Idealism 一詞，在知識論 (Epistemology) 上譯為「觀念論」，亦即主張我人無法真正而直接地認識外物；我人所認識的只是內心的「觀念」(idea) 而已。但在形上學 (Metaphysics) 上，Idealism 一詞卻譯為「唯心論」，亦即主張萬物的本質是心 (mind) 而非物 (matter) 或其他東西。這二者在西方哲學當中，有完全不同的意義；前者乃從認識的過程而言，後者卻旨在探討萬物存在的根源問題。瑜伽行派主張萬法唯識所現，沒有真正的外境存在，這自然是形上學意義下的 Idealism（唯心論）。而瑜伽行派的某些學者，例如護法 (Dharmapāla; A.D. 530–560)，主張「相分」乃「依他起性」所攝，亦即主張外境是（某種意義的）真實存在，但凡夫都不可能真正而直接地認識其真實

是物或其他東西，而是心——阿賴耶識 (ālaya-vijñāna)。與之合流的「瑜伽行中觀學派」，自然也會（在「名言」上）主張「外境」（萬物）的不存在。

宗喀巴所說的第(3)、(4)點是較難理解的。但是第(4)點既然說到「理成如幻派」的代表人物是寂護和蓮華戒等，亦即是瑜伽行中觀派的學者，那麼從這兩人和這一學派的主張去探究，或許可以理解宗喀巴的意思。宗喀巴在說明了「理成如幻」與「極無所住」兩派之後，又引了智軍論師的話說：

> 聖父子（指龍樹及提婆）所造《中觀論》中，未明外境有無之理。其後清辨論師破唯識宗，於名言中建立許有外境之宗。次，靜命（寂護）論師依瑜伽行教，於名言中說無外境，於勝名中說心無性，別立中觀之理。故出二種中觀師；前者名為經部行中觀師，後者名為瑜伽行中觀師。[94]

文中，明顯地說到靜命（寂護）的瑜伽行中觀學派主張：(1)「名言」（世俗諦）中，「外境」是空；(2)「勝名」（勝義諦）中，「心」性亦空。這樣一來，在勝義諦中，「外境」之現象與「心」性之空理，二者皆空而合成一聚了。這也許就是前文「理成如幻派」所主張的——「現空雙聚」（現象與空理二者合一）吧？另一方面，清辯的經部行中觀學派只主張勝義諦中「外境」（現境）是空，世

本質——「唯識所現」；這即是知識論上典型的觀念論主張。

[94] 引見宗喀巴著，法尊譯，《菩提道次第廣論》卷 17，頁 27 上。

俗諦中不空「外境」；因此，在勝義諦中，「外境」（現境）斷絕了一切的戲論，成為空無所有了。這也許就是宗喀巴所謂「極無所住派」的主張——「勝義諦唯於現境斷絕戲論」吧？

清辯的「經部行中觀學派」與寂護等的「瑜伽行中觀學派」，應該都是屬於清辯所首創的「自續派」。因為，宗喀巴的弟子——凱度（Khai-ḍub 或 Mkhas-grub），在其 *Stoṅ-thun-bskal-bzaṅ-mig-ḥbyed* 一書當中，曾把瑜伽行中觀學派，叫做「瑜伽行中觀自續派」(Yogācāra-mādhyamika-svātantrika)。不但這樣，凱度還列舉了一些布敦和宗喀巴所沒有列舉的論師，例如解脫軍(Vimuktasena)、覺吉祥智（佛智足，Buddhajñānapāda）和無畏笈多 (Abhayākaragupta) 等，他們都和寂護、蓮華戒一樣，屬於「瑜伽行中觀自續派」[95]。

也許，我們還會有一個疑問：屬於應成派的月稱，對於外境的存在與否，到底抱持著什麼態度呢？問題的答案是：和經部師乃至清辯等經部行中觀學派一樣，月稱主張在世俗諦中，外境是真實地存在。例如，月稱的巨著之一——《入中論》(*Mādhyamakāvatāra*) 卷 3，在註釋菩薩十地中之第六現前地時，即說：「故執內識實有，及謗外境定無，將墮險處。」[96]也就是說，月稱站在中觀學派的立場，反對瑜伽行派的唯識無境的說法，因此一方面否定了「內識」的實有，另一方面又肯定了「外境」的存在。他對「內識」與「外境」的處理方式，離不開中觀學派

---

[95] 參見 Bu-ston, *History of Buddhism*, II Part, p. 135–136, note 996.

[96] 月稱著，法尊譯，《入中論》卷 3，臺北：新文豐出版公司，民國 64 年，頁 16 上。

「因緣（所）生」(pratītyasamutpanna) 的思想模式；亦即，「內識」與「外境」是相互依持的存在，有「外境」才有「內識」，反之，有「內識」也才有「外境」，絕對沒有獨存的「內識」或獨存的「外境」。而且，站在中觀學派一切皆空之勝義諦的立場，如果「外境」是空的，依存於它的「內識」自然也是空的，絕對不可能有「內識」實有而「外境」虛無的唯識說法。所以，月稱說：「總如所知（外境）非有故，應知內識亦非有。」[97]

總之，應成派的月稱，對於外境的看法是：⑴就勝義諦而言，外境是空的；⑵就世俗諦而言，外境可以相對待於內識而存在。這樣看來，月稱的主張似乎和經部師乃至清辯等經部行中觀學派的主張很相似；但實際上還是不一樣，這一者是因為月稱採用應成法來證明勝義諦中外境（及內識等萬法）為空，二者則是因為月稱依「因緣（所）生」之相對待的理由來證明世俗諦中外境的實有。這和清辯用三支作法──「自續法」(svātantra-anumāna) 來證明勝義諦中外境（及內識等萬法）為空，又依「世間同許有」和「現量共知」等理由來肯定世俗諦中外境的實有（詳前文），顯然有極大的差異。所以月稱和清辯不能視為相同的兩個派別。有關這一點，宗喀巴說得很清楚：

> 然月稱論師雖於名言（即世俗諦）許外境有，然不隨順餘宗門徑，故不可名經部行者。如是有說同婆沙師，亦極非理。雪山聚中後宏教時，有諸智者，於中觀師安立二名，

---

[97] 同前書，頁 15 下。

曰應成師及自續師。此順《明顯句論》，非出杜撰。故就名言許不許外境，定為二類。（指經部行和瑜伽行中觀師。）若就自心引發定解勝義空性之正見，而立名，亦定為應成、自續之二。[98]

文中，宗喀巴明白地說到，月稱雖然主張世俗諦中外境實有，但卻不屬於經部行中觀師，甚至也不相似於「(毘）婆沙師」(Vaibhāṣika)，即後期說一切有部[99]。宗喀巴還說，就世俗諦（名言）中外境的有無不同，分成了（經部行與瑜伽行）二派中觀師；而就「自心引發定解勝義空性」的不同，也可以分成應成、自續二派中觀師。後面二派的不同似乎是難以理解的，但大約也能夠略知一二。前文說過，月稱在勝義諦中主張一切皆空，而在世俗諦中則主張外境（與內識）實有。但這只是粗略的描述。事實上，在世俗諦中，月稱也可以主張外境（與內識）的空無。這是因為「外境」的實有乃依存於「內識」，亦即「外境」是「因緣（所）生法」。而龍樹的《中論（卷 4）．觀四諦品（第 24)》說：「眾因緣生法，我說即是無（空，śūnyatā），亦為是假名，亦是中道

[98] 引見宗喀巴著，法尊譯，《菩提道次第廣論》卷 17，頁 27 上～下。本段引文的末後一句甚難理解，經過陳玉蛟先生的對校藏文原本，才略能把握其中精義。特此致謝。

[99] 月稱的外境實有說，與後期說一切有部的實在論 (Realism) 立場自然不同，這是很明顯的。有部主張外境實有，是就「法體」的「恆存」而言；月稱的外境實有，則是就依存於內識來說。前者乃非「因緣生」的實有，後者卻是「因緣生」的實有；二者顯然不同。

義。」[100]可見就世俗諦而言，(由於「外境」也是因緣所生法，因此)「外境」也可以說是空的。這樣一來，「外境」的空無，不必一定是在勝義諦的觀察之下，也可以是在世俗諦之中[101]。因此，當我們說「外境是空」時，我們不一定要說成「在勝義諦中，外境是空」了。有關這點，宗喀巴也說得相當清楚：

> 若於內外諸法破自性時，如應成派則不須新加「勝義」或「真實」或「諦實」之簡別……若自續派於彼不加「勝義」等者，則不能破。故加「勝義」或「真」或「諦」。[102]

總之，月稱所說的諸法自性空，固然可以偏就勝義諦而言，但由於世俗諦中諸法也都是因緣所生，因此，在世俗諦中也可以

---

[100] 引見《大正藏》卷 30，頁 33 中。

[101] 有關月稱之主張在勝義、世俗二諦當中，外境（等諸法）皆空，可以從他的《入中論》卷 2 中的一首偈頌看出來：「於真性時以何理，觀自他生皆非理；彼觀名言亦非理，汝所計生由何成？」月稱自己註釋說：「如以觀勝義時所說正理，觀自生、他生皆不應理，如是於名言中由自性生亦不應理。汝所計之諸法生，由何成立？故自相生於二諦中俱非是有。」（引見月稱著，法尊譯，《入中論》卷 2，頁 25 下～26 上。）這首偈頌在宗喀巴的《菩提道次第廣論》卷 17，頁 30 下，也被引來說明「由於勝義破生正理，於名言中亦能破故」乃至「故破生時不應更加勝義簡別」等幾句。宗喀巴還說，在月稱的《明（顯）句論》中，還「破加勝義簡別語」。最後，宗喀巴下結論說：「故於所破冠加勝義簡別語者，唯是中觀自續師軌。」（同前書，頁 30 下～31 上。）可見月稱所說的空，雖偏就勝義諦而言，卻也不妨在世俗諦下而言空。

[102] 引見宗喀巴著，法尊譯，《菩提道次第廣論》卷 20，頁 7 上。

說諸法自性空。這樣一來，自性空與假名有不相衝突，不正是前引《中論》頌的意思嗎？

相反地，清辯所說的諸法自性空，只能就勝義諦來說，不可以從世俗諦的觀點來說；這在前文所引《大乘掌珍論》的論文當中，說得非常清楚。他和月稱的不同，顯然是在空性的是否必須在勝義諦中才成立。這也許就是宗喀巴所說的「就自心引發定解，勝義空性之正見」吧？(按，此句字面意思是：就自己內心所引發之「勝義空性」之正見的確定理解。在此，應指月稱與清辯二人在「勝義空性」上的不同看法。)

依此看來，月稱之應成派與清辯之自續派的差異，可以從前文所說的兩點，增加為下面的三點：⑴應成派採用應成法證明諸法皆空，而自續派卻採用三支作法（自續法）來證明諸法皆空；⑵應成派沒有自己固定的主張（包括「空」），而自續派卻積極地提出自己的主張──「空」；⑶應成派就勝義、世俗二諦論空，自續派僅就勝義諦論空。

從第⑶點看來，應成派似乎又有點像寂護等人的瑜伽行中觀師了。因為他們都主張二諦皆空。但實際上卻有很大的不同。月稱的二諦皆空，是指勝義諦中「外境」與「內識」等諸法皆空，而世俗諦亦然；但是，瑜伽行中觀師的二諦皆空，是指勝義諦中「內識」（及「外境」等諸法）空，而世俗諦中「外境」空（但「內識」不空）。所以二者不可混同。

至此，我們可以歸納出下面幾個結論：

㈠中觀學派可大分為根本中觀師與隨侍中觀師兩大類；

㈡隨侍中觀師中又可依方法論上的不同，分成應成派與自續派；

㈢自續派中又可依哲學內容上的不同，分成經部行中觀學派與瑜伽行中觀學派。

其中，所謂方法論上的不同，是指應成法與自續法之爭；這是形式 (form) 之爭[103]。而所謂哲學內容上的不同，是指世俗諦中外境的有無之爭；這是（某種意義的）實在論[104]與唯心論之爭，因此也是內容上的實質 (matter) 之爭。下面是它們的總表：

[103] 從應成派主張不必在「空」之前冠上「在勝義諦中」一詞，而自續派卻主張必須在「空」之前冠上該詞看來，應成與自續二派的爭執似乎不只限於方法論上。但是，一者由於二派之主要爭執焦點，乃集中於方法論上，二者由於二派之名字的來源也是依據方法論上的不同而有，因此，我們說，二派的分裂乃依方法論上的差異而分。

[104] 清辯是一個主張諸法皆空的中觀學者，自然不可能是一個主張諸法實有的實在論者。但是，就世俗諦而言，清辯確實從「世間共許有」和「現量共知」等理由，來肯定諸法實有。因此，至少在世俗諦中，清辯是一個道地的實在論者。

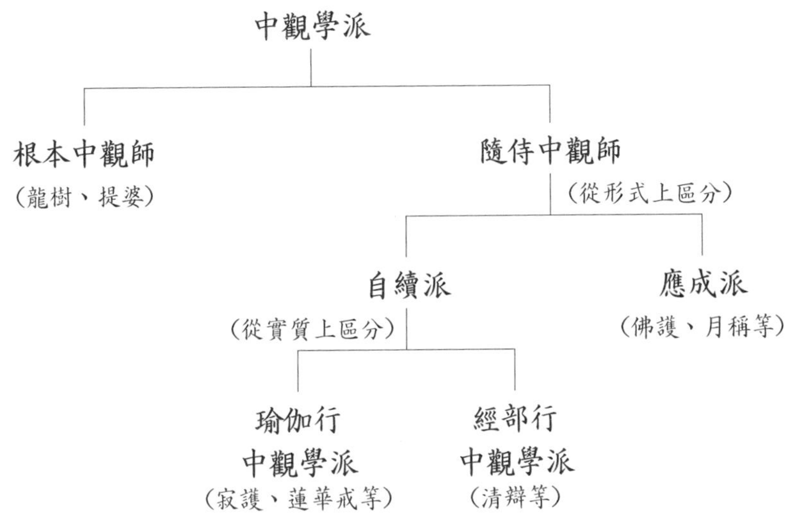

七、龍樹在中國（甲）

在鳩摩羅什來長安 (A.D. 401) 以前，被譯出的《般若經》，主要的有下面五種：(1)《道行般若經》（十卷），東漢．支（婁迦）讖譯；(2)《大明度經》（六卷），吳．支謙譯；(3)《放光般若經》（二十卷），西晉．無羅叉譯；(4)《光讚般若經》（十卷），西晉．竺法護譯；(5)《摩訶般若鈔經》（五卷），前秦．曇摩蜱共竺佛念譯。而以這五種《般若經》為研究對象的學者，傳說共有六家、七宗，乃至十二家之多。例如，陳．慧達的〈肇論序〉一文即說：「自古自（至？）今，著文著筆，詳汰名賢所作諸論，或六、七宗、爰延十二。」[105]而唐．元康的《肇論疏（卷上）．序》，對慧

[105] 引見《大正藏》卷 45，頁 150 中。

達所說的「或六、七宗，爰延十二」一句，則有下面的註釋。

> 或六家、七宗，爰延十二者，江南本皆云六宗、七宗。今尋記傳，是六家、七宗也。梁朝・釋寶唱，作《續法論》，一百六十卷，云：宋・莊嚴寺釋曇濟，作《六家七宗論》，論有六家，分成七宗。第一本無宗，第二本無異宗，第三即色宗，第四識含宗，第五幻化宗，第六心無宗，第七緣會宗。本有六家，第一家分為二宗，故成七宗也。言十二者，《續法論》文云：下定林寺釋僧鏡，作《實相六家論》，先設客問二諦一體，然後引六家義答之。第一家以理實無有為空，凡夫謂有為有。空則真諦，有則俗諦。第二家以色性是空為空，色體是有為有。第三家以離緣無心為空，合緣有心為有。第四家以心從緣生為空，離緣別有心體為有。第五家以邪見所計心空為空，不空因緣所生之心為有。第六家以色色所依之物實空為空，世流布中假名為有。前有六家，後有六家，合為十二家也。故曰爰延十二也。[106]

依據湯用彤《漢魏兩晉南北朝佛教史》的考據[107]，曇濟《六家七宗論》中所說的六家、七宗的代表人物，分別是：⑴本無宗，道安；⑵本無異宗，琛法師（竺法深）；⑶即色宗，關內支道林；⑷識含宗，于法開；⑸幻化宗，壹法師（釋道壹）；⑹心無宗，溫

[106] 引見前書，頁 163 上～中。

[107] 參見湯用彤，《漢魏兩晉南北朝佛教史》第 2 分，第 9 章，臺北：鼎文書局，民國 65 年（再版），頁 232～233。

法師（釋僧溫，竺法溫）；⑺緣會宗，于道邃。

但是，僧鏡《實相六家論》中所說的六家，則不清楚所指是誰[108]。

鳩摩羅什來華前的般若學，不管是六家、七宗、或十二家，它們的共同特色即是「格義」，亦即採用中國儒、道兩家之固有的哲學概念（特別是道家），來解釋《般若經》中的思想[109]。這一做法，由於受制於儒、道兩家之思想模式，自然無法顯現《般若經》的本義[110]。甚至被視為反對「格義」的一代般若大師——釋道安(A.D. 312–385)[111]，也因為受制於時代的風尚，而不免落入他自己

---

[108] 湯用彤，《漢魏兩晉南北朝佛教史》第2分，第9章，頁231，說：「僧鏡（原註：即焦鏡）之六家，按其內容，並不與曇濟相同。此六家為何人之說，亦不可考。但其第一家第二家或均與曇濟之第一二家相同。第三或似識含宗。（原註：曇濟之第三家。）第四第五均不悉何指。第六家則似緣會宗。（原註：曇濟之第六家。）」

[109] 「格義」一詞，最早是用來描述竺法雅等人之佛學研究。梁・慧皎《高僧傳》卷4，「竺法雅」傳，曾說：「法雅……少善外學，長通佛義，衣冠士子咸附諮稟。時依門徒，並世典有功，未善佛理。雅乃與康法朗等，以經中事數擬配外書，為生解之例，謂之格義。」（引見《大正藏》卷50，頁347上。）

[110] 梁・慧皎《高僧傳》卷5，「釋僧先（光？）」傳，曾引道安的話說：「安曰，先舊格義，於理多違。」（引見《大正藏》卷50，頁355上。）而隋・吉藏《十二門論疏》卷上，也引僧叡的〈淨名經序〉說：「自慧風東扇，講肆流詠已來，格義迂而乖本，六家偏而不即。」（引見《大正藏》卷42，頁174上。）可見「格義」風尚之下的般若學，並不能直探《般若經》的本義。

[111] 道安的反對「格義」，可以從道安與僧先（光？）之間的一段對話看出來：「安曰，先舊格義，於理多違。先（光？）曰，且當分折《逍遙》，何容是

所批判之「格義」的窠臼當中。隋．吉藏，在其《中觀論疏》卷2末，曾簡略地介紹了道安的般若思想說：「(鳩摩羅) 什師未至長安，本有三家義。一者、釋道安明本無義。謂無在萬化之前，空為眾形之始。夫，人之所滯，滯在未（末？）有。若詫心本無，則異想便息。」[112]從吉藏的這段介紹當中，明顯地看出道安的「格義」色彩；因為，道安把《般若經》中的「無」(空，śūnya)，看成了道家式的宇宙本體——能生起「萬化」、「眾形」的「無」[113]。所以，吉藏在其《十二門論疏》卷上本當中，註解龍樹之《十二門論》的一首偈頌——「眾緣所生法，是即無自性……」[114]時，即批評道安的「本無義」說：

> 本無義者，未有諸法，先有於空。空為其本，有為其末。此偈破云：因緣生法，性本自空。非是先空，後方是空。故此一偈，定佛法得失。[115]

吉藏的意思，明白地指出：前述龍樹《十二門論》中的那首偈頌，

非先達？安曰，弘贊理教，宜令允愜。法鼓競鳴，何先何後？」(梁．慧皎，《高僧傳》卷5，「釋僧先（光？)」傳；引見《大正藏》卷50，頁355上。)

[112] 引見《大正藏》卷42，頁29上。

[113] 「無」生起萬物，乃道家之基本思想。例如，《道德經》第40章，即說：「天地萬物生於有，有生於無。」同書，第1章也說：「無，名天地之始。」

[114] 此頌後半偈是：「若無自性者，云何有是法。」(引見《大正藏》卷30，頁159下。)

[115] 引見《大正藏》卷42，頁183上。

可以破斥道安「本無義」的過失。這證明即使是反對「格義」的一代般若學大師——道安，也不免墮入「格義」的窠臼當中，更何況六家、七宗或十二家的其他各種說法了。

般若學的「格義」缺失，要到鳩摩羅什來華 (A.D. 401)，大量譯出印度中觀學派的作品之後，才有所改善。其中，第一個豐碩的成果，就是鳩摩羅什之弟子——僧肇 (A.D. 384–414) 的《肇論》。首先，僧肇在《肇論・不真空論（第 2)》當中，批判了心無、即色、本無等三宗，以做為「格義」佛教的總檢討[116]。其次，他在《肇論・物不遷論（第 1)》當中，以「必求靜於諸動」乃至「不釋動以求靜」之「因緣生」(pratītyasamutpanna) 的觀點，來闡述動與靜只有相對的存在，而無絕對的真實性之道理[117]。明顯地，這受到了龍樹《中論（卷 1）・觀去來品（第 2)》的影響[118]。也代表佛法從此擺脫了「格義」的色彩。

僧肇之後，中國的中觀學研究，曾經沉寂了好一段時日；這主要是因為五世紀中葉到六世紀中葉之間，（相當南朝陳、梁二代，）所出現的高僧，都熱衷於《成實論》之研究的關係[119]。這一時期的中觀學者——「三論師」[120]，大都畏於「成實（論）師」

---

[116] 參見《大正藏》，卷 45，頁 152 上。

[117] 參見前書，頁 151 上～下。

[118] 《中論・觀去來品》的主旨乃在否定「去」與「來」之變遷的不存在，與《肇論・物不遷論》的內容相同。（參見《大正藏》卷 30，頁 3 下～5 下。）

[119] 陳、梁二代之間，出現了三位佛教大學者——開善智藏 (A.D. 458–552)、莊嚴僧旻 (A.D. 467–527)、光宅法雲 (A.D. 467–529)。他們都以《成實論》為研究對象，而成為當時最負盛名的成實師。（參見湯用彤，《漢魏兩晉南北朝佛教史》第 18 章。）

的威望，而祕密地研究、傳播中觀哲學[121]。但是，經過了高麗朗（興皇寺道朗，攝山大師）、止觀（寺）僧詮（山中大師）、興皇（寺）法朗 (A.D. 507–581)、甚至隱士周顒（周彥倫）等人的努力，使得三論的研究風氣，慢慢地展開了。因此，前三人，繼第一代祖師鳩摩羅什和第二代祖師僧肇之後，而分別被尊為三論宗的第三、四、五代祖師。

到了第六代祖師——嘉祥吉藏 (A.D. 549–623)，成了這些祖師之三論思想的集大成者。就現存的著作而言，他的主要作品可以分成概論、中觀典籍之概論與註釋、《法華經》之概論與註釋、如來藏（佛性）典籍之概論與註釋及其他等五大類：

㈠概論：

1. 《二諦義》，三卷；
2. 《大乘玄論》，五卷；
3. 《大乘三論略章》，一卷。

---

[120] 三論師，指研究龍樹之《中論》、《十二門論》與提婆之《百論》等三部論典的歷代高僧。

[121] 吉藏《百論疏》卷下之下，即說：「昔山中大師云，出講堂不許人語……恐聞之而起疑謗故也。」（引見《大正藏》卷 42，頁 302 下。）其中，「山中大師」即指吉藏的師公——止觀僧詮。可見當時的中觀學，仍在密傳階段。另外，湯用彤《漢魏兩晉南北朝佛教史》第 18 章，「三論之盛及與成實之爭」一節（頁 753～760），也曾談到三論師受到成實師迫害的情形。

㈡中觀典籍之概論與註釋：

1. 《大品經遊意》，一卷；
2. 《三論玄義》，一卷；
3. 《大品經義疏》，十卷（缺卷 2）；
4. 《金剛般若疏》，四卷；
5. 《仁王經疏》，六卷；
6. 《中觀論疏》，十卷；
7. 《十二門論疏》，三卷；
8. 《百論疏》，三卷。

㈢《法華經》之概論與註釋：

1. 《法華經遊意》，一卷；
2. 《法華經玄論》，十卷；
3. 《法華經義疏》，十二卷；
4. 《法華經統略》，六卷；
5. 《法華論疏》，三卷。

㈣如來藏（佛性）典籍之概論與註釋：

1. 《涅槃經遊意》，一卷；
2. 《勝鬘經寶窟》，六卷。

㈤其他：

1. 《華嚴經遊意》，一卷；

2.《彌勒經遊意》，一卷；

3.《金光明經疏》，一卷；

4.《無量壽經義疏》，一卷；

5.《觀無量壽經義疏》，一卷；

6.《淨名玄論》，八卷；

7.《維摩經義疏》，六卷；

8.《維摩經略疏》，五卷。

從以上所列吉藏的著作表看來，吉藏並不是一個侷限於中觀學派的思想家；事實上，他還受到了《妙法蓮華經》和如來藏（佛性）經典，例如《涅槃經》和《勝鬘經》的深刻影響。

由於吉藏是三論宗的集大成者，因此，必然對龍樹其人及其著作——《中論》、《十二門論》，乃至龍樹弟子提婆的《百論》，有很高的評價。例如，吉藏的《三論玄義》，即曾經引了《楞伽經》和《摩耶經》對龍樹出世的預言[122]，然後說：「尋大小乘經，

---

[122] 元魏・菩提留支所譯之《入楞伽經》卷9，釋迦佛曾對大慧菩薩預言說：「如來滅世後，誰持為我說？如來滅度後，未來當有人，大慧汝諦聽。有人持我法，於南大國中，有大德比丘，名龍樹菩薩。能破有無見，為人說我法，大乘無上法。證得歡喜地，往生安樂國。」（引見《大正藏》卷16，頁569上。）預言中的「龍樹」，在唐・實叉難陀所譯的《大乘入楞伽經》卷6當中，雖然也譯作「龍樹」，（參見《大正藏》卷16，頁627下。）但其梵文原本卻作Nāgāhvaya，譯為「龍叫」。而在中國，則不在乎其中可能存在的差異，以為龍樹確實就是釋迦佛所預言的人物，因此崇敬備至。另外，齊・釋曇景所譯的《摩訶摩耶經》卷下，釋迦佛也曾預言他逝世以後「七百歲已」，「有一比丘，名曰龍樹，善說法要，滅邪見幢，然（燃？）正法炬」。

親記龍樹破邪顯正。今內外並呵，大小俱斥，何所疑哉？」[123]吉藏並且否認三論是「偏空」的說法，相反地，卻認為三論是「究竟無餘之說」[124]；可見，吉藏站在三論宗集大成者的立場，給予龍樹其人及其作品極高的評價。

吉藏所認識的中觀哲學，以為可以分成「破邪」與「顯正」兩部分。所以，他說：「但論雖有三，義唯二轍：一曰顯正，二曰破邪。」[125]其中，所謂「破邪」，指的是破斥一切邪見，如中印「外道」中的各種主張，毘曇與成實二宗的小乘主張，乃至大乘涅槃宗的「判教」說[126]等等。而所謂「顯正」，即是邪見破除之後，正道之自然流通。這自然流通之正道，乃唯一而不可言詮之理體；甚至連「唯一而不可言詮」都不能表達正道之所以為正道。所以，《中觀論疏》卷1末說：

> 就說教意中，凡有二意：一者破邪，二者顯正。佛欲斷如此等諸邪見，即破邪也。令知佛法，故謂顯正也。此是對邪所以說正；在邪若去，正亦不留。至論道門，未曾邪正。[127]

（詳見《大正藏》卷12，頁1013下。）同樣地，在中國，這一預言也是被當做真實而不可懷疑的。

[123] 引見《大正藏》卷45，頁6中。

[124] 參見前書，頁6下。

[125] 《三論玄義》；引見《大正藏》卷45，頁1上。

[126] 例如《三論玄義》破斥了涅槃宗人慧觀之「五時教」說。（詳見《大正藏》卷45，頁5中～6上。）而《大乘玄論》卷5，則破斥了地論師的「三宗」和「四宗」的教判說。（詳見前書，頁63下。）

吉藏不但認為「正」是相對於「邪」而方便設立的，甚至主張「正」的不可建立性。他說：「他論有破而復更立，今論唯破而不立……他論可有破、申，今論應唯破不申。」[128]可見，在吉藏的眼裏，並沒有相對於「邪」而又可以言詮的「正」道存在。

既然正道唯一而又不可言詮，那麼，如何解釋佛所說的諸多道理呢？《三論玄義》說：

> 教有多門，理唯一正……但為出處眾生，於無名相法強名相說，令稟學之徒因而得悟，故開二正：一者體正，二者用正。非真非俗名為體正，真之與俗目為用正。[129]

也就是說，真正的正道是唯一而不可言詮（「非真非俗」）的「體正」；那些說「真」（空）、說「俗」（有）的教法，都屬於不得已而方便說說的「用正」。這也是為什麼吉藏會把真、俗二諦視為教化眾生而方便設立的「教二諦」[130]。

---

[127] 引見《大正藏》卷 42，頁 16 上。

[128] 《大乘玄論》卷 5；引見《大正藏》卷 45，頁 69 下。

[129] 引見《大正藏》卷 45，頁 7 中。

[130] 吉藏認為，真諦與俗諦乃佛菩薩為了教化眾生而方便設立的兩種教門。也就是說，正道唯一而不可言詮；要把此唯一而不可言詮的正道告訴眾生，卻不得不用真、俗二諦來方便接引。因此，佛菩薩有時說空，即成真諦；有時說有，即成俗諦。而空與有都是不究竟的方便說。所以，《大乘玄論》卷 1 說：「二諦唯是教門，不關境理。」（引見《大正藏》卷 45，頁 15 上。）又說：「對理，明二諦是教。以理無二，故非有非無。今說有說無，故有無是教。」（同前引，頁 22 下。）

從「教二諦」的觀點出發，吉藏進一步提出他那有名的「二藏」說。他認為所有經典，只能分成小乘藏（聲聞藏）和大乘藏（菩薩藏）[131]。他強烈地批判那些把大乘藏進一步依其「了義」與「不了義」或依其深與淺而分類的說法[132]。他認為《般若經》是了義經，而不像那些說法，把《般若經》視為不了義經[133]。

但是，也同樣是因為「教二諦」的觀點，使得吉藏不得不承認《般若經》之外的其他大乘經，也是了義經。因此，相對地，

---

[131] 例如，《法華遊意》說：「佛教雖復塵沙，今以二義往收，則事無不盡。一者、赴小機說名曰小乘；二者、赴大機說稱為大乘教。而佛滅度後，集法藏人攝一切時說小教，名聲聞藏；一切時說大乘者，名菩薩藏。」（引見《大正藏》卷 34，頁 644 中。）

[132] 例如，《三論玄義》即曾批判涅槃宗人慧觀，把大乘經判為頓（《華嚴經》）、漸二教，然後又在漸教方面，依其了義與不了義、深與淺，分成「五時」：(a)三乘別教（《阿含經》）；(b)三乘通教（《般若經》）；(c)抑揚教（《淨名經》、《思益經》等）；(d)同歸教（《法華經》）；(e)常住教（《涅槃經》）（參見《大正藏》卷 45，頁 5 中～6 上。）

[133] 在慧觀等人的「判教」當中，《般若經》被視為不了義的原因，是因為：(a)它不說明三乘皆能成佛的「佛性」說；(b)也不說明釋迦「常住」（永恆不死）的道理。吉藏為了貫徹其「二藏」說，因此，在他的著作當中，處處看到他致力於這兩點的破斥。例如，《法華玄論》卷 3 即說：「《波若》文既明一切菩薩不退，即知皆有佛性。」（引見《大正藏》卷 34，頁 386 上。）這是說明《般若經》已明「佛性」的主張。又如，同書卷 2 說：「《金剛般若》已明常義……《大品（般若經）‧常啼品》云，諸佛色身有來去，法身無來去。則明法身是常……《小品（般若）經》分明辨法身不可遷滅，與《大品（般若經）》同意。」（引見《大正藏》卷 34，頁 374 上。）這是吉藏主張《般若經》已明「常住」道理的文證。

《般若經》成了有缺點的經典。例如，《大品經義疏》卷 1，吉藏即曾比較《般若經》與《法華經》之優劣說：「《法華》、《波若》互有優劣。若為聲聞人明二乘作佛，即《法華》勝、《波若》劣；若為菩薩明實慧方便，即《波若》勝、《法華》劣。」[134]可見吉藏並不嚴守中觀學派的立場。

事實上，吉藏雖然被視為三論宗的集大成者，卻受到了《法華經》和《涅槃經》等經中一乘、佛性、常住之思想的深刻影響。在他的「二藏」說中，與其說是高揚《般若經》為了義經，不如說是暗中承認了《般若經》的不了義。因為，吉藏之所以把《般若經》判為了義經，有兩個先決前提，即：⑴《般若經》中已有「佛性」思想；⑵《般若經》中已有「常住」思想。依此看來，吉藏並不反對「佛性」、「常住」的思想，他只是看不慣當時的學者把《般若經》視為不明「佛性」、「常住」之經典罷了。這樣地了解《般若經》，顯然和龍樹的了解完全不同。吉藏能說是龍樹的忠實信徒嗎？

八、龍樹在中國（乙）

從鳩摩羅什、僧肇，經過高麗朗、止觀僧詮、興皇法朗，一直到嘉祥吉藏，稱為「古三論（宗）」。入唐以後，有隸屬華嚴宗的賢首法藏 (A.D. 643–712)，也從華嚴宗的立場，註釋了中觀學派的某些作品[135]，因而開創了「新三論（宗）」。依照法藏自己的

---

[134] 引見《卍續藏經》冊 38，頁 0044 下。

說法，他的中觀哲學，乃直承印度之智光與日照（唐高宗時來華）而來的；而智光、日照則間接繼承了印度中期中觀學派大師——清辯 (Bhāvaviveka) 的思想[136]。

法藏的「新三論」，主要表現在其三時教判之上。也就是說，法藏依據智光、日照的說法，把釋迦的教說，分成了：(1)《阿含經》之心、境俱有；(2)唯識經典之心有境空；以及(3)《般若經》之心境俱空的三時說。並給予《般若經》某種意義之了義的評價[137]。

---

[135] 法藏的註釋包括：(a)《般若波羅蜜多心經略疏》，一卷；(b)《十二門論宗致義記》，二卷。

[136] 法藏的《十二門論宗致義記》卷上說：「中天竺三藏法師地婆訶羅，唐言日照，說云：近代中天竺那爛陀寺，同時有二大德論師，一名戒賢，一名智光……戒賢則遠承彌勒、無著，近踵護法、難陀，依《深密》等經、《瑜伽》等論，明法相大乘，廣分名數……二、智光論師遠承文殊、龍樹，近稟青目、清辨（即清辯），依《般若》等經、《中觀》等論，顯無相大乘，廣辨真空。」（引見《大正藏》卷 42，頁 213 上。）可見法藏的「新三論」，源自印度之青目、清辯，乃至智光、日照（地婆訶羅）。

[137] 《十二門論宗致義記》卷上說：「此三教次第，智光法師《般若燈論釋》中，引《大乘妙智經》所說。是故依此教理，《般若》等經是真了義；餘法相名數是方便說耳。」（引見《大正藏》卷 42，頁 213 中。）其中，《般若燈論釋》應是清辯所著《般若燈論》（龍樹《中論》之註釋書）之註解。依引文看來，法藏似乎以為《般若經》確實是最了義的經典；但是，事實並不如此。法藏有名的「五教十宗」判，並沒有給予《般若經》最高之評價。相反地，「約空理有餘」的《般若經》，不過是「五教」中最粗淺的「大乘始教」罷了。（參見法藏，《華嚴一乘教義分齊章》卷 1；《大正藏》卷 45，頁 481 中～下。）所以，法藏以為《般若經》是了義經，只是某種意義、某種程度

另外，就弘揚《般若經》之龍樹而言，華嚴宗也給予極高的尊敬；因為，他們相信龍樹是入龍宮取出《華嚴經》的大菩薩。法藏的《華嚴經傳記》卷 1 即曾說：「又如真諦三藏云，西域傳記說，龍樹菩薩往龍宮，見此《華嚴大不思議解脫經》有三本……下本見流天竺。」又說：「龍樹菩薩入龍宮，日見此淵府，誦之在心，將出傳授，因茲流布。」[138]這些傳說，都促使華嚴宗的法藏，不得不尊敬龍樹。

在中國，還有一段含有密教色彩的傳說，與龍樹有關；我們把它引出，做為龍樹入龍宮取《華嚴經》這一傳說的對比參考：

> 此《（金剛頂）經》有百千頌廣本，非此土所聞……此地《梵網經》兩卷，從此經中出，淺略之行相也……其大經本，阿闍梨云，經夾廣長如床，厚四五尺，有無量頌，在南天竺界鐵塔之中。佛滅度後數百年間無人能開此塔，以鐵扉鐵鎖而封閉之。其中天竺國佛法漸衰。時有大德，先誦持大毘盧遮那真言，得毘盧遮那佛而現其身及現多身。於虛空中說此法門及文字章句，次第令寫訖即滅。即今《毘盧遮那念誦法要》一卷。是時，此大德持誦成就，願開此塔，於七日中遶塔念誦。以白芥子七粒，打此塔門乃開……經於多日，讚此經王廣本一遍，為如食頃。得諸佛菩薩指授，所堪記持不忘。便令出塔，塔門還閉如故。爾時書寫

之了義而已。

[138] 以上二段引見《大正藏》卷 51，頁 153 上～中。

> 所記持法，有百千頌。此經名《金剛頂經》者，菩薩大藏。塔內廣本，絕世所無。[139]

這是唐．不空之《金剛義訣》中的一段話。其中入南天鐵塔取《金剛頂經》的「大德」，並沒有明說是誰。但是，日本．空海在其〈教王經開題〉中卻說：「此經及《大日經》，並是龍猛菩薩南天鐵塔中所誦出。如來祕密藏之根本，不同應化佛所說。」[140]這樣，龍樹成了既入龍宮取《般若經》（布敦《佛教史》所說）和《華嚴經》（法藏所說），又入南天鐵塔取《金剛頂經》乃至《大日經》的奇人了。

在中國，龍樹不但和三論宗、華嚴宗、密宗有關，也和淨土宗、禪宗有關。就禪宗而言，由於其「西天二十八代祖」[141]的傳說，主要乃採自《付法藏因緣傳》中的師承說[142]，因此，《付法藏因緣傳》中的第十二代祖師——龍樹[143]，自然地變成了禪宗「西天二十八代祖」之一了。（龍樹乃「西天二十八代祖」中之第十四

---

[139] 唐．不空，《金剛（頂經大瑜伽祕密心地法門）義訣》卷上；引見《大正藏》卷 39，頁 808 上～中。

[140] 引見《大正藏》卷 61，頁 7 上。

[141] 禪宗的西天二十八代祖，請參見《六祖大師法寶壇經．付囑（第 10）》；《大正藏》卷 48，頁 361 下。

[142] 《付法藏因緣傳》中的師承共有二十三祖（參見《大正藏》卷 50，頁 297 上～322 中），其中大都成為禪宗的西天祖師。因此，咸信禪宗之西天二十八代祖的傳說，乃源自《付法藏因緣傳》。（參見胡適，《神會和尚遺集．荷澤大師神會傳》，臺北：中央研究院胡適紀念館，民國 57 年，頁 28～29。）

[143] 參見《付法藏因緣傳》卷 5；《大正藏》卷 50，頁 317 中～318 下。

代[144]。）但是《付法藏因緣傳》中的第十一代祖比羅，是第十二代祖龍樹的師父，《傳》中僅簡略地描述他的生平，說他是第十代祖馬鳴 (Aśvaghoṣa) 的弟子，「於南天竺興大饒益，造《無我論》，足一百偈。此論至處，莫不摧靡，譬如金剛，所擬斯壞」[145]。而在禪宗，第十四代祖龍樹的師父，卻名為迦毘摩羅 (Kapimala)。其傳記，也和《付法藏因緣傳》所說大不相同。例如，宋．契嵩的《傳法正宗記》卷 3，即說第十三代祖迦毘摩羅是「花氏國人」，度化了「西天竺」某國的太子雲自在。然後在該國首都「城之北」的山中度化了龍樹。當時，龍樹是一個住在「巨樹」下，「常為龍眾說法」的「樹之王」[146]。這些傳說的可靠性自然相當值得懷疑。

龍樹和淨土宗有關，是因為淨土宗的兩大師——曇鸞 (A.D. 476–542) 與道綽 (A.D. 562–645)，在北方盛弘龍樹之《大智度論》等作品的關係。唐．道宣的《續高僧傳（卷 6）．釋曇巒傳》，曾說：「釋曇鸞，或為巒……內外經籍具陶文理。四論、佛性彌所窮研。」[147]其中，「四論」即指龍樹之《中論》、《十二門論》和《大智度論》，以及提婆之《百論》。另外，《續高僧傳（卷 20）．釋道綽傳》也說：「晚事瓚禪師，修涉空理。」[148]又說：「著《淨土論》兩卷，統談龍樹、天親，邇及僧鸞、慧遠。」[149]可見道綽乃

[144] 參見《六祖大師法寶壇經．付囑（第 10）》；《大正藏》卷 48，頁 361 下。

[145] 《付法藏因緣傳》卷 5；引見《大正藏》卷 50，頁 317 中。

[146] 詳見《大正藏》卷 51，頁 726 中～下。

[147] 引見《大正藏》，卷 50，頁 470 上。

[148] 引見前書，頁 593 下。

繼承了曇鸞（僧鸞）之思想，而弘揚龍樹的哲學[150]。這在道綽的《安樂集》中，處處可以看出他引用龍樹的作品，例如《大智度論》等[151]。

曇鸞和道綽的中觀學，主要發揮在龍樹《十住毘婆沙論》中的淨土思想。《十住毘婆沙論（卷5）．易行品（第9）》曾說：菩薩道有「勤行精進」的「難行道」，也有「以信方便易行，疾至阿惟越致」的「易行道」；就像世間的道路，也有難行、易行之分一樣，「陸道步行則苦，水道乘船則樂」[152]。曇鸞與道綽，採取了龍樹的這個譬喻，也把淨土行類比於二道中的易行道，並加以大力的弘揚。例如，道綽的《安樂集》卷上即說：

> 是故龍樹菩薩云，求阿毘跋致（即阿惟越致）有二種道，一者難行道，二者易行道。言難行道者，謂在五濁之世，於無佛時，求阿毘跋致為難……譬如陸路，步行則苦，故曰難行道。言易行道者，謂以信佛因緣，願生淨土，起心立德，修諸行業，佛願力故，即便往生。以佛力住持，即入大乘正定聚。正定聚者，即是阿毘跋致不退位也。譬如水路，乘船則樂，故名易行道也。[153]

---

[149] 引見前書，頁 594 上。

[150] 道綽繼承了曇鸞之思想，還可以從《續高僧傳（卷 20）．釋道綽傳》的另一段話看出來：「釋道綽……承昔鸞師淨土諸業……恆在汶水石壁谷玄中寺。寺即齊時曇鸞法師之所立也。」（引見《大正藏》卷 50，頁 593 下。）

[151] 參見《大正藏》卷 47，頁 4 上～22 中。

[152] 參見前書，卷 26，頁 40 下～41 中。

依此看來，道綽所理解的易行道，乃是「以信佛因緣，願生淨土」乃至「佛願力故，即便往生」的西方淨土行了。這和龍樹所說的易行道大體相符，但有兩點卻值得注意：⑴龍樹在敘述二道時，讚嘆難行道而貶抑易行道，以為易行道不過是不得已下才宣說的方便法門[154]；⑵即使是方便的易行道，也不是單單信仰彌陀、往生西方淨土，而是「應當念是十方諸佛，稱其名號」[155]。這可見龍樹的易行道思想和曇鸞、道綽的西方淨土行，有其本質上的差異。

曇鸞、道綽的中觀學，儘管不能忠於龍樹的思想，但卻被後人稱為「四論宗」[156]的代表，而與吉藏等人的「三論宗」，成了南

---

[153] 引見《大正藏》卷47，頁12中。

[154] 《十住毘婆沙論・易行品》一開頭即有人要求龍樹說：「諸佛所說有易行道，疾得至阿惟越致地方便者，願為說之。」龍樹卻回答說：「如汝所說，是儜弱怯劣，無有大心，非是丈夫志幹之言也。何以故？若人發願，欲求阿耨多羅三藐三菩提，未得阿惟越致，於其中間，應不惜身命，晝夜精進，如救頭燃……若有易行道，疾得至阿惟越致地者，是乃怯弱下劣之言，非是大人志幹之說。汝若必欲聞此方便，今當說之……。」（以上引見《大正藏》卷26，頁41上～中。）可見龍樹嚴厲地批判了易行道，並在極不得已之下才方便宣說的。

[155] 引見《大正藏》卷26，頁41中。

[156] 有關「四論宗」的大要，請參見前田慧雲著，朱元善譯，《三論宗綱要》，臺北：廣文書局，民國66年，頁37～38。另外，中國古代，三論宗與四論宗似乎並沒有嚴格的區分或對立。這可以從日本・澄禪，《三論玄義檢幽集》卷7中的一段話看出來：「栖霞寺大朗法師、止觀詮法師、興皇朗法師，三代四論師中……。」（引見《大正藏》卷70，頁493上。）引文中提到了「三代四論師」，其實都是三論師。可見中國古代，四論宗與三論宗似乎沒

（三論）、北（四論）二派的中觀學。顯然，如上文所說，二者都沒有完全把握龍樹的作品。

另外一個與龍樹有關的中國佛教宗派，是隋．智顗 (A.D. 538–597) 所建立的天臺宗哲學。這主要表現在其「三諦三觀」的實踐哲學和「五時八教」的教判之上。先就「五時八教」來說，智顗把釋迦所說之佛法，依傳說中的先後次序，分成了「五時」；⑴華嚴時，佛成道後三七日（二十一日）內，說《華嚴經》；⑵鹿苑時，三七日後到十二年中，在鹿野苑說《阿含經》；⑶方等時，說《阿含經》後八年中，說《維摩》、《勝鬘》等《方等（大乘）經》；⑷般若時，說《方等經》之後，二十二年中，說《般若經》；⑸法華、涅槃時，說《般若經》後八年中說《法華經》，臨終一日一夜說《涅槃經》[157]。在這「五時」當中，佛說了「八教」；即「化儀四教」[158]和「化法四教」。其中，化儀四教乃依佛陀教化的方式（儀）而分，化法四教則依其內容而分。而化法四教是：⑴藏教（三藏教），即《阿含經》，內容不出四諦、十二因緣之不究

有區別。

[157] 諦觀，《天臺四教儀》；《大正藏》卷 46，頁 774 下。

[158] 化儀四教是：(a)頓教，即華嚴時之《華嚴經》；(b)漸教，即鹿苑時之《阿含經》，方等時之《淨名經》乃至《勝鬘經》，般若時之《般若經》；(c)祕密教，在五時中的前四時，有時說頓教道理，有時說三種漸教道理，聽講的弟子獲益不同，了解也不一，故稱祕密教；(d)不定教，五時中的前四時，說頓教時，聽講的弟子可能得漸教之益，說漸教時，聽講的弟子也可能得頓教之益，故名不定教。這化儀四教中似乎並沒有天臺宗所宗重的《法華經》，因為《法華經》是非頓非漸、非祕密非不定的「圓（滿之）教」的經典。（諦觀，《天臺四教儀》；《大正藏》卷 46，頁 774 下～775 中。）

竟的小乘道理。(2)通教，即《般若經》中「偏真」的「空」理。由於它是接引藏教之小乘的方便，也是通往真實大乘——後兩教的橋樑，故稱通教。(3)別教，即《華嚴經》中之「獨菩薩法」。因其「教理、智斷、行位、因果，別前二教，別後圓教」，所以稱為別教。(4)圓教，即《法華經》中「圓名、圓妙、圓滿、圓足、圓頓」之道理[159]。

從天臺宗的「五時八教」的教判當中，明顯地可以看出《般若經》只是「漸教」之中不究竟的「通教」而已，比起天臺宗所宗重的《法華經》那種「非頓非漸」、「圓名……圓頓」之「圓教」，簡直無法比擬。天臺圓教的道理是「圓（滿）」的，而《般若經》之通教則是「偏（空）」的。

所謂《般若經》的「偏」空，可以從智顗的「三諦三觀」看出來。三諦，即空諦（無諦、第一義諦）、假諦（有諦、世俗諦）、與中諦（中道第一義諦）。指的是三種真理。體悟這三種真理的智慧觀察，即是三觀，亦即空觀、假觀與中（道）觀。而三種真理——三諦，不過是二諦的不同說法。智顗在其《妙法蓮華經玄義》卷 2 下，首先說明了「七種二諦」[160]，然後說：「卻前兩種二

[159] 詳見諦觀，《天臺四教儀》；《大正藏》卷 46，頁 776 上～778 下。

[160] 七種二諦是：(a)實有為俗諦、空為真諦；即藏教之二諦。(b)幻有為俗諦，即幻有空為真諦；這是通教之二諦。(c)幻有為俗，即幻有空、不空共，為真諦；這是「別接通」二諦。（按，所謂「別接通」，是指別教接引通教，使通教菩薩更進一步走上別教的意思。）(d)幻有為俗，幻有即空、不空，一切法趣空、不空，為真；這是「圓接通」（圓教接引通教）之二諦。(e)幻有、幻有即空，皆名為俗，不有、不空為真；這是別教之二諦。(f)幻有、幻有即空，皆名為俗，不有不空，一切法趣不有不空為真；此乃「圓接別」（圓教

諦，以不明中道故，就五種二諦，得論中道，即有五種三諦……。」[161]五種二諦及其對應之五種三諦，姑且不論[162]，我們只把注意力集中在前兩種「不（正）明中道」的二諦即可。這兩種二諦是：(1)實有為俗諦，實有滅為真諦；這是藏教之二諦；(2)幻有為俗諦，幻有空為真諦；這是通教之二諦[163]。依此看來，通教根本「不（正）明中道」，只有不究竟的二諦，沒有三諦。亦即《般若經》(通教之代表經典）只有二諦而沒有三諦，因為它們都「不（正）明中道」。顯然，這是智顗從「中道」的觀點，來批判《般若經》[164]，說它們是「智證偏真」[165]，亦即「偏空」。

接引別教）之二諦。(g)幻有、幻有即空，皆為俗，一切法趣有、趣空、趣不有不空，為真；此乃「圓教」之二諦。（以上詳見智顗，《妙法蓮華經玄義》卷 2 下；《大正藏》卷 33，頁 702 下～703 下。）

[161] 引見《大正藏》卷 33，頁 704 下。

[162] 與五種二諦對應的五種三諦是：(a)有漏是俗諦，無漏是真諦，非有漏非無漏是中諦；這是「別入通」（即別接通）之三諦。(b)真、俗二諦同前，非有漏非無漏具一切法為中諦；這是「圓入通」之三諦。(c)幻有為俗諦，幻有即空為真諦，不有不空，一切法趣不有不空為中諦，而此中諦只是道理而無實用。（智顗之原文為：「開彼俗為兩諦，對真為中，中理而已。」）這是別教之三諦。(d)真、俗二諦同(c)不有不空，一切法趣不有不空為中諦，但此中諦非但是道理，而且具足佛法之實用。（智顗原文為：「點真中道，具足佛法也。」）這是「圓入別」之三諦。(e)三諦與(d)同，但三諦都有實用，不只是理。（智顗原文是：「非但中道具足佛法，真、俗亦然。三諦圓融，一三、三一，如《（摩訶）止觀》中說。」）這是圓教之三諦。（以上詳見智顗，《妙法蓮華經玄義》卷 2 下；《大正藏》卷 33，頁 704 下～705 上。）

[163] 參見[160]。

[164] 如果通教之《般若經》有三諦、明中道，那是就《般若經》中「隨情智」或

把《般若經》視為不了義經的智顗，對於宗重《般若經》的龍樹而言，自然無法忠實地了解龍樹的思想。這可以從智顗解釋龍樹《中論（卷4）·觀四諦品（第24）》中的兩首偈頌看出來[166]：

> 圓頓止觀相者，以止緣於諦，則一諦而三諦。以諦繫於止，則一止而三止……所止之法，雖一而三。能止之心，雖三而一也。以觀觀於境，則一境而三境。以境發於觀，則一觀而三觀。如摩醯首羅面上三目，雖是三目，而是一面。觀境亦如是，觀三即一，發一即三，不可思議。不權不實，不優不劣，不前不後，不並不別，不大不小。故《中論》云，因緣所生法，即空，即假，即中。[167]

智顗以為，當我們在禪定之「止」中，以智慧「觀」察空、假、中等三諦之「境」理時，此三諦其實即是一中道諦[168]。就像摩醯

「隨智」的部分，亦即「別入通」或「圓入通」的部分；而不是《般若經》所真正要接引的對象。（參見《大正藏》卷33，頁702中。）

[165] 《妙法蓮華經玄義》卷2下說：「智證偏真，即成通二諦。」（引見《大正藏》卷33，頁703中。）可見通教之《般若經》是「智證偏真」的。

[166] 這兩首偈頌的原文是：「眾因緣生法，我說即是無（空），亦為是假名，亦是中道義。未曾有一法，不從因緣生，是故一切法，無不是空者。」（引見《大正藏》卷30，頁33中。）

[167] 智顗，《摩訶止觀》卷3上；引見《大正藏》卷46，頁25中。

[168] 智顗的三諦三觀，雖一再強調「即空，即假，即中」，亦即三諦成一諦時，此一諦可以是空諦，也可以是假諦或中諦。但實際上他卻特別偏愛中諦。

首羅（大自在，Maheśvara）天神臉上的三目一樣[169]，雖有三目，卻都在同一臉上。而什麼叫做一（中道）諦呢？智顗說：

> 一念心起，即空，即假，即中者，若根若塵並是法界，並是畢竟空，並是如來藏，並是中道……非三而三，三而不三。非合非散，而合而散，非非合非非散。不可一異而一異。譬如明鏡，明喻即空，像喻即假，鏡喻即中。[170]

由引文中明顯地看出智顗的三諦三觀說，乃受到「如來藏」思想的深重影響[171]。這樣的思想，顯然不是完全未受「如來藏」思想

---

[169] 摩醯首羅天，義譯為大自在天，傳說有三目。例如，《大般涅槃經》卷 2 即說：「何等名為祕密之藏？猶如伊字三點，若並則不成伊，縱亦不成。如摩醯首羅面上三目，乃得成伊三點。若別，亦不得成。」（引見《大正藏》卷 12，頁 376 下。）其中，伊字，在悉檀 (siddham) 字（共四十九字）當中，作∴，所以引文中的原註說，在元本、明本、以及宮內省圖書寮本（舊宋本）中，伊字皆作∴。（參見《大正藏》卷 12，頁 376 ⑭。）

[170] 智顗，《摩訶止觀》卷 1 下；引見《大正藏》卷 46，頁 8 下～9 上。

[171] 智顗，《法華玄義》卷 2 下，曾說：「……三諦者，眾經備有其義，而名出《纓珞》、《仁王》。」（引見《大正藏》卷 33，頁 704 下。）可見智顗的三諦三觀說，源自《纓珞》（即《瓔珞》）、《仁王》二經。而《菩薩瓔珞本業經（卷上）‧賢聖學觀品（第 3）》確實說到了三諦三觀：「三觀者，從假名入空，二諦觀；從空入假名，平等觀。是二觀方便道。因是二觀，得入中道第一義諦觀，雙照二諦，心心寂滅。」（引見《大正藏》卷 24，頁 1014 中。）可見智顗的三諦三觀，完全承襲了《瓔珞經》的思想。其特色是：空、假二諦二觀是不究竟之「方便道」，只有中道第一義諦觀才是究竟的。而且此中道第一義諦觀能「雙照二諦」，因此三諦三觀即成一（中道）諦一（中道）

影響的龍樹，所能接受的[172]。

觀了。另外，《仁王般若波羅蜜經（卷上）·二諦品（第4）》也說：「菩薩摩訶薩於第一義中常照二諦化眾生。」乃至「以三諦攝一切法，空諦、色諦、心諦故，我說一切法不出三諦。」（引見《大正藏》卷8，頁829上、中。）這也是智顗所說「中道第一義諦具足佛法」的思想來源吧？值得注意的是，《瓔珞》、《仁王》二經都是受到「常住」、「清淨」、「如來藏」之後期大乘影響的經典。例如，《瓔珞經（卷下）·釋義品（第4）》曾說：「生在佛家，種性清淨，名生貴住。」（引見《大正藏》卷24，頁1017中。）同經卷下，〈佛母品（第5）〉又說：「無佛有佛，法界二相，故不一；諸法常清淨，故不二。」（同前引，頁1018中。）這都是如來藏佛法中本性「清淨」的思想。而《仁王經》更明顯地是屬於如來藏系的經典；例如卷上〈觀空品（第2）〉即說：「法性色受想行識，常樂我淨。」（引見《大正藏》卷8，頁825下。）卷上，〈菩薩教化品（第3）〉也說：「湛然清淨，常住不變，同真際，等法性。」（同前引，頁826下。）卷下，〈受持品（第7）〉也說：「是般若波羅蜜，是諸佛菩薩一切眾生心識之神本也。」（同前引，頁832下。）這些引文都足以證明《仁王經》是如來藏系的經典。

[172] 有關智顗之三諦三觀不合龍樹本意，還可以從空、假、中的不可折為三法（三諦）再合為一法（一諦），以及沒有三諦只有二諦的觀點來討論。例如，印順，《中觀論頌講記》（臺北：慧日講堂，民國62年重版），頁474～475，在註釋《中論·觀四諦品》的兩首偈頌——「眾因緣生法，我說即是空，亦為是假名，亦是中道義。未曾有一法，不從因緣生，是故一切法，無不是空者」時，即說：「天臺家，本前一頌，發揮他的三諦論。在中觀者看來，實是大有問題的。第一、違明文：龍樹在前頌中明白的說：『諸佛依二諦，為眾生說法』，怎麼影取本頌，唱說三諦說？這不合本（中觀）論的體系，是明白可見的。第二、違頌意：這兩頌的意義是一貫的，怎麼斷章取義，取前一頌成立三諦說。不知後頌歸結到『無不是空者』，並沒有說：是故一切法無不是即空即假即中。如《心經》，也還是『是故空中無色』，而不是：是故即空即色……這本是性空經論共義，不能附會穿鑿。要發揮三諦圓融論，這

在中國，另外一個與龍樹有關的佛教宗派是唯識法相宗。不過，它是站在批判的立場，來看待一切皆空的龍樹哲學。這種對立關係，其實在印度的中觀學派和瑜伽行派 (Yogācāra)，亦即唯識宗 (Vijñāna-vāda)，即已形成，而被佛教史家稱為「空有之爭」[173]。日本．玄叡，《大乘三論大義鈔》卷 3，即曾說到印度「空有之爭」的情形：

> 言空有諍論者……佛滅已後千有餘年，南印度界建至國中，有二菩薩，一時出世。一名清辨，二號護法。為令有情悟入真理，立空、有宗，共成佛意。清辨菩薩借空撥有，令除有執。護法菩薩借有排空，令捨空見。是以峨峨兮兩邊，山崩蕩蕩焉。真理海寂莫空有論，奚有斯能矣！仰惟波毘薛迦（原註：此云清辨）……表示僧佉之服，裏弘龍樹之學；心處釋迦之理，宗無偏滯之情。時人號為妙吉祥菩薩……製《裳（掌？）珍》之洪論，立二空之真量。以性空火，燎邪宗薪。使有見儔，投空量火，類似蝶起（赴？）於猛焰。於是涇渭流派，邪正轍異。有見露消，空宗峰峙矣！彼《論》頌曰：「真性有為空，如幻緣生故；無為無有實，不起似空花。」[174]

是思想的自由。而且，在後期的真常唯心妙有的大乘中，也可以找到根據，何必要說是龍樹宗風呢？」

[173] 龍樹所創立的中觀學派，因為主張一切皆空，所以被稱為「空宗」(Śūnyatā-vāda)；而瑜伽行派則由於主張外境空而內識——阿賴耶識 (ālayavijñāna) 實有，所以被稱為「有宗」。

這是描述中期中觀學派的學者——清辯（清辨，波毘薜迦，Bhā-vaviveka; A.D. 500–570） 與瑜伽行派之學者——護法(Dharmapāla; A.D. 530–560)之間的爭論。前者在其《掌珍論》中，建立了「二空之真量」，即勝義諦中有為法、無為法皆空的論證（詳前文），來批判護法之「有宗」的主張，因此引起了瑜伽行派的反駁，以致「涇渭流派，邪正轍異」。

護法、清辯之後，這一爭執依然繼續存在，以致才有前文法藏《十二門論宗致義記》所提到的，那爛陀寺的戒賢（瑜伽行派）與智光（中觀學派）之爭。唐．玄奘(A.D. 602–664)從戒賢那裏，帶回了唯識學，在中國創立了唯識法相宗，並傳給了他的弟子——窺基(A.D. 632–682)。而在印度的「空有之爭」，自然也就一同帶回到中國。窺基在註釋《成唯識論》中的一句——「或執內識如境非有」時，即曾批判清辯說：

> 《（成唯識）論》（云）：「或執內識如境非有。」述曰：此第二計，即學《中》、《百》清辨等師，依密意教，說諸法空，便亦撥心體非實有。彼立量云：汝之內識如境非有，許所知故，如汝心外境。清辨俗諦外境許有，今就中道無自違失。又《掌珍》中，依勝義諦，說有為、無為並是空等，皆如彼說。[175]

---

[174] 引見《大正藏》卷70，頁147上～中。

[175] 窺基，《成唯識論述記》卷1本；引見《大正藏》卷43，頁236下。

窺基認為《成唯識論》中的「或執內識如境非有」一句，是在批評清辯的主張。他說清辯不但在其《掌珍論》中，建構了兩個論證（立量），來證明勝義諦中有為法和無為法皆空；而且，清辯還建構了另外一個論證（立量），證明「內識」就像「外境」一樣的「非有」。這個論證是：

宗（結論）：內識（如外境一樣的）不存在；
因（原因）：（因為）內識是所知的對象（之緣故）；
喻（實例）：凡是所知的對象都是不存在的，例如心外之境。

我人不清楚清辯的這一論證，出於何處？但無疑地，印度的「空有之爭」，已延燒到中國來了。甚至，傳自於中國的日本佛學界也不例外。日本．玄叡的《大乘三論大義鈔》卷 3，即曾站在三論宗的立場，反駁窺基對清辯的批評說：

> 異焦慧徒，於其初量，邪設偽過，謬謗真量。唐界諸師，競捧土塊；本朝學徒，爭狎妄談。所設偽過，備列於右，別通於左。基法師云：有法一分，違自宗過，違自教失。能立不成，所立不成，俱不成也。[176]

引文最後，窺基的批評，乃針對清辯《掌珍論》的「初量」——「真性有為空，如幻緣生故」。窺基認為，清辯的這一論證（量），犯了三個過錯：(1)「有法一分，違自宗過，違自教失」；(2)「能立

---

[176] 引見《大正藏》卷 70，頁 147 下。

不成」；(3)「所立不成」。就(1)而言，所謂「有法」(dharmin) 是指「宗」(結論) 中的主詞 (subject)[177]。在清辯的結論 (宗) ——「真性有為空」當中，「真性有為」或「有為」即是有法[178]。而窺基認為，清辯的有法有一部分是錯誤的；亦即，中觀學派的清辯所說的「真性有為」或「有為」，與唯識宗的窺基所了解的並不相同[179]。

[177] 例如「遠山有火」中的「遠山」即是有法。

[178] 「真性有為空」一句中的有法，到底是「真性有為」或單單是「有為」，在中國佛學界有許多爭議。玄叡的《大乘三論大義鈔》卷 3 說：濱法師、智周法師和詳居士都主張此句中的「有法」(主詞) 是「真性有為」；因此，此句的有法共有兩部分：一是「真性」，另一則是「有為 (法)」。相反地，惠沼法師、邁法師、賢法師和眩 (昉？) 法師，卻都主張該句的「有法」(主詞) 單單是「有為 (法)」，而不包括「真性」在內。(詳見《大正藏》卷 70，頁 148 上。)

[179] 依據玄叡的《大乘三論大義鈔》卷 3 所說，有關窺基的「有法一分」有錯誤的說法，有許多不同的解釋。第一種解釋是把「有法」理解為「真性有為」，因此，有法即有「真性」與「有為 (法)」兩部分 (詳前註)。其中，「有為 (法)」的部分是中觀、唯識二宗所共同承認的部分；但是「真性」的部分卻是二宗的爭議所在。中觀認為一切皆空，因此「真性」(究竟之真理，tattvataḥ) 也自然是空的；但是，唯識宗卻以為「真性」是實有的，而不是空的。因此，中觀與唯識二宗，顯然有不同意義的「真性」觀，連帶著對「真性有為空」一句中的「有法」——「真性有為」，也就有不同的了解。這是為什麼窺基說「有法一分」(指「真性」這一部分) 有過錯的原因。(以上見《大正藏》卷 70，頁 148 上。) 其次，第二種解釋是：「真性有為空」一句中的「有法」，單單是「有為 (法)」，而不包括「真性」。(詳前註。) 玄叡說，如果這樣地了解「有法」，那麼，窺基所謂的「有法一分」有過錯，就有下面三個可能的意思：「不取真性以為有法，而作有法一分之過，本國

其次，(2)中的「能立」(sāddhana) 是指「三支作法」中的因 (hetu) 支與喻 (udāharaṇa) 支；亦即西洋邏輯中所說的前提 (premises)⑱⓪。而(3)中的「所立」(sādhya)，則是「三支作法」中的宗 (pratijñā) 支。在(2)中，窺基批判清辯的第一個論證犯了「能立不成」⑱①的過失；而在(3)中，窺基則批判該論證又犯了「所立不成」⑱②的過失。為什麼呢？玄叡說：

先匠，異說不同。或云，真性之言雖是簡別，而其體空。敵論不許空真性故，有法一分。或云，有為有法，凡有二分，空分、有分。敵者不許空之一分，是故《疏》云有法一分。或云，簡別真性不極成故，有為有法亦非極成，故名有法一分不成。」（引見《大正藏》卷 70，頁 148 上～中。）

180 沈劍英，《因明學研究》（上海：中國大百科全書出版社，1985），頁 31 ❶ 說：「『能立』一詞在陳那的《正理門論》中出現過二十四次，在天主的《因明入正理論》中出現過十二次，有兩種意義：第一是指整個論式，即宗、因、喻俱全的推理形式。第二是指與『所立』（宗）相對的『因』和『喻』。因為因、喻是能夠成立宗的。」窺基所說的「能立」，顯然是指與「所立」（宗）對應的因和喻；亦即西洋邏輯所說的「前提」。

181 沈劍英，《因明學研究》，頁 236 說：「能立法不成就是同喻雖與宗法相合，卻與因法不合，從而失去助成作用的過失。」其中，「同（法）喻」(sādharmye-ṇa dṛṣṭānta) 指的是與宗、因二支性質相似的實例。例如，「真性有為空（宗），如幻（同喻），緣生故（因）」這一論證當中，「幻」即同喻。它和宗中的「有為法」以及因中的「緣生」都具有相似的特性，亦即「幻」具有有為法之「空」性與「緣生」性，所以稱為「同喻」。而窺基所謂清辯的第一個論證當中「能立法不成」，依沈劍英的說法，應指「幻」事雖空（與宗法相合），卻非緣生（與因法不合）的意思。

182 沈劍英，《因明學研究》，頁 238 說：「所立法不成就是同喻雖與因法相合而與宗法不合，從而失去助成作用的過失。」因此，窺基所謂清辯的第一個論證當中「所立不成」，應指「幻」事雖是緣生（與因法相合），卻並非空（與宗法不合）的意思。

> 基法師云：同喻如幻，若依俗諦，則有二徵。如幻實事，非緣生故，能立不成。如幻（似）事，此宗非空，所立不成。[183]

窺基的意思是：由於喻支中的「幻」事並非緣生的[184]，以致它與因支——「緣生故」不相合，因此，「幻」[185]事的譬喻不成立——「能立（中之喻支）不成（立）」。也就是說，窺基以為：「凡是緣生的都是空的，例如幻事」這一語句不成立，因為「幻」事不能做為「緣生」的實例。

其次，窺基還以為：由於喻支中的「幻」事並非空的，以致它與宗支中的「（有為）空」不相合，因此，「幻」事的譬喻不成立——「所立（宗）不成（立）」。也就是說，窺基以為：「凡是緣

---

[183] 《大乘三論大義鈔》卷 3；引見《大正藏》卷 70，頁 149 上。

[184] 窺基認為「幻」事並非緣生，是難理解的。玄叡反駁窺基時曾說：「又《廣百論》相應師云，從緣生法有二，一依他起性，二遍計所執。準此論文，實事之幻，亦是緣生。云何得言如幻實事非緣生故？」（《大乘三論大義鈔》卷 3；引見《大正藏》卷 70，頁 149 下。）依此看來，窺基所謂的「幻」事，是指「依他起性」、「遍計所執性」所生之「如幻實事」；亦即指阿賴耶識中之種子所現行出來之「幻」事。此「幻」事由於依過去之業力（種子）所生，所以具有某種意義之真實性、不可變易性，所以稱為「（如幻）實事」。而就業力（種子）之因緣所生來講，這一「幻」事固然是「緣生」，但就已經現行之「幻」事的不可變易性而言，則是「非緣生」的。

[185] 「幻」事並非空，窺基的理由是：「其為幻也，雖實是無，而現可得，似象、似馬。而無實體，故名為空。是虛假空，非都無空。一切佛經、四依論中，凡明幻空，是虛假空。」（玄叡，《大乘三論大義鈔》卷 3；引見《大正藏》卷 70，頁 149 下。）

生的都是空的，例如幻事」一句不成立，因為「幻」事並非是「空」的。

總之，由於清辯在《掌珍論》中建構了兩個論證，來證明勝義諦中有為法和無為法都是空，因此，不但在印度引起了「空有之爭」，而在中國的唯識宗中，也同樣引起了熱烈的反駁[186]。這些爭論的產生，無疑地，並不只是因為清辯之於護法或窺基之於清辯之間的思想差異，而是牽涉到龍樹所創立之中觀哲學與唯識宗哲學之間的根本差異。也許，這也可以看成是龍樹對於中國佛教之（反面的）影響吧？

---

[186] 《掌珍論》中的論證，不但第一個引起了窺基的反駁，而且第二個論證也同樣引起窺基的反駁。（詳細的論證請見：玄叡，《大乘三論大義鈔》卷 3；《大正藏》卷 70，頁 149 下開始。）

龍樹的「空」

一、空的定義

要了解龍樹（Nāgārjuna; A.D. 150–250）的「空」(śūnyatā)，最直接的辦法，是研讀他在《中論（頌）》(*Madhyamaka-kārikā*) 乙書中的兩首偈頌：

> 眾因緣生法，我說即是無 (śūnyatā)，亦為是假名 (prajñapti)，亦是中道 (madhyamā-pratipad) 義。未曾有一法，不從因緣生，是故一切法，無不是空者。❶

在這兩首偈頌當中，龍樹把「空」（無）定義為「因緣生」(pratītyasamutpanna)。頌文中還說，「空」有時又叫「假名」，有時又叫「中道」。為什麼「因緣生」的事物一定是「空」的？為什麼「空」又叫「假名」和「中道」？青目 (Piṅgala) 對這兩個問題，有最好的回答：

---

❶ 引見〈觀四諦品〉第24，《中論》卷4；《大正藏》卷30，頁33中。

> 眾緣具足，和合而生物；是物屬眾因緣，故無自性；無自性，故空。空亦復空。但為引導眾生故，以假名說。離有、無二邊，故名為中道。是法無性，故不得言有；亦無空，故不得言無。❷

從上引青目的註釋，我人知道，因緣所生的事物，之所以是「空」，原因是這些事物都沒有它們自己的內在本質——「自性」(svabhāva) 的緣故。因此，所謂「空」是「自性」的不存在。在此，「自性」一詞，是由 sva 與 bhāva 兩個梵文字所組成的。sva 有「自己」(own)、「自我」(ego)、「靈魂」(soul) 等幾個意義，甚至有時還當做婆羅門教的「神我」(ātman) 來用❸。而 bhāva 一詞有「存有」(being)、「存在」(existing)、「常住」(continuance)、「真實」(reality)、「性質」(nature) 等幾個意義❹。因此，所謂的「自性」，是指事物內在真實不變的本質。龍樹的「空」，正是否定這種意義的「自性」。

因緣所生的事物，為什麼是無「自性」的呢？上引青目的註釋，僅僅用簡單的一句話，來加以說明：「眾緣具足，和合而生物；是物屬眾緣，故無自性。」青目的意思是，由各種條件（因緣）所產生的事物，都是附屬或依存於這些條件，即所謂「是物

---

❷ 引見〈觀四諦品〉第 24，《中論》卷 4；《大正藏》卷 30，頁 33 中。

❸ 參見莫尼爾・威廉 (Sir Monier Monier-Williams, M. A., K. C. I. E.) 所編著的《梵英字典》 (*A Sanskrit-English Dictionary*) (Motilal Banarsidass, Delhi, Varanasi, Pattna, 1970)，頁 1275。

❹ 同前書，頁 754。

屬眾緣」，因此，這些事物就沒有它自己內在的真實而不變的本質。換句話說，事物既然是由各種條件所生，當這些條件有所變化時，事物也必然跟著變化；這樣一來，事物怎麼可能有其內在不變而真實的本質呢？所以，龍樹以為，凡是因緣所生的事物，都是「空」的（無自性的）。

二、「空」所否定的對象——「八不」

「空」(śūnya) 一詞，原本有「虛無」(empty)、「沒有」(void)、「缺少」(absent)、「不真實」(unreal)、「不存在」(non-existent) 等幾個意思❺；在早期的《般若經》及龍樹的作品裏，都當做否定詞來應用。「空」，既然是一個否定詞，必定有被它否定的對象，從前引《中論》裏的兩首偈頌，我人可以看出，「空」所否定的事物是一切事物；所以龍樹說：「是故一切法，無不是空者。」

一切事物（一切法）太多了，龍樹用四對八法來歸納它們，然後用他的「空」，一一加以否定，這就是有名的「八不」偈：

> 不生亦不滅，不常亦不斷，不一亦不異，不來亦不出。能說是因緣，善滅諸戲論，我稽首禮佛，諸說中第一。❻

---

❺ Monier-Williams, *A Sanskrit-English Dictionary*, p. 1085.

❻ 引見〈觀因緣品〉第1，《中論》卷1；《大正藏》卷30，頁1中。

這兩首偈頌，是《中論》的「歸敬頌」，也可以說是《中論》的序言：它的大意是：不生、不滅、不常、不斷、不一、不異、不來、不出（不去）這「八不」，是佛陀所宣說的道理；這「八不」的道理，能夠滅除我人內心羅緻、誇大、歪曲的心理活動——「戲論」(prapañca)❼，因此，我（龍樹自稱）要禮敬宣說這「八不」的佛陀。

在這「八不」當中，「不生」與「不滅」是最首要的；這不但是因為龍樹在其後的偈頌當中，集中火力來破斥「生」，而且也可以從青目的註釋看出來：

> 法雖無量，略說八事，則為總破一切法……以無生、無滅故，餘六事亦無……若深求不常不斷，即是不生不滅。何以故？法若實有，則不應無；先有今無，是即為斷。若先有性，是則為常。是故說不常不斷，即入不生不滅義。有人雖聞四種破諸法，猶以四門成諸法。是亦不然。若一，則無緣；若異，則無相續……是故復說不一不異。有人雖聞六種破諸法，猶以來出成諸法。來者，言諸法從自在天、世性、微塵等來；出者，還去至本處。❽

---

❼ 「戲論」(prapañca) 一詞，青目曾註釋說：「是諸煩惱業，皆從憶想分別生，無有實。諸憶想分別皆從戲論生。得諸法實相必竟空，諸戲論則滅。」（引見〈觀法品〉第 18，《中論》卷 3；《大正藏》卷 30，頁 24 下。）青目又說戲論有兩種：「一者、愛論；二者、見論………二戲論無故，無憶想分別。」（同前書，頁 25 中。）從以上青目的註釋，我人知道，所謂「戲論」，應指我人內心的一種羅緻、誇大、歪曲的心理活動。

在這段引文當中，青目明白的說，常、斷，乃至來、出等六法，都只是生與滅的衍生，因此，只要破了「生」與「滅」，即破了其他的六法。可見「生」與「滅」是八法當中最首要的。特別是「生」，因為有「生」才有「滅」；「滅」也是從「生」衍生出來的。

由於「生」是八法當中最最首要的一法，因此，龍樹在其後的偈頌當中，著力在「生」的破斥。龍樹先把「生」分成四生：自生、他生、(自、他) 共生、無因生，然後一一加以否定說：

> 諸法不自生，亦不從他生，不共不無因，是故知無生。如諸法自性 (svabhāva)，不在於緣中，以無自性故，他性亦復無。❾

龍樹在上引第一首偈頌當中，先把四生一一否定而成不自生、不他生、不 (自、他) 共生、不無因生；而其結論則是：「無生」。對這首偈頌，青目有底下的註釋：

> 不自生者，萬物無有從自體生，必待眾因。復次，若從自體生，則一法有二體，一謂生，二謂生者。若離餘因從自體生者，則無因無緣。又生更有生，生則無窮。自無，故他亦無。何以故？有自，故有他；若不從自生，亦不從他

❽ 引見〈觀因緣品〉第 1，《中論》卷 1；《大正藏》卷 30，頁 1 下～2 上。

❾ 同前書，頁 2 中。

> 生。共生則有二過，自生、他生故。若無因而有萬物者，是則為常，是事不然。無因則無果；若無因有果者，布施持戒等應墮地獄，十惡五逆應當升天，以無因故。❿

青目指出，自生有底下幾個過錯：⑴一法二體過，如果自生，則一個事物分裂成「生」（能生者）與「生者」（所生者）兩體；⑵無因生過，若自己生自己，等於無因生；而無因生也不成立，如下；⑶無窮生過，如果自己可以生出自己，則被生的又會再生出自己，如此，則有無窮生的過錯。自生不成立，他生也自然不成立，因為所謂「他」是相對於「自」而說的，沒有「自」就沒有「他」。而共生則有自生與他生兩種過錯，無因生則有破壞因果的過錯。

對上引的第二首偈頌，青目也有底下的註釋：

> 諸法自性不在眾緣中，但眾緣和合，故得名字。自性即是自體。眾緣中無自性，自性無故，不自生。自性無故，他性亦無。何以故？因自性，有他性；他性於他，亦是自性。若破自性，即破他性。是故不應從他性生。若破自性、他性，即破共義。無因則有大過；有因尚可破，何況無因？於四句中，生不可得，是故不生。⓫

❿ 引見〈觀因緣品〉第1，《中論》卷1；《大正藏》卷30，頁2中。

⓫ 引見〈觀因緣品〉第1，《中論》卷1；《大正藏》卷30，頁2中。

青目的意思是，事物既是由各種條件（眾緣）所生的，那麼，事物當中就沒有它自己內在的真實不變的本質——「自性」。依此類推，「自性」也不在構成這些事物的各種條件當中，因為這些條件也是由另外的各種條件所生。所以，「自性」完全是不存在的東西。而「他性」是依「自性」而有的，「他性」自然也不存在。共生、無因生的註釋則明白可解。

龍樹所說的四生，一般相信分別代表印度固有的四種因果論：⑴因中有果論 (satkārya-vāda)，指數論（僧佉，Sāṅkhya）；⑵因中無果論 (asatkārya-vāda)，指正理－勝論（尼夜－吠世，即後期的正理學派或勝論學派，Nyāya-Vaiśeṣika）；⑶因中亦有果亦無果論，指耆那教 (Jaina)；⑷偶然論 (yadṛccha-vāda)，指恰爾瓦加 (Cārvāka)，即「順世外道」(Lokāyatika)⑫。前引龍樹的兩首偈頌，以及青目的兩段註釋，都是詳於「自生」，亦即「因中有果論」的否定，卻疏於另外三生（三論）的破斥。因此，讓我人再援引其他文獻，來破斥另外的三生。

---

⑫ 數論主張一切事物都從「自性」（世性，prakṛti）——一種原始的物質，所轉化 (pariṇāma) 而來，亦即一切事物已經預存在其原形——「自性」當中；這明顯的是「因中有果論」。勝論學派曾把「果」定義為「先前不存在之相反事物」(prāgabhāvapratiyogi)，以為「果」是新生的，並不預先存在於「因」中；這顯然是「因中無果論」。以上詳見拉達克里斯南 (Radhakrishnan) 的《印度哲學》(*Indian Philosophy*) 卷 2，頁 96。(George Allen & Unwin LTD, New York, 1966.) 其次，中期的中觀學者月稱 (Candrakīrti)，在其《入中論》乙書，曾指出「共生」是耆那教的主張（詳下文）。另外，恰爾瓦加主張一切事物都不過是地、水、火、風等「四大」所偶然生成的，所以是「偶然論」。

龍樹的另一作品，《十二門論》(*Dvādaśanikāya-śāstra*)，曾破斥「因中無果論」（他生）說：

> 若謂因中先無果而果生者，是亦不然。何以故？若無而生者，應有第二頭、第三手生。何以故？無而生故……若因中先無果而果生者，則一一物應生一切物，如指端應生車馬飲食等。如是，縷不應但出疊，亦應出車馬飲食等。何以故？若無而能生者，何故縷但能生疊，而不生車馬飲食等物？以俱無故。若因中無果而果生者，則諸因不應各各有力能生果，如須油者要從麻取，不笮於沙。若俱無者，何故麻中求，而不笮沙？⓭

龍樹的意思是，如果與「果」完全無關的他「因」，竟然可以生起「果」來，那麼「縷」就不應當只生「疊」，也應生起「車、馬、飲食」等其他的「果」來；因為，車、馬、飲食等與縷之間的無關，和縷、疊之間的無關，應該相同才對。如此，則因果的必然關係完全破滅，油不但可以從麻中生，也可以從沙中生了；乃至我人不但只有一個頭，也應該有第二個頭了，不但只有兩隻手，也應該有第三手了。而這些都是違背事實的，可見「因中無果論」（他生）是錯的。

四生中的「共生」是最難理解的。青目的註釋僅簡短的一句：「共生則有二過，自生、他生故。」（見前）而《十二門論》雖較

⓭ 引見〈觀有果無果門〉第2，《十二門論》；《大正藏》卷30，頁161下。

詳細地破斥「因中亦有果亦無果論」，卻依然不甚了了：「若謂因中先亦有果亦無果而果生，是亦不然。何以故？有無性相違故。性相違者，云何一處？如明暗、苦樂、去住、縛解，不得同處。」（引見《大正藏》卷 30，頁 162 上。）龍樹的意思是，「有果」、「無果」兩個概念是互相矛盾的，互相矛盾的兩個概念，怎麼可能同時存在於「因」中呢？月稱的《入中論》，對「共生」則有比較詳細的說明：

> 計共生者，謂既從自生亦從他生，故計共生。如從泥團、杖、輪、繩、水、陶師等，而有瓶生。瓶與泥團非有異法，要泥團性中有瓶，乃得生，故從自生。陶師功用等他法亦能生瓶，故亦從他生。以是執為自他共生。外法既爾，內法亦然，要自他共乃得有生。彼宗安立命、非命、福、罪、漏、律儀等九句義，謂是真宗。如彌勒要前世命根中有，今乃得生，故從自生。以彌勒與命根非異法故……彌勒亦從父母、法、非法、漏等他法而生，故亦從他生……破曰：此說亦不應理，以俱犯前說眾過故。[14]

月稱對於「共生」的說明，使我人比較清楚地了解「共生」的意義。月稱舉了兩個例子，其一是瓶子，明白可知；另一是「彌勒」的例子，這應是耆那教的例子，因為文中提到的九種「句義」(padārtha)，諸如命 (jīva)、非命 (ajīva)、漏 (āsrava)、法 (dharma)、

---

[14] 引見《入中論》卷 4，頁 1；法尊譯，新文豐出版公司，臺北，民國 64 年。

非法 (adharma) 等，都是耆那教的固有用語。依月稱的說明，一個人，例如彌勒的出生，一方面要由自己的「命」(即靈魂) 才能生，所以是「自生」；二方面又必須要由父母、法 (事物活動的原理)、非法 (事物靜止的原理)、以及漏 (業力所引生的物質之流，可以束縛靈魂) 等等其他的條件，所以也是「他生」。月稱在文中對自、他「共生」的批判只有一句：「俱犯前說 (指自生、他生之) 眾過故。」他在另文還舉了一喻，來說明「共生」的過錯：「如一胡麻，能有油出，則多胡麻，亦有油出。若沙礫雖多，終不能出油。如是，各別能生者，多乃能生。故計共生，不應道理。」⑮月稱的意思是，既然自生、他生都不對，共生也就不對；就像各別的兩堆沙礫不能出油，把它們聚在一起，還是不能出油。

從前文所引龍樹、青目的文獻看來，二者對於「無因生」(自然生) 的批判，都是針對佛教內部及其他相信業報的學派，卻不能說服唯物論的恰爾瓦加 (順世外道)。月稱在其《入中論》的破斥，則是詳盡的：

> 若謂諸法自然生者，如波那娑樹非波那娑果之因，楝木及阿摩羅等亦非彼因，則楝木等亦應能生彼果。又波那娑果既從非因之波那娑樹生，亦應從三界一切法生，俱非因故……若眾生無因者，應如虛空青蓮華之色香，都無可取。然實有可取，應知一切眾生唯有因生，猶如自心。若如汝宗，則緣青之心應非由青境現前而生。然緣青之心唯緣青

⑮ 引見《入中論》卷4，頁2。

> 境乃生，非自然生。故自然生不應道理。[16]

月稱認為「無因生」（自然生）有兩種錯誤：其一是因果律的破壞。如果事物無因而生，則波那娑「果」（菓）的「因」不是波那娑樹；波那娑樹之非因，既然能生波那娑果，則同樣是非因的楝木、阿摩羅，也應該可以生出波那娑果才對。但事實不然，所以「無因生」是錯的。

對「無因生」的第二個批判，月稱採用「類比」的方法。在常識中，認識活動（心）的產生，是由於外境的存在，因此，「境」是「心」的「因」；類似地，眾生也和「心」之有「因」一樣，應該有產生眾生的原因。月稱的第一個批判是針對非眾生（無情），而第二個批判則是針對眾生（有情）。這樣，眾生和非眾生都有因而生，可見並非「無因生」。

總之，龍樹以破「四生」來破「生」，以破「生」來破「滅」乃至「常、斷」、「一、異」、「來、出」等諸法，所以，龍樹的「破」（空），是全面的「破」，包括有為、無為等諸法。因此，龍樹下結論說：

> 是故，先因中有果亦不生，無果亦不生，有無亦不生，理極於此，一切處於推求不可得，是故果畢竟不生。果畢竟不生故，則一切有為法皆空。何以故？一切有為法皆是因是果。有為空故，無為亦空。有為、無為尚空，何況我

---

[16] 同前書，卷4，頁3。

耶？[17]

三、特論《迴諍論》中的「空」

在中國，龍樹的另一重要著作——《迴諍論》(*Vigraha-vyāvartanī*)，是少有人重視的一部論書；但是，其中卻有許多重要的論點，是《中論》等其他龍樹的作品所未曾說到的。因此，本文特闢一節，加以探討。

《迴諍論》一般相信，是批判正理學派 (Nyāya) 的作品。正理學派以為獲得正確知識的方法（標準）有四種，稱之為四「量」(pramāṇa)；它們是：⑴現量 (pratyakṣa)，即知覺；⑵比量 (anumāna)，即推論；⑶聖言量（聲量，śabda），又稱「阿含」(āgama)，即聽聞；⑷（譬）喻量 (upamāna)，即比較或認同。這四量當中，前三者是佛教所熟知的，因為，佛也承認它們是獲得正確知識（世俗智）的三種方法。正量學派所承認的第四量——譬喻量，是比較少見的，現在讓我人舉一例說明：某甲向某乙說：「野牛 (gavaya) 是一種像牛的動物。」其後，某乙在森林裏看到一隻像牛的動物，經過「比較」的結果，知道那是「野牛」；這種「比較」、「認同」，即是「譬喻量」，它是獲得知識的四種方法之一。

《迴諍論》最主要的工作之一，即是指出正理學派所主張的

[17] 引見〈觀有果無果門〉第2，《十二門論》；《大正藏》卷30，頁162上。

四量是虛幻不實——「空」的東西；換句話說，四量並不是獲得正確知識的方法。龍樹說：

> 偈言：「若量能成法，彼復有量成，汝說何處量，而能成此量？」此偈明何義？若汝意謂量能成物，如量 (māna)、所量 (meya)，現、比、阿含、喻等四量，復以何量成此四量？若此四量更無量成，量自不成；若自不成能成物者，汝宗則壞。若量復有異量成者，量則無窮。若無窮者，則非初成，非中、後成。何以故？若量能成所量物者，彼量復有異量來成彼量。復有異量成故，如是，無初。若無初者，如是，無中。若無中者，何處有後？如是，若說彼量復有異量成者，是義不然。⓲

龍樹的意思是，「量」既然是做為獲得正確知識的標準（方法），就必須是可靠的；但是，什麼樣的標準或方法（量），可以判斷這四種「量」是正確可靠的呢？龍樹發現，正理學派若不是獨斷地以為四量正確可靠，就是必須無窮後退（所謂無初、無中、無後），才能證明四量的可靠性；也就是說，如果四量的可靠性是建

⓲ 引見《迴諍論》；《大正藏》卷 32，頁 19 上～中。文中，註有梵文字的「量」(māna)，是像尺等測量長度的工具，而不是獲得知識之「量」(pramāṇa)。同樣地，註有梵文字的「所量」(meya)，是指尺等工具所要測量的對象，例如布匹，而不是指所獲得的知識——「所量」(prameya)。龍樹在此，以尺之「量」與布匹之「所量」為例，來類比地說明獲得知識之「量」與所獲知識之「所量」。

立在某甲標準（量）上，甲標準的可靠性也必須建立在另一乙標準（量）上，而乙標準的可靠性又必須建立在丙標準（量）上，如此一來，即有無窮之過。所以，四量的正確性既然無法證明，由四量所獲得的知識，例如眼所見、耳所聽、乃至推理所得等等，也就成了不可靠的東西了。——獲得知識的方法是「空」的，所獲知識也同樣是「空」的。

正量學派的學者，可能會做底下的反駁：「量」不但可以做為正確知識的標準，而且也可以做為證明它們自己是正確的標準；換句話說，「量」是「自明」的。正量學派舉了一個比喻說，就像燈火不但可以照物，也可以自照一樣，「量」不但可以判斷知識（所量）的是否正確，而且可以證明它們自己也是正確可靠的。對於這個反駁，龍樹批判如下：

> 偈言：「汝語言有過，非是火自照，以彼不相應，如見闇中瓶。」此偈明何義？彼量如火，自、他能成難，不相應。何以故？非火自照。如初未照，闇中瓶等不可得見，以火照已，然後得見。如是，如是，若火自照，初火應闇，後時乃明；如是得言火能自照。若初火明，則不得言火能自照。如是分別自、他照，義不相應。[19]

龍樹的意思是，正理學派所舉「火能照他，又能自照」的比喻，是不恰當的；因為火不能自照。龍樹說，所謂的「照」，應該先暗

[19] 引見《迴諍論》；《大正藏》卷32，頁19中。

後明，就像暗室裏的瓶子，原先是暗的、看不見，後來因為燈火而光明可見；如果火能自照，火應該先是暗的、看不見，後來才變成明亮可見才對。但是，燈火一開始就是光明可見的，並沒有黑暗的火，所以不能說火能自照。因此，把四種「量」類比成燈火一樣，認為能判斷所獲的知識是否正確，還能證明四量本身也是正確無誤的；這種類比是錯的。

總之，龍樹以為，「量」的可靠性是沒有標準（量）的；它們不可能自己證明自己是正確的，也不可能由其他的標準（量）來證明它們的正確性，乃至自、他共同證明其可靠性，也是不可能的。所以，龍樹下結論說：

> 偈言：「量非能自成，非是自他成，非是異量成，非無因緣成。」此偈明何義？如是，量非自成；現非現成，比非比成，喻非喻成，阿含亦爾，非阿含成。非是自、他迭互相成；現非比、喻、阿含等成，比非現、喻、阿含等成，非現、比、阿含等成，非現、比、喻等成。非異現、比、譬喻、阿含，別有現、比、譬喻、阿含異量來成。如量自分和合不成，自、他境界和合不成，非無因成……。⓴

《迴諍論》的精彩處，不但在批判正理學派的四量，還在回答正理學派所提出的一個問難：「空」否定了一切事物，「空」到底否定或不否定自己？換句話說，「空」是「空」的嗎？若「空」

⓴ 引見《迴諍論》；《大正藏》卷32，頁20下。

也是「空」的，那麼「空」必是無有作用的東西，亦即，「空」不能否定諸法，因為一個「空」的東西，必定不能否定任何事物；反之，若「空」是不「空」的，那麼，「諸法皆空」這一句話就不對了，因為至少有一「空」法，是不「空」的。

正理學派的問難是採用「兩難式」(dilemma) 的論式：⑴如果「空」是「空」的，則「空」不能否定事物，亦即，諸法不空；⑵如果「空」不是「空」的，則諸法不空，因為「空」這一法是不空的。對於這一個「兩難式」的問題，龍樹的回答是：「我語（指「空」這一語）亦因緣生。若因緣生，則無自體。以無自體，故得言空。以一切法因緣生者，自體皆空。」[21]龍樹的回答是：「空」不但否定一切事物，也否定它自己，亦即《般若經》中所說的「空空」。龍樹的這一回答，雖然迴避了正理學派所說的第⑵難——「如果空不是空」，但卻不得不面對正理學派所說的第⑴難——「如果空是空的」。對於這第⑴難，龍樹做了兩方面的回答：㈠「空」這一語雖然是空的，但卻仍然具有功能作用；㈡「空」這一語，並不「否定」（遮）任何事物，而是「讓我人知道」(jñāpayati) 事物的本質。

對於第㈠方面的回答，龍樹舉了化人 (nirmitaka) 與幻人 (māyā-puruṣa)，做為例子來說明：

> 如化丈夫於異化人，見有去來種種所作，而便遮之；如幻丈夫於異幻人，見有去來種種所作，而便遮之。能遮幻人

---

[21] 引見《迴諍論》；《大正藏》卷 32，頁 18 上。

> 彼則是空。若彼能遮化人是空，所遮化人則亦是空；若所遮空，遮人亦空。能遮幻人彼則是空。若彼能遮幻人是空，所遮幻人則亦是空；若能遮空，遮人亦空。如是，如是，我語言空，如幻、如化。如是空語能遮一切諸法自體。是故汝言汝語言空故，則不能遮一切諸法有自體者，汝彼語言則不相應。㉒

龍樹的意思是：就像幻人或化人——它們都是佛菩薩為教化眾生而變化出來的——一樣，雖然都是「空」幻不真實的東西，但是它們卻仍然具有某種功能作用，可以阻止或否定（遮）其他幻人或化人的行為。例如一個幻人或化人，正要做壞事的時候，另一個幻人或化人，卻可以阻止它去做壞事。同樣地，「空」這一語雖然是不真實的，但卻也有功能或作用，去否定一切事物的內在真實自性。依龍樹，一個「空」的東西，仍有它的功能作用；就如「輿（車子）、瓶、衣蕃（衣服）等物」，雖然都是「空」的——因緣所生故，但卻能有裝載薪柴、青草、泥土的功能，或盛裝水、蜜、乳的作用，或禦防嚴寒、炎熱、冷風的能力。而「空」這一語，由於因緣所生（由唇、齒、氣等因緣所生），因此也是空幻不實的；雖說是空幻不實的，卻像輿、瓶、衣蕃一樣，也有它的功能作用；它的功能作用就是「告訴我人」(jñāpayati) 一切事物都是「空」的。龍樹說：

㉒ 引見《迴諍論》；《大正藏》卷 32，頁 18 上～中。

> 如輿、瓶、衣蕃等物，彼法各各自有因緣：世間薪、草、土所作器、水、蜜、乳等，將來將去，及舉掌等；又復寒、熱、風等障中諸受用法；因緣生故，皆無自體。如是，如是，我語因緣和合而生，如是得言無有自體。若無自體，如是得言無自體成。如是，空語世間受用。是故汝言無自體故汝語亦空，則不能遮諸法自體，是義不然。㉓

龍樹在第㈡方面的回答是：「空」這一語的真正作用不在「否定」（遮）事物，而在「讓我人知道」（告訴我人，jñāpayati）事物的本質是「空」的。龍樹的意思是：事物原本就是「空」的——因緣生故；既然是「空」的，當有人用「空」這一語來說出時，他只是「告訴我人」（讓我人知道）事物的本質，而不是「否定」事物的存在。所以龍樹說：「無法得說語。」（由於事物是空的——「無法」，所以我人可以說它們是「空」的——「得說語」㉔。）

㉓ 同前書，頁 18 上。有關此段論文，漢譯相當難解。現依照巴達恰亞 (K.Bhattacharya) 的英譯《迴諍論》本——《龍樹的辯證法（迴諍論）》(*The Dialectical Method of Nāgārjuna* (*Vigraha-vyāvartanī*)) (Motilal Banarsidass, Delhi, 1978) 乙書，頁 18 的譯文，翻譯如下：但是，就像車子、瓶子、衣服等事物，雖然由於因緣生而無自性，卻具有它們各自的功用，例如裝載木材、青草和泥土，盛裝蜂蜜、清水和牛乳，預防風寒和炎熱。同樣地，我所說的話（指龍樹的「空」這一語），雖然由於因緣生而無自性，卻可以證明事物的空無自性。因此，你說：「由於你的話（指龍樹的『空』）是無自性空，因此你的話不能否定事物的自性」，是不對的。

㉔ 引見《迴諍論》；《大正藏》卷 32，頁 22 上。對這句偈文，㉓所引英譯《迴諍論》本，頁 42，譯成底下：「在此，語言（指『空』語）在讓我人知道它

對這句偈文，龍樹自己註釋說：

> 若說諸法無自體語，此法非作無自體法。又復有義，以無法體，知無法體；以有法體，知有法體㉕。譬如屋中實無天得，有人問言：「有天得不？」答者：「有。」復有言：「無。」答言無者語言，不能於彼屋中作天得無，但知屋中空無天得。如是，若說一切諸法無自體者，此語不能作一切法無自體無，但知諸法自體無體。若汝說言：「若無物者，則不得言法無自體。以無語故，不得成法無自體」者，義不相應。㉖

在這段註釋中，龍樹舉了一例說明「空」並不「否定」事物，而在「讓我人知道」事物之空幻不實的本質。龍樹說：就像有人說屋中「沒有」天得 (Devadatta) 這個人時，說這句話的人只「告訴我人」屋中「沒有」天得的事實，而不在製造天得的「沒有」；也就是說，說這句話的人，並沒有把原本存在的天得「否定」(沒有) 掉，因為天得原本就不在屋內。同樣地，當有人說諸法皆「空」時，他並沒有把原本存在的諸法「否定」掉，因為諸法原本就是「空」的。所以龍樹說：「我不遮」(我不否定任何事物)：

(指事物) 的空無，而不在否定它 (事物)。」

㉕ 「又復有義」底下一句，㉓所引英譯《迴諍論》頁 42，譯成下文：「但是，由於無自性，它 (指『空』語) 使我人知道 (jñāpayati) 事物的空無自性。」

㉖ 引見《迴諍論》；《大正藏》卷 32，頁 22 上～中。

> 偈言：「我無有少物，是故我不遮；如是汝無理，枉橫而難我。」此偈明何義？若我如是少有物遮，汝得難我。我無物遮，如是無物我無所遮。如是無遮一切法空，如是無物遮 (pratiṣ-edha) 與所遮 (pratiṣedhya)。是故汝向如是難言何所遮者，此汝無理，枉橫難我。㉗

龍樹的意思是：能遮（能否定，pratiṣedha）的「空」，就像幻人、化人一樣，是不真實的，所遮（所否定，pratiṣedhya）的事物也像幻人、化人一樣，是不真實的。由於所遮的事物原本就是不真實的，因此，當一個人說諸法皆「空」時，他並沒有把原本實有的東西否定（遮）掉，所以龍樹說：「我無物遮」。

要徹底了解龍樹這種「我不遮」、「我無物遮」的說法，似乎應該先了解正理學派對「無」（非有，abhāva）的看法。依照正理學派的某些學者，例如瓦沙耶那 (Vātsyāyana)，「非有」（不存在，abhāva），例如瓶子的不存在，也是某種意義的「有」（存在，bhāva），他稱之為「能分別之於所分別之存在」(višeṣya-višeṣaṇa-bhāva)；這種「有」（存在）能由我人的感官知覺得到㉘。像這樣把不存在的「非有」（無），看成某種存在之「有」的說法，想來是正理學派相當普遍的理論，因為龍樹的弟子——提婆 (Āryadeva)，在其《百論》乙書中，也批判了這種說法：

㉗ 同前書，頁 22 上。

㉘ 參見史卻巴特斯基 (F. Th. Stcherbatsky) 所著之《因明學》(*Buddhist Logic*, Dover Pub. Inc., New York, 1962) 乙書，第 2 冊，頁 387～388。

> 外曰：「汝無成是成。如言室空無馬，則有無馬。如是，汝雖言諸法空無相，而能生種種心故，應有無。是則無成是成。」
>
> 內曰：「不然，有無一切無故。我實相中，種種法門，說有無皆空。是故有無一切無。」㉙

文中的「外曰」，是指主張這種說法的「外道」。這些「外道」說：中觀學者主張一切事物都「空」（無成），這種主張本身就不「空」（成）。就像一個人說房子中沒有馬時，有一個「無馬」（沒有馬）存在一樣，當一個人說「空」時，也有一個「空」存在。提婆的回答則是：「有」與「無」都是空的。

如果我人了解正理學派有這種把「無」視為「有」的奇怪理論，那麼我人也就能夠了解龍樹在《迴諍論》中強調「我不否定任何事物」（我不遮）的用心了。依正理學派，被「能遮」之「空」所否定的事物——「所遮」（即「非有」），是某種意義的存在，因此，「否定」（遮）是一種真實的否定，因為「（能）遮」與「所遮」都是真實的。但是，龍樹卻說：「無物遮與所遮。」也就是說，不但被否定的事物是「空」的，能否定的「空」也是「空」的。

總之，龍樹的《迴諍論》，一方面告訴我人，獲得知識的方法——「量」，是空幻不實的。另一方面還告訴我人，「空」並沒有破壞（否定）諸法，也沒有把原來實有的事物破壞而成「空」；

㉙ 引見〈破空品〉第 10，《百論》卷下；《大正藏》卷 30，頁 181 下。

「空」的這一字詞只在「告訴我人」(jñāpayati)：事物確實是「空」的。依據龍樹，像「空」這樣的語言，只是屬於「世俗諦」(一般常識) 範圍內的東西；依照最真實的道理——「第一義諦(真諦)」，連「空」都是不可說的。因此，「諸法皆空」這一語句，是希望透過世俗的語言，「讓我人知道」(jñāpayati) 第一義的真理——事物是沒有真實本質的(無自性的) 真理。所以，龍樹說：

> 又我所說，不違世諦，不捨世諦。依世諦，故能說一切諸法體空；若離世諦，法不可說。佛說偈言：「若不依世諦，不得證真諦；若不證真諦，不得涅槃證。」㉚

四、結　論

從前面各節的分析，我人知道，龍樹的「空」是無所不空的。不但生、滅乃至來、出等有為法空(八不)，而且獲得有為知識的方法——四量也是空；不但有為法空，無為的涅槃也是空；不但被否定的有為、無為法空，能否定的「空」也是空。在這種意義下，「空」這一語，只是「世俗諦」中的方便施設，在「第一義諦」下，連「空」都不可說。因此，「空」只是「告訴我人」事物沒有「自性」這一事實的暫時性工具——所謂「假名」，當人們知

㉚ 《迴諍論》；《大正藏》卷32，頁18下。

道這一事實之後，「空」就自動地自我否定——即《般若經》中的「空空」。龍樹在註釋《大品般若經》之「十八空」中的「空空」時說：

> 空，破一切法，唯有空在。空，破一切法已，空亦應捨；以是故，須是空空。復次，空緣一切法，空空但緣空。如一健兒破一切賊，復更有人，能破此健人；空空亦如是。又如服藥；藥能破病，病已得破，藥亦應出。若藥不出，則復是病。以空滅諸煩惱病，恐空復為患，是故以空捨空，是名空空。㉛

龍樹的意思是：佛說「空空」的目的，是為了害怕有人聽了「諸法皆空」的道理之後，像正理學派那樣，執著有個真實的「空」，因此用「空空」來破斥這種真實的「空」。龍樹在《中論》裏，也有類似的說法：「大聖說空法，為離諸見故，若復見有空，諸佛所不化。」㉜

龍樹這種無所不空，連「空」也空的「空」，最容易被曲解成為「虛無主義」，例如「空」中沒有四聖諦，沒有三寶等。但事實上是這樣的嗎？這個問題可以分成兩方面來回答：⑴龍樹自己曾消極地反駁這種說法；⑵龍樹自己曾積極地肯定了諸法。

就第⑴點——龍樹消極地反駁自己是個虛無主義——而言，

㉛ 引見《大智度論》卷31；《大正藏》卷25，頁282上。

㉜ 引見〈觀行品〉第13，《中論》卷2；《大正藏》卷30，頁18下。

龍樹在《中論》裏說：

> 汝謂我著空，而為我生過，汝今所說過，於空則無有。以有空義故，一切法得成，若無空義者，一切則不成。[33]

這兩首偈頌的意思是：你們以為「空」是虛無主義的這種說法，是對「空」的誤解；我所說的「空」，是為了說明諸法（四諦、三寶等）之所以成立的原因。龍樹以為，如果諸法不是「空」的，亦即不是「因緣生」的，那麼，諸法必有其真實不變的本質——「自性」。如此一來，諸法就沒有生滅、變動等現象可言——有不變的「自性」故。諸法如果沒有生滅、變動，那麼，諸法就是永恆的，而不是無常的。而永恆的事物不會讓人感到痛苦，因為無常才會感到痛苦；如此一來，就沒有苦諦可言，乃至也沒有集、滅、道諦或三寶可言。反之，在「空」中，四諦、三寶等諸法都可得到其成立的說明。龍樹說：

> 若一切不空，則無有生滅，如是則無有，四聖諦之法。
> 若不從緣生，云何當有苦？無常是苦義，定性無無常。
> 若苦有定性，何故從集生？是故無有集，以破空義故。
> 若苦有定性，則不應有滅，汝著定性故，即破於滅諦。
> 若苦有定性，則無有修道，若道可修習，即無有定性。
> 若無有苦諦，及無集滅諦，所可滅苦道，竟為何所至？

---

[33] 引見〈觀四諦品〉第 24，《中論》卷 4；《大正藏》卷 30，頁 34 上。

若苦定有性，先來所不見，於今云何見，其性不異故。
如見苦不然，斷集及證滅，修道及四果，是亦皆不然。
是四道果性，先來不可得，諸法性若定，今云何可得？
若無有四果，則無得向者，以無八聖故，則無有僧寶。
無四聖諦故，亦無有法寶，無法寶僧寶，云何有佛寶？[34]

所以，龍樹總結地說：「汝破一切法，諸因緣空義，則破於世俗，諸餘所有法。」[35]而在《迴諍論》中，龍樹也說：「若人信於空，彼人信一切；若人不信空，彼不信一切。」[36]

龍樹不但消極地反駁自己是個「虛無主義者」的說法，而且還積極地肯定或建立諸法。例如《中論》裏的「二諦偈」，就明白地肯定「世俗諦」（世間真理）的重要性，以為「世俗諦」是獲得「第一義諦」乃至「涅槃」的必要條件：

諸佛依二諦，為眾生說法，一以世俗諦，二第一義諦。
若人不能知，分別於二諦，則於深佛法，不知真實義。
若不依俗諦，不得第一義，不得第一義，則不得涅槃。[37]

其次，龍樹還強調涅槃就在世間當中；換句話說，龍樹肯定了世間的重要性，以為絕對沒有離開世間的涅槃：

---

[34] 引見〈觀四諦品〉第24，《中論》卷4；《大正藏》卷30，頁33中～34上。

[35] 同前書，頁34中。

[36] 引見《迴諍論》；《大正藏》卷32，頁23上。

[37] 引見〈觀四諦品〉第24，《中論》卷4；《大正藏》卷30，頁32下～33上。

> 涅槃與世間，無有少分別；世間與涅槃，亦無少分別。涅槃之實際，及與世間際，如是二際者，無毫釐差別。㊳

龍樹還在他的《大智度論》乙書中，極盡能事地讚嘆諸佛菩薩的德性、神通；這都可以證明他的「空」，決不是否定一切的「虛無主義」。例如，他對佛之法性身有底下的描述：

> 是法性身滿十方虛空，無量無邊，色相端正，相好莊嚴，無量光明，無量音聲，聽法眾亦滿虛空。常出種種身、種種名號、種種生處、種種方便度眾生。常度一切，無須臾時，如是，法性身佛，能度十方世界眾生。㊴

龍樹的「空」既然不是否定一切的「虛無主義」，那麼它否定了什麼呢？本文第一節──「空」的定義中曾說過，龍樹的「空」在「因緣生」的定義之下，否定了諸法的「自性」。而本文第三節──特論《迴諍論》中的「空」，我人還進一步指出，龍樹的「空」，並不否定事物的功能、作用；「空」就像車子、瓶子、衣服一樣，有它的功能、作用。可見，龍樹的「空」，雖然廣泛地針對一切事物──有為的、無為的、乃至四種「量」以及「空」，但是，它只否定這些事物的「自性」，並不否定這些事物的功能、作用。(除非執著有「自性」的功能、作用。) 我人在第三節中甚至還指出，

㊳ 引見〈觀涅槃品〉第 25，《中論》卷 4；《大正藏》卷 30，頁 36 上。

㊴ 引見《大智度論》卷 9；《大正藏》卷 25，頁 121 下～122 上。

龍樹的「空」並不「否定」(遮) 任何事物 (說它否定事物，只是方便說)，「空」的功用只在「讓我人知道」(jñāpayati) 事物的「自性」是不存在的——「空」的。這樣的「空」，並沒有「破壞諸法」(《般若經》中所謂的「壞諸法相」)，亦即，並沒有把「有」的說成「無」(空) 的；這樣的「空」，怎麼可以說是「虛無主義」呢？所以，我人以為，龍樹的「空」，不但不是消極的「虛無主義」，而且，相反地，是積極、極積極的「肯定主義」。——它肯定了四諦乃至三寶的可靠性。

(本文原刊於《諦觀》第 12 期，臺北：諦觀雜誌社，1984，頁 24～41。)

龍樹的《中論》用了辯證法嗎？

一、引　論

《中論》 (*Madhyamaka-kārikā*)， 是龍樹 (Nāgārjuna; A.D. 150–250) 諸多論著當中，最重要的哲學作品。一般相信，這是一部批判龍樹在世時印度諸學派的代表作，例如，清辨（又譯成分別明，Bhāvaviveka; A.D. 500–570）的《中論》註——《般若燈論釋》(*Prajñāpradī-pa*) 卷 1，在註釋《中論》第 1 品第 3 頌時，就以為龍樹是在批判僧佉 (Sāṅkhya) 、 鞞世 (Vaiśeṣika)、 阿毘曇 (Abhidharma)、裸形部 (Digambaras) 等學派❶。

龍樹到底採用什麼樣的論理方式，來批判他當時的各個學派？這是後代註釋《中論》的印度學者所最感到興趣的問題。清辨認為，《中論》 裏的所有論證， 都可以用唯識宗的學者——陳那 (Dignāga; A.D. 480–540)，所發展出來的「因明學」(hetu-vidyā) 來加以改寫。基本上，陳那的因明學，是從正理學派 (Nyāya) 的邏輯而加以適當的修改得來的 。 依據陳那的因明學， 一個論證 (anumāna) 必須具備三個命題，稱為「三支」，它們是：做為結論

❶ 參見《大正藏》卷 30，頁 52～54。

的「宗」(pratijñā)；相當於小前提的「因」(hetu)；以及相當於大前提的「喻」(udāharaṇa)。因此，如果排除一些哲學的考慮之後，陳那的論證，相似於亞里士多德的「定言三段論」；而在陳那，則稱之為「(為他人) 立量」(par-ārtha-anumāna)。

清辨即採用陳那的三段論，來改寫《中論》的所有論證。因此，後人稱他是中觀學派中的「自立論證派」(Svātantrika)，意思是：自己構作論證 (svātantra-anumāna) 以批判論敵的學派。

但是，並不是每一個龍樹的後學，都贊同清辨的作法。月稱 (Candrakīrti; A.D. 600–650) 就是一個顯著的代表。他認為清辨採用唯識宗的矛，攻擊唯識宗的盾，是龍樹的學說之所以受到唯識宗批判的主要理由❷。因此，他採用相似於西洋邏輯的「歸謬法」(reductio ad absurdum)，叫做「應成法」(prāsaṅga)，來詮釋《中論》裏的所有論證。以致月稱被稱為是「應成論證派」(prāsaṅgika)。

穆諦 (T. R. V. Murti) 認為，清辨所代表的自立派，後來與唯識宗合流，成為中觀學派的支流；而月稱的應成派，卻一直代表著龍樹的真精神❸。本文的第一個目的，試圖透過《中論》的幾個主要論證，來探討龍樹所採取的「應成法」，到底和西洋邏輯中的「歸謬法」，有沒有本質上的不同。

另外，包括穆諦在內的許多學者，都認為《中論》所採取的「應成法」，是某一種意義的辯證法 (dialectic)。這些學者大多認

---

❷ 清辨的三支立量，受到了唯識學者安慧 (Sthiramati; A.D. 510–570) 的強烈批判，也受到了中國唯識學者窺基 (A.D. 632–682) 的批判；詳下文。

❸ 參見 Murti, T. R. V., *The Central Philosophy of Buddhism*, Chap. V.

為，龍樹利用應成法，除了批判他當時的一切學派之外，還企圖顯示一種不是語言，也不是一般邏輯論證所能表達的真理。這些學者明白地表示，在龍樹的哲學裏，真理是存在的，只不過是無法說出而已。本文的第二個目的，試圖對這種說法，做一全盤的檢討。

二、《中論》裏的四句

「四句」(catuṣkoṭi)，是《中論》裏最常見的一種論式。李查・羅賓生 (Richard H. Robinson) 曾經從月稱的《明句論》(Prasannapadā)，選出底下一個顯著的例子：

一切實非實，亦實亦非實，非實非非實，是名諸佛法。❹

在這首詩頌中，出現了四個命題：(1)一切事物都是真實的；(2)並非一切事物都是真實的；(3)一切事物都是真實的而且也並非都是真實的；(4)並非一切事物都是真實的而且也並非不是都是真實的。詩頌中還明白地說到這四個命題都是釋迦佛所親口宣說的❺。

---

❹ 參見 Robinson, R. H., *Early Mādhyamika in India and China*, p. 57 ff. 又，這個例子相當《中論》第 18 品第 8 頌；《大正藏》卷 30，頁 24。

❺ 李查・羅賓生、史卻巴斯基 (T. Stcherbatsky)、梶山雄一等人，都曾引證這四句是原始佛典──《阿含經》所本有的。詳見上引羅賓生的著作，p. 56. Stcherbatsky, Th., *The Conception of Buddhist Nirvāṇa*, pp. 14–15, Samuel Weiser, Inc., New York, 1978；梶山雄一，《佛教中觀哲學》，頁 83～85。

李查．羅賓生把這四句，分別用 P，非 P，P 且非 P，非 P 且非非 P 等四個句形表示。然後，他說：由於第四句的「非非 P」等值於 P，因此，第四句與第三句是同一個句形，而且都違反亞里士多德的「矛盾律」(Law of Non-contradiction)❻。而梶山雄一更依據李查．羅賓生的這個結論斷言：龍樹所採用的四句，不是一般的邏輯論式，而是「具有辯證法的性格」❼。

李查．羅賓生和梶山雄一的分析都是錯誤的，因為他們都不符合《中論》的傳統註釋。《中論》青目 (Piṅgala) 釋對這四句有底下的說明：

> 諸佛無量方便力。諸法無決定相，為度眾生，或說一切實，或說一切不實，或說一切實不實，或說一切非實非不實。一切實者，推求諸法實性，皆入第一義，平等一相，所謂無相。如諸流異色異味，入於大海，則一色一味。一切不實者，諸法未入實相時，各各分別觀，皆無有實，但眾緣合故有。一切實不實者，眾生有三品，有上中下；上者觀諸法相非實非不實，中者觀諸法相一切實一切不實，下者智力淺故觀諸法相少實少不實；觀涅槃無為法不壞故實，觀生死有為法虛偽故不實。非實非不實者，為破實不實故，說非實非不實。❽

---

❻ 同❹所引書。

❼ 梶山雄一，《佛教中觀哲學》，頁 84。

❽ 《大正藏》卷 30，頁 25。

在青目的這段說明裏，第一句「一切實」被解釋成為解脫者所體悟到的最高真理；第二句「一切非實」被解釋成為未解脫的修行者所體悟到的次級真理；第三句「一切實非實」也被解釋成為未解脫的修行者（中、下品眾生），所體悟的兩種道理；而最後一句「一切非實非不實」被解釋成為第三句的批判，因此也是已解脫的上品眾生所體悟的真理。青目的說明，明白地告訴我們，四句所闡示的道理，是佛陀對不同的四種人或在不同的四種情況之下而發的「方便」說。特別是李查．羅賓生認為違反「矛盾律」的第三句，「一切實」是指涅槃無為法，「一切不實」是指生死有為法。因此，「一切實」如果以 P 表示，無論如何，「一切不實」決不可以用「非 P」表示。這樣，第三句的「一切實不實」也就不會變成李查．羅賓生所指出來的矛盾句了。因此，也更不可能得出梶山雄一所說的結論了。事實上，把四句看成是釋迦的「方便」說，不但是青目的意見，而且也是清辨與月稱的共同看法；這一點，梶山雄一已經了解到❾，但他卻仍然掉入「龍樹採用辯證法」這個錯誤的結論當中。

對於「四句」論式，李查．羅賓生又從月稱的《明句論》中，摘出了底下的另一個例子❿：

若半天半人，則墮於二邊，常及於無常，是事則不然。

---

❾ 參見梶山雄一，《佛教中觀哲學》，頁 84～86。

❿ 同❹李查．羅賓生的著作，頁 57。又，這個例子相當《中論》27 品 17 頌；《大正藏》卷 30，頁 38。

青目的《中論》釋，對這一首詩頌，有底下的說明：「若眾生半身是天，半身是人，若爾，則有常（及）無常。半天是常，半人是無常。」⓫這意思是：如果眾生的身體有一部分是屬於天，有另一部分是屬於人，那麼，屬於天的那一部分是常恆的，屬於人的那一部分則是不常恆的。李查．羅賓生依據這個註釋，把「常與無常」這第三句，寫成底下的句形：有些 x 是 A 且有些 x 是非 A。他甚至從這第三句形，推廣到另外的三個句形，而成為底下的四個句形⓬：

所有 x 都是 A
沒有 x 是 A
有些 x 是 A，而且有些 x 不是 A
沒有 x 是 A，而且沒有 x 不是 A

由於第四句形中的「沒有 x 不是 A」，等值於「所有 x 都是 A」，因此，李查．羅賓生說，第四句形乃是亞里士多德邏輯中的 E、A 兩命題的連言 (conjunction)；而第三句形則是 I、O 兩命題的連言。

對於李查．羅賓生的這個分析，筆者無法苟同。這不但是因為梶山雄一再次地引用這種分析，來證明龍樹用了辯證法⓭，而且還因為這種分析會導出矛盾。底下是詳細的說明：

⓫ 《大正藏》卷 30，頁 38。

⓬ 同❹所引書。

⓭ 同註❾引書，頁 86～87。

「四句」，並不像前文所引證的兩個例子，都是釋迦用來肯定某種意義的真理；相反地，有些時候，它也用來否定四種哲學主張。例如《中論》25 品 22 頌說：

一切法空故，何有邊無邊，亦邊亦無邊，非有非無邊。⑭

青目對這首詩頌，有底下的註釋：「一切法、一切時、一切種，從眾緣生故，畢竟空，故無自性。如是法中，何者是有邊？誰為有邊？何者是無邊、亦有邊亦無邊、非有邊非無邊？誰為非有邊非無邊？……如是等六十二邪見，於畢竟空中皆不可得。」⑮在這首詩頌中，四句是：(1)一切法皆有邊；(2)一切法皆無邊；(3)一切法亦有邊亦無邊；(4)一切法非有邊非無邊。而青目的註釋明白地告訴我人，這四句都屬於六十二種「邪見」當中，因此也都在批判、否定之列。

但是，如果這四句真的像李查．羅賓生的分析那樣，可以分別以 A、E、(I．O)，以及 (E．A) 等四個句形來表示的話，那麼，矛盾就會產生。為什麼？因為這四句的否定是底下的四個句形，而它們是不一致的（不可同真的，inconsistent）：

非 A，非 E，非 (I．O)，非 (E．A)。

如果四句的否定是佛所說而且是不一致的，那麼，這等於說，

---

⑭ 《大正藏》卷 30，頁 36。

⑮ 《大正藏》卷 30，頁 36。

佛說了一個永遠不可能真的句子。對於中觀派的學者來說，李查．羅賓生的分析，顯然是不可忍受的錯誤。

李查．羅賓生的錯誤，發生在他未曾檢驗，就無條件地採用傳統邏輯，來分析龍樹的論式。在李查．羅賓生的分析裏，四句中的第三句是：「有些 x 是 A 且有些 x 不是 A」。然而，第四句可以像李查．羅賓生那樣，寫成「沒有 x 是 A 且所有 x 都是 A」嗎？為了回答這個問題，讓我們再回憶一下青目對本節所引第一首詩頌的註釋：「非實非不實者（即第四句），為破實不實（第三句）故，說非實非不實。」青目顯然把第四句看成是第三句的批判；因此，第四句應該具有底下的形式：「並非有些 x 是 A 且並非有些 x 不是 A」。現在的問題是：這個句形與李查．羅賓生所說的第四句形是不是等值？答案是：如果不採用傳統邏輯，那麼，二者並不等值。在傳統邏輯中，底下都是有效的 (valid) 論證：

⑴非非 P　∴P；

⑵非（P 且 Q）　∴非 P 或非 Q；

⑶（非 P）或 Q　∴若 P，則 Q；

⑷並非有些 x 是 P　∴所有 x 都不是 P；

⑸並非所有 x 都是 P　∴有些 x 不是 P。

細心地檢查，我人即可知道，李查．羅賓生的分析，必須預設上面⑴～⑸這幾個傳統邏輯所承認的有效論證。例如，當他說第四句裏的「沒有 x 不是 A」等值於「所有 x 都是 A」時，就用到了⑴，甚至還可能用到了⑷。現在，讓我們把注意力集中在第四句是不是等值於「並非有些 x 是 A 且並非有些 x 不是 A」？我們發現，在(1)～(5)的預設下，它們二者確實是等值的。

但是，(1)～(5)真的都是自明的 (self-evident) 嗎？傳統邏輯沒有值得批評的地方嗎？我們發現，至少由布洛爾 (L. E. J. Brouwer)、海丁 (A. Heyting) 等人所發展出來的新邏輯——直覺主義邏輯 (intuitionistic logic)，並不承認它們是自明的。在直覺主義邏輯中，上面的(1)、(2)、(5)都不成立⑯。因此，如果按照青目的註釋，四句中的最後一句是「並非有些 x 是 A 且並非有些 x 不是 A」，應該在直覺主義邏輯中等值於「所有 x 都不是 A 且所有 x 都是非非 A」，卻不等值於李查．羅賓生所說的「所有 x 都不是 A 且所有 x 都是 A」；因為「非非 A」，在直覺主義邏輯中，並不等值於 A。這樣，李查．羅賓生的分析所引生的矛盾，即可解消掉。

直覺主義邏輯，主要是建立在傳統亞里士多德邏輯的懷疑上。亞里士多德邏輯，把排中律 (Law of Excluded Middle)——「P 或非 P」視為自明的真理，連帶著，上面的(1)也成為有效的論證。但是，直覺主義的邏輯家卻認為，當 P 是一個全稱命題 (universal proposition)，而且討論界域 (domain of discourse) 是一個無限集合 (infinite set) 時，排中律變成不是自明的定律，連帶著，上面的(1)也成為可疑的論證。因此，直覺主義的邏輯家，堅持放棄可疑的排中律與論證(1)等傳統邏輯中所承認的定律和推論⑰。

然而，《中論》裏的論式，是不是可以了解成直覺主義式的論證呢？我人沒有更多的文獻，可以用來支持這種「附會」；我人只

---

⑯ Heyting, A., *Intuitionism: An Introduction*, pp. 99–105, North-Holland Pub. Co., Amsterdam, 1966.

⑰ Heyting, A., *Intuitionism: An Introduction*, Chap. I.

能說，龍樹有很濃厚的直覺主義傾向。傳統邏輯裏的排中律，基本精神乃在肯定：任一個命題P，及其否定句「非P」，必須要有一個成立。但是，《中論》裏的許多詩頌，明顯地都在否定這種信念；例如，第25品第17、18兩頌，就是最好的例子：

如來滅度後，不言有與無，亦不言有無，
非有及非無。如來現在時，不言有與無，
亦不言有無，非有及非無。[18]

這兩首詩頌當中，P是「如來滅度（逝世）以後，如來是存在的」或「如來還未滅度以前，如來是存在的」；而「非P」則是這兩句的否定。頌文明白地說到P不成立，「非P」也不成立；也就是說，傳統邏輯中的排中律，對於如來的存在與否，完全適用不上。青目的註釋，可以讓我們更清楚地了解這點：

若如來滅後，若現在，有如來亦不受，無如來亦不受，亦有如來亦無如來亦不受，非有如來非無如來亦不受。以不受故，不應分別涅槃有無等。[19]

穆諦也看出龍樹不認同排中律，雖然他從《中論》中摘出的例子大都是不恰當的[20]。穆諦甚至極盡無情地攻擊排中律，他說：

---

[18] 《大正藏》卷30，頁35。

[19] 《大正藏》卷30，頁35～36。

[20] 穆諦在證明龍樹否定排中律時，引用了《中論》1品1頌，1品3頌，以及

> 排中律預設了某種形式的全知，還從我人的無知騙取本錢。聲言兩種可能已經窮盡論域 (universeof discourse) 中的所有情況，而且聲言再也沒有第三種可能，這種說法永遠不能夠從所聲言的兩種可能得知它的正確性。㉑

穆諦還認為，像排中律這樣的「量」(即得到知識的準則，pramāṇa)，具有兩種角色，一方面它是用來做為正確知識的判準，二方面本身也可以成為知識的對象。就第二個角色來說，排中律或「量」成了理性所要探求的對象。排中律或其他的「量」，既然成了理性所要探求的對象，那麼，我人就可以追問：排中律或「量」是自明的嗎？可靠的嗎？然而，事實上，「實在論者有他們自己的邏輯，觀念論者有他們另外一套不同的邏輯」㉒，排中律

第 2 品中有關來與去 (運動) 的詩頌。這些例子雖都可以證明龍樹否定每一個選言命題 (disjunctive proposition) 當中的每一個選言項 (disjunct)，但是，由於選言命題當中的選言項並不一定窮盡所有可能的情形，因此這些例子不能用來證明龍樹否定排中律。例如《中論》1 品 1 頌中的最後一句——「不來亦不去」，與它對應的選言命題是「x 來或 x 去」，其中的選言項有兩個：「x 來」，「x 去」。這兩個選言項並沒有窮盡 x 的所有狀況，因為 x 還有不是來也不是去的靜止狀況。因此，當龍樹否定「x 來」與「x 去」這兩個選言項，而成為頌文中的「不來亦不去」時，可能會得到第三種狀況的「x 靜止不動」。從龍樹的頌文看來，他並沒有明言不可能 (當然，他在其他的頌文當中也否定了「靜止」的真實性)，因此，就這個例子看來，龍樹並沒有否定排中律。參見 Murti, T. R. V., *The Central Philosophy of Buddhism*, Chap. VI, Sec. III.

㉑ Ibid., p. 147, Lines 12–15.

㉒ *The Central Philosophy of Buddhism*, p. 152, Lines 2–3.

或其他的「量」，怎麼可能是自明的或是完全可靠的？他下結論說：「堅持無條件地接受『量』或其他獲得知識的準則，實際上是獨斷主義為了壓抑批判主義或辯證法的一種詭計。」㉓

穆諦對於排中律和其他「量」的批判，或許不是《中論》所本有的，但是，如果我們把他的分析拿來和直覺主義邏輯相比較的時候，我們即可肯定他有幾分道理。可惜的是，他把龍樹的方法論，沒有反省地當做是某種意義的辯證法；這正是筆者所無法苟同的。有關這點，將在下文詳細討論。

在還未討論《中論》是否像穆諦所說的，採用了辯證法之前，讓我們先來看看另一個與「四句」相干的傳統推論規則——雙重否定律 (Law of Double Negation)。雙重否定律的標準形是：從 P 可以得到「非非 P」；反之，從「非非 P」可以得到 P。前文已經說過，直覺主義的邏輯家，雖然接受從 P 到「非非 P」的推論，卻不接受從「非非 P」到 P 的推論。而龍樹呢？從《中論》的詩頌看來，龍樹每當說到「非非 P」時，從來不曾把它簡化為 P；「四句」中的第四句就是一個顯然的例子。因此，我們有理由相信，龍樹對於雙重否定律的了解，也有濃厚的直覺主義的傾向。

事實上，印度的幾個主要學派，都把「非有」（不存在，abhāva），當做某種意義的真實。正理學派 (Nyāya) 的學者瓦沙耶那 (Vātsyā-yana)，把「非有」（例如瓶子的不存在）稱為「能分別之於所分別的存有」(višeṣya-višeṣaṇa-bhāva)；它是某種意義的「有」（存在，bhā-va），可以經由我人的感官而知覺到㉔。勝論學

㉓ Ibid., pp. 152–153.

派 (Vaiśeṣika) 也把 「非有」 當做某種真實的事物， 而列入七種「句義」（即範疇， padārtha） 之中㉕。另外， 彌曼沙學派 (Mīmāṃsā) 的主要學者， 例如鳩摩利拉巴達 (Kumārila-bhaṭṭa) 的信徒們，也都認為「非有」雖然有些是主觀的，卻也有一些具有外在客觀性㉖。由此可見，「非有」或「不存在」，一直被印度的某些學派看成是某種意義的「有」(存在)。因此，如果把「非有」用「非 P」表示，那麼，在這種奇怪的理論中，「非非有」（亦即「非非 P」）只是一重否定——某種存在的否定，決不可視為存在之否定的否定。這樣一來，「非非有」或即「非非 P」，也就不可單純地視為「有」或 P 的同義語了。把「非有」看成某種「有」既然是印度學界的普遍現象，那麼，《中論》裏的「四句否定」的最後一句，未嘗不是為了否定這種意義的「非有」。

總之，李查 · 羅賓生對於「四句」的分析，必須預設傳統邏輯裏的排中律和雙重否定律（即「非非 P」等值於 P)。他對四句的批判及其衍生的矛盾，也是從這個預設而來的。而梶山雄一更以李查 · 羅賓生的分析做基石，進一步斷言龍樹的論式不是一般的邏輯，而是辯證法。這些說法都是錯誤的，因為這些說法的立足點——排中律和雙重否定律，在龍樹的《中論》裏並不成立。

㉔ 參見 Stcherbatsky, F. Th., *Buddhist Logic*, Vol. one, pp. 387–388.

㉕ 參見 Chatterjee, S. & D. Datta, *An Introduction to Indian Philosophy*, pp. 240–243, Ed. 6, 1960.

㉖ 同㉔所引書，pp. 388–389。

三、《中論》裏的應成證法

除了「四句」論式之外，《中論》還採用了「應成證法」(prāsaṅga-anumāna)。應成證法是某種形式的歸謬證法 (reductio ad absur-dum)。在印度，類似應成法的是「思擇」(tarka)。思擇，是古代中國佛教徒的譯名，意思是論理學或邏輯；這也許是「思擇」一詞最原始的用法，因為古老的佛經和史詩——「摩訶婆羅多」(Mahā Bhārata)，已經出現這種意義的「思擇」。把 tarka 譯成「思擇」並不足以顯示它的意義。巴林加 (S. S. Barlingay) 說，tarka 一詞至少有三個意思：⑴論理學或邏輯學 (ānvīkṣikī)，即佛經或摩訶婆羅多的用語；⑵比量（即邏輯中的「論證」或「推論」，anumāna）；⑶歸謬證法 (vyapyāropeṅa vyāpakāropaḥ)[27]。tarka 的第⑶種意義，首次出現在正理學派的《正理經》(*Nyāya-sūtra*)。《正理經》的作者喬達摩 (Gotama)，一般相信是釋迦稍後的學者。而活躍在第四世紀的正理派學者瓦沙耶那 (Vātsyāyana)，在其有名的《正理經註》(*Nyāya bhāṣya*) 之中，還沒有把做為歸謬法的 tarka，列入獲得知識的方法之一[28]。龍樹是第二、三世紀的佛教學者，較瓦沙耶那稍早，因此，即使龍樹知道 tarka，也不一定善於應用。所以，梶山雄一說，龍樹的方法論可能源自希臘的論理學。他還說，佛護 (Buddapālita; A.D. 470–540)——一個比龍樹晚

---

[27] 參見 Barlingay, S. S., *A Modern Introduction to Indian Logic*, pp. 119–121.

[28] Ibid., p. 120.

了兩、三百年的中觀派學者，才是第一個把龍樹的論式改成歸謬證法或「應成法」的人㉙。

然而，龍樹真的不曾採用 tarka 或歸謬證法嗎？這是值得探究的問題。依據巴林加的研究㉚，做為歸謬證法的 tarka，常常以「如果非 q，則非 p」的形式出現；其中，q 是構作論證者的主張，而 p 是某一已知的事實。例如，某甲看到遠山有煙，然後推知遠山有火；此時某乙懷疑地說：「你怎麼知道遠山有火？」而某甲利用 tarka 回答說：「如果遠山沒有火，那麼，遠山怎麼會有煙？」從這個常被正理學派引用的例子看來，所謂的 tarka，的確相似於西方邏輯中的「歸謬證法」。而龍樹的《中論》有這種論式嗎？答案是肯定的。《中論》24 品共有四十首詩頌，其中第 20、21、33、39 頌明顯地是 tarka 的應用，另外，3 品 2 頌，8 品 4～6 三頌，11 品 2 頌，15 品 5 頌，20 品 6、16 兩頌，21 品 8 頌，22 品 3～7 頌，23 品 12、16 頌，25 品 2 頌，27 品 20 頌，也都明顯地用到了 tarka。而 9 品 2 頌，當龍樹重述其他學派的論證時，也明顯地用了 tarka。因此，把龍樹的歸謬證法看成是源自希臘的邏輯，而不是印度所本有的說法，無疑地是一種錯誤。為了更清楚地了解龍樹所採用的 tarka，讓我們看看《中論》8 品 4～6 頌這個例子㉛：

若墮於無因，則無因無果，無作無作者，

㉙ 梶山雄一，《佛教中觀哲學》，頁 110～112。

㉚ 同㉗所引書，p. 63, Lines 7–8。

㉛ 《大正藏》卷 30，頁 12。

> 無所用作法。若無作等法，則無有罪福，
> 罪福等無故，罪福報亦無。若無罪福報，
> 亦無有涅槃，諸可有所作，皆空無有果。

這是龍樹批判「無因生」（偶然論）的三首詩頌。青目對這三首詩頌有底下的註釋：

> 若墮於無因，一切法則無因無果。能生法名為因，所生法名為果。是二即無。是二無故，無作、無作者，亦無所用作法，亦無罪福。罪福無故，亦無罪福果報及涅槃道。是故不得從無因生。[32]

依照青目的註釋看來，《中論》的這三首詩頌，的確用了正理學派的 tarka。為了更清楚地顯示這點，我們把這三首詩頌改寫成底下的論證：

> 如果無因生（偶然論）成立，那麼，因果律即不成立。（世界上就沒有行為、行為者、以及所行為的事物。）如果因果律不成立（亦即沒有行為等等），那麼，世界上就沒有罪與福的存在。如果世界上沒有罪與福的存在，那麼，世界上也就沒有罪報與福報。如果世界上沒有罪報與福報，那麼，世界上就沒有解脫者所證得的涅槃；換句話說，任何的行為都不會有結果。（但是，事實上並不是任何行為都不

---

[32] 《大正藏》卷 30，頁 12。

會有結果。可見無因生不成立。）

在這個論證中，最後括弧裏的兩句是龍樹《中論》所沒有的（這正顯示它的 tarka 原形），卻明顯地出現在青目的註釋之中。如果我們把這個論證的形式 (form) 寫在底下，我們更可以看出龍樹確實用了 tarka：

如果 p，則非 q；
如果非 q，則非 r；
如果非 r，則非 s；
如果非 s，則非 t；
（非非 t；所以，非 p。）

在這個含有五個前提的論證當中，顯然，第二、三、四等三個前提都是 tarka。

如果像巴林加所說的，tarka 的形式是「如果非 q，則非 p」，那麼，龍樹的《中論》還不只用到 tarka。《中論》另外一種更常用的論式是：如果 p，則 q；非 q；所以非 p。這相似於西洋邏輯中「否定後件律」(Modus tollendo tollens)。例如，《中論》1 品 14 頌說：

若謂緣無果，而從緣中出，是果何不從，非緣中而出？[33]

我們可以把這首詩頌改寫成底下，以便顯示它的邏輯結構：

---

[33] 《大正藏》卷 30，頁 3。

> 如果原因產生結果的時候，結果不存在於原因之中，那麼，這個結果也應該從不是原因的其他事物產生才對。(但是，事實上結果只能從原因產生而不能從不是原因的其他事物產生。可見，因生果時，果不存在於因中的說法是錯誤的。)

這個論證是用來破斥「因中無果論」的。它的論證形式 (argument form) 與其說是歸謬證法，不如說是「否定後件律」還來得比較相似。

從以上的分析看來，龍樹的論式，不管是正理派所採用的 tarka 或西洋邏輯的否定後件律，都不是嚴格意義的歸謬證法。（tarka 也是某種形式的否定後件律。）比較像是歸謬證法的例子，也許不是《中論》所可找到的，但是卻可以在龍樹的其他著作當中找到。《十二門論》第二門，在批判「共生」（因中亦有果亦無果）的主張時，曾有底下的一段說明：

> **若謂因中先亦有果亦無果而果生，是亦不然。何以故？有無性相違故。性相違者，云何一處？……是故因中先有果先無果，二俱不生。**[34]

為了更清楚地了解這個論證的形式，我們把它改寫成底下：

> 如果原因產生結果的時候，結果一方面已經存在於原因之

---

[34] 《大正藏》卷 30，頁 162。

> 中，另一方面結果又不存在於原因之中，那麼，我們就得到了一個自相矛盾的情形，亦即：原因之中已經有果而且並不是原因之中已經有果。這種矛盾是不可能存在的，因此，因生果的時候，一方面果已存在於因中，另一方面果又不存在於因中這種說法，是不成立的。

顯然，這個論證具有底下的形式，它比前面所引證的任何例子都更像是歸謬證法：

> 如果 p，則 q；
> 非 q；
> 所以，非 p。

龍樹之後的中觀學派，如前文所說，分裂成為兩派：嚴守龍樹歸謬證法的是「應成派」，佛護、月稱，還有恐怕比這兩人更早的青目，是這一派的代表；另一派是放棄龍樹的歸謬證法，改採陳那因明學的「自立派」，以清辨（分別明）為代表。對於佛護、月稱的歸謬證法（應成證法），筆者不想多說，因為，一方面我們已從《中論》的例子當中熟知這種論式，另一方面，李查．羅賓生和梶山雄一的著作當中也已有詳細的引證㉟。筆者所關心的是：自立派的論證，是否能做為《中論》的最佳註釋？為了回答這個問題，讓我們舉一個例子。清辨的《般若燈論釋》1 品，在註釋《中論》1 品 3 頌中的「不他生」（因中無果論）時，採用了陳那

㉟ 參見 Robinson, R. H., *Early Mādhyamika in India and China*, Chap. II；梶山雄一，《佛教中觀哲學》章 3。

的三段論法，構作了底下的一個論證：

> 第一義中，他緣不能起眼等入。何以故？以他故。譬如經等㊱。

陳那因明學中的論證，依次序，具有宗（結論，pratijñā）、因（小前提，hetu）、喻（大前提，udāharaṇa）等三個「支分」（部分，avayavas）。現在，為了說明的方便，讓我們把上面那個論證，依照喻、因、宗的次序，改寫成底下的定言三段論 (categorical syllogism)：

> 所有與視覺器官具有不同本質的事物，例如絲線（經），都不是視覺器官產生的原因；
>
> 所有與視覺器官不同的事物（他緣），都與視覺器官具有不同的本質；
>
> 因此，依照最高的真理（第一義）看來，所有與視覺器官不同的事物，都不是視覺器官的產生原因。

在這個定言三段論中，結論出現了「依照最高的真理看來」一詞。如果我們把它刪去，顯然，這是一個有效的 (valid) 論證。反之，如果我們不刪除這一詞，結論即變成底下的條件句：

㊱ 《大正藏》卷 30，頁 52。

> 如果我們是依照最高的真理來討論問題，那麼，所有與視覺器官不同的事物，都不是視覺器官的產生原因。

這樣一來，清辨的論證並不是有效的定言三段論，而是無效的 (invalid) 論證。

現在的問題是：我們到底可不可以把結論前的那一詞刪去？答案是否定的。這就牽涉到什麼是「最高的真理」?《中論》24 品 8～10 頌，把「諦」（真理，satya）分成兩種：⑴世俗諦 (lokasaṃvṛti-satya)，亦即依語言、思惟 (saṃvṛti) 而獲得的真理㊲；⑵第一義諦（又譯為真諦或勝義諦，paramārtha-satya），亦即最真實的真理㊳。清辨《般若燈論釋》24 品，對龍樹的「二諦」論，曾有底下的註釋：

> 世俗諦者，一切諸法無生性空，而眾生顛倒故妄生執著，於世間為實。諸聖賢了達世間顛倒性故，故一切法皆空無自性，於聖人是第一義諦。㊴

這是把世俗諦解釋成未解脫的凡夫所了解的真理，這種真理以為「世間為實」（世間的事物本質上都是實有而不空的）。而第一義諦則解釋成已解脫的聖人所了解的真理，這種真理以為「一

㊲ saṃvṛti 一詞的意義非常曖昧，梶山雄一，《佛教中觀哲學》，頁 95～97，曾對各種定義做了詳細的批判。目前我們所採用的定義，即是他所採用的。

㊳ 參見《中論》品 24，頌 8～10；《大正藏》卷 30，頁 32～33。

㊴ 《大正藏》卷 30，頁 125。

切法皆空無自性」（世間的事物本質上都是不實在的、空的）。由這種解釋看來，在世俗諦中成立的命題，不一定會在第一義諦之中成立；反之，在第一義諦當中成立的命題，同樣也不一定會在世俗諦中成立。因此，前文所舉的那個論證的結論，我們決不可把加在它前面的那一詞刪去。

也許有人會說，只要把上面那個論證的第二個前提（因，小前提），變成底下的條件句，那麼，清辨所犯的錯誤即可解除：

> 如果我們是依照最高的真理來討論問題，那麼，所有與視覺器官不同的事物，都與視覺器官具有不同的本質。

但是，這個條件句是一個假的命題；因為，在最真實的真理（第一義諦）之中，任何事物都不存在（空），其中沒有所謂「不同的事物」或「不同的本質」之分。例如，《大般若經》卷 59 即說：「空無一二三四五六七八九十別異之相。」[40]類似的情形，也發生在第一個前提（喻，大前提）上；因為在第一義諦之中，並沒有「不同本質」的事物，這樣，「與視覺器官具有不同本質的事物」一詞，即成沒有意義的語詞。因此，無論如何，清辨的結論必須加上「依第一義諦看來」一詞；而兩個前提，無論如何都不能加上「依第一義諦看來」一詞。這變成了清辨無法解消的困難。

有關這點，早在月稱的《明句論》中就有詳細的敘述。月稱的批判，用現代的邏輯術語來說，乃在他認為清辨犯了「歧義的謬誤」(fallacies of ambiguities)。就任何一個「三支立量」（定言三

---

[40] 《大般若波羅蜜多經》卷 59；《大正藏》卷 5，頁 332，行 11–12。

段論）來說，其中的「有法」（小詞，pakṣa）乃是「能別法」（大詞，sādya）所要描述的對象。依據三支立量的規則，出現在因支（小前提）中的有法，與出現在宗支（結論）中的有法，必須具有相同的意義；也就是說，小詞的兩次出現絕對不能是歧義的——用月稱的話說，小詞必須是「兩家共極成」的。類似地，「法」（大詞，sādhya）的兩次出現，也必須是沒有歧義的——月稱所謂的「兩家共許」。《明句論》的這些說明，都被宗喀巴 (Tsoṅ-k'a-pa)——一位活躍於 14–15 世紀的西藏大學者，引述在他的偉大作品《菩提道次第廣論》(*Lam-rim-chen-po*) 當中：

> 有法（小詞）乃是立敵二家觀察能別法（大詞）之所依，必須兩家共極成故。如其有法必須共許，如是其法（大詞）亦須共許。㊶

另外，三支立量的喻支（大前提）所提出的喻，月稱說，也必須是討論問題的雙方（立敵二家）所共同認為妥當的比喻；也就是說，大前提必須是兩方所承認為真的命題。所以月稱又說：「又於成立所立之前（又於構作定言三段論之前），於所立喻先須極成（比喻必須兩方共同承認）。」㊷但是，清辨的三支立量是不是遵守這個規則呢？答案是否定的。例如，清辨的《大乘掌珍論》卷上，就有一個備受攻擊的論證：

㊶ 宗喀巴《菩提道次第廣論》卷 21，頁 16 下。

㊷ 同前書，頁 16 下～17 上。

真性有為空，如幻緣生故；無為無有實，不起似空華。[43]

這首詩頌的前兩句，可以改寫成為底下的三支立量：

> 所有依靠某些條件而產生的事物（緣生法），例如魔術（幻），都是不真實的（空）。除了虛空、涅槃等沒有變化的事物（無為法）之外，其他所有會變化的事物（有為法），都是依靠某些條件而產生的事物。因此，就最真實的道理（真性，即第一義諦）來說，所有會變化的事物都是不真實的。

在這個論證之中，除了觸犯前文所說的所有謬誤之外，還觸犯了另一個謬誤：月稱所說的「喻不極成」，亦即大前提並不是論敵所承認為真的命題。就清辨自己的註釋看來，這個論證是針對唯識宗而發的[44]。唯識宗把緣生法稱為「依他起相」(paratantralakṣaṇa)。按照唯識的經論所說，包括魔術在內的依他起相是不空的，因為它們是一切執著、煩惱——所謂「遍計所執相」(parikalpitalakṣaṇa) 的產生基礎。例如，唯識宗的經典之作——《解深密經》卷 2 就說，如果以為依他起相是空的，那麼就是「誹撥遍計所執相」，這樣，就會「退失智慧」、「退失廣大無量善法」[45]。

既然緣生法（依他起相），在唯識宗看來是不空的，那麼，清

[43] 《大正藏》卷 30，頁 268。

[44] 參見《大正藏》卷 30，頁 268 下，第二大段論文。

[45] 參見《大正藏》卷 16，頁 695～696。

辨針對唯識宗的這個論證是失敗的，因為它的大前提（喻支），根本是唯識宗所不承認的命題。所以，月稱批評清辨的三支立量，不但犯了前文所說的宗不成、因不成的兩種過錯，還犯了目前所說的喻不成過㊻。

不但中觀學派內的學者，像月稱，反對清辨的三支立量，而且，中觀學派之外的唯識宗學者，也看出了清辨的錯誤㊼。在中國，窺基的《成唯識論述記》，處處說到了清辨的困難；例如卷1，首先描述清辨的主張說：「清辨計言：『若論世（俗）諦，心、境俱有；若依勝義（諦），心、境俱空。』」㊽這是說，清辨以為：在世俗諦（言語、思惟的世界）之中，內在的精神（心）與外在的現象（境）都是實有的；但是，在勝義諦（最高的真理）之中，內在的精神與外在的現象都是空而不實的。描述了清辨的主張之後，窺基接著又說：

> 彼（清辨）立量（構作論證）云：「汝（唯識宗）之內識，如境非有，許所知故，如汝心外境。」清辨俗諦外境許有，今就中道無，自違失。又，《（大乘）掌珍（論）》中，依勝

㊻ 同㊶所引書，卷21，頁17上。

㊼ 例如安慧 (Sthiramati; A.D. 510–570) 的《大乘中觀釋論》卷1，《大正藏》卷30，頁137上，3–14行，就曾批判本文所引《般若燈論釋》之中的那個論證。安慧的批判與月稱完全相同。月稱稍後於安慧，因此，月稱的批判，可能源自安慧的批判。另外，安慧的批判，在梶山雄一《佛教中觀哲學》，頁119～120，有詳細的展開。

㊽ 《大正藏》卷43，頁236中。

> 義諦，說：「有為、無為並是空」等，皆如彼說。[49]

窺基的這段話，是註釋《成唯識論》卷 1 中的一句論文：「或執內識如境非有」[50]。在這段話裏面，窺基批判了清辨的三個論證。後兩個出現在《大乘掌珍論》中，前文已經討論過了。另一個諒想是《般若燈論釋》之中的論證，它可以改寫成底下的形式：

> 凡是認知的對象，例如唯識宗所說的外在現象，都是空而不實的；唯識宗所說的內在精神體，是認知的對象之一；所以，就最高的真實來說，唯識宗所說的內在精神體，是空而不實的。[51]

對於清辨的這個論證，窺基的批判只有簡短的一句：「清辨俗諦外境許有，今就中道無，自違失。」這個批判是針對喻支（大前提）而發的。窺基以為清辨一方面從世俗諦的觀點，說外在的現象（外境）是實有，另一方面又從中道（勝義諦）說它們是空而不實；這是自相矛盾的。筆者以為，這個批判是不公平的，因為窺基並沒有說出為什麼主張世俗諦有而勝義諦無就是矛盾。但是，窺基的批判使我們再次回想到月稱的批判，因為這個論證的大前提，再度說到了「依他起相」——外境等認知對象，它們是唯識宗所

---

[49] 同前書，頁 236 下。

[50] 同前書。

[51] 結論中，原文沒有「就最高的真實來說」一詞。但是，在所有三支立量的結論，都加上這一詞，乃是清辨論證的特色。所以，在這個例子當中，我們也把它加上去。參見梶山雄一，《佛教中觀哲學》，頁 117。

認為不空的。

總之，清辨是徹底失敗了。那麼，與他對應的「應成派」，應該成為龍樹的最佳詮釋者才對。但是，梶山雄一卻有不同的意見；他和其他大部分的學者一樣，以為龍樹所採取的論式，並不是一般的形式邏輯，而是辯證法。龍樹真的用了辯證法嗎？這是我們所最關心的問題。

四、龍樹的《中論》用了辯證法嗎？

《中論》裏的「四句」，並不像李查．羅賓生等所說的，是一種辯證法；這已在前文說過。《中論》1 品 3 頌，是另一個與「四句」非常相似（卻不相同）的例子：

> 諸法不自生，亦不從他生，不共不無因，是故知無生。[52]

這是龍樹證明「不生」（沒有生起變化，anutpāda）的一個論證。在這個論證當中，龍樹把「生」(utpāda) 分成四種：⑴自生，自己生起自己，這是「因中有果論」；⑵他生，由不同於甲物的其他乙物生起甲物，這是「因中無果論」；⑶共生，甲物由甲物以及不同於甲的乙物生起，這是「因中亦有果亦無果論」；⑷無因生，甲物沒有任何原因而生起，這是「偶然論」。從這首詩頌的文意看來，龍樹顯然以為這四種生已經窮盡所有生起變化的可能。而且，

---

[52] 《大正藏》卷 30，頁 2。

龍樹把這四種生一一否定，然後推論到「無生」(沒有生起變化)的結論。

龍樹的《中論》並沒有證明何以「不自生」乃至何以「不無因生」。(雖然在青目及其他人的註釋之中，都一一加以詳註。)但是，龍樹的《十二門論》之中，卻對這四種不生，一一用歸謬證法（或相似於歸謬證法的 tarka 及「否定後件律」）加以證明；有關這點，前文已有例證說明。證完了四種不生之後，龍樹緊接著說：

> 是故先因中有果亦不生，無果亦不生，有無亦不生。(無因亦不生。）理極於此，一切處推求不可得，是故果畢竟不生。[53]

從以上的說明我們知道，龍樹的證明「不生」，採取了「兩難式」(dilemma) 或即「窮舉證法」(proof by cases)；它的形式如下：

如果 P，則：Q 或 R 或 S 或 T；
如果 Q，則 X；
如果 R，則 X；
如果 S，則 X；
如果 T，則 X；
（並非 X；）

---

[53] 《十二門論》門 2；《大正藏》卷 30，頁 162。其中，「無因亦不生」一句原文從缺；但是，就其文意，應該加進去。

所以，非P。

其中，P代表「生是真實的」一句；Q、R、S、T分別代表「自生是真實的」乃至「無因生是真實的」；而X代表矛盾的命題（例如「因中已經有果而且並不是因中已經有果」），或者代表一個與事實相反的命題（例如「絲縷可以生出車、馬」）[54]。

從龍樹證明「不生」的這個例子看來，龍樹的論證用了歸謬證法、窮舉證法、以及與歸謬證法相似的tarka；甚至還用了「否定後件律」，一種很像tarka，也很像歸謬證法的推論規則。

《中論》的註釋者——佛護，當他註釋這四種不生時，也有類似以上的證明法[55]。現在，我們把注意力集中在他如何證明「不自生」上：

> 事物不由其自體生。這是由於其（第二度）的生起是無用的東西，又由於這會導致無限地、不斷地生的錯誤。[56]

這是典型的應成證法。但是，梶山雄一卻說：「此中卻有困難的地方。」[57]因為，這表示：「佛護即間接地主張㈠、事物不由自體生起，換言之，由其他東西（自他兩者又或無因）而生起、和㈡、事物的生起是有用的……。」[58]梶山雄一接著下結論說：「這樣理

---

[54] 參見《十二門論》門2；《大正藏》卷30，頁160～162。

[55] 參見梶山雄一，《佛教中觀哲學》，頁113～114。

[56] 同前書，頁114，行1–2。

[57] 同前書，行9–10。

[58] 梶山雄一，《佛教中觀哲學》，頁114，行12–13。

解（《中論》）的佛護，即與龍樹的真意相背。」[59]換句話說，他以為佛護等所代表的應成派，與清辨的自立派，都沒有正確地理解龍樹。因此，他對這兩大中觀學派的總結論是：

> 如上面所見到的那樣，把龍樹的論理換寫成定言論證式的清辨的努力，與以歸謬法作為武器的佛護的努力，同歸於不成功。龍樹的本體的論理是不能以現象的論理來寫的。倘若要以後者的立場來理解，則必須說龍樹的論理其自亦是謬誤。因此，《中論》的論理並不依形式論理，應當把它作為辯證法來理解。[60]

梶山雄一的結論有三：⑴自立派失敗了；⑵應成派失敗了；⑶因為自立、應成兩派都失敗了，所以，龍樹的《中論》用了辯證法。對於⑴，筆者完全同意；對於⑵、⑶，卻不敢苟同。

就⑵來說，梶山氏的分析完全錯誤。首先，拿龍樹與應成派來說，前文已經說過，二者的方法論完全相同；他們都用了分類證法、歸謬證法、以及相似於歸謬證法的 tarka 和否定後件律。其次，前文所引述的，梶山氏對佛護的批判，也完全是無稽之談。因為，一方面，佛護的那個論證，在龍樹的《十二門論》也出現過；另一方面，梶山氏對那個論證的分析，有些是他對邏輯的誤用，有些則是基於排中律的預設。現在分別說明如下：

---

[59] 同前書，行 14。

[60] 同前書，頁 120，行 6–9。

《十二門論》門 2，龍樹證明「不自生」時，有底下的論證：

> 若果因中先有而生，是則無窮。如果先未生而生者，今生已復應更生。何以故？因中常有故。從是有邊復應更生，是則無窮。……是故先有而生，是事不然。[61]

這是說：如果自生，則會有無窮的過錯；所以不自生。龍樹又說：「復次，有已先成，何用更生？如作已不應（更）作，成已不應（更）成。是故有法不應（更）生。」[62]這是說：如果自生，則第二度的生起（更生）是沒有用、沒有意義的；所以不自生。從《十二門論》這兩段話可以證明，佛護的論證不過是這兩段話的結合或翻版，並不是他自己的新創。梶山氏說佛護「與龍樹的真意相背」，那只能證明梶山氏沒有注意到這點而已。

其次，梶山氏對佛護那個論證的兩點批評也是值得商榷的，因為這兩點批評，不是邏輯的誤用，就是必須預設傳統邏輯裏的排中律。梶山氏的第一點批評是：因為佛護證明了四生中的第一生（自生）不成立，所以佛護等於主張四生中的另外三生之一。就這第一點批評來說，完全是梶山氏誤用了一個邏輯規則——「否定肯定律」(Modus tollendo pollens)。因為，如果我們把四生分別用 Q～T 來表示，那麼這四種可能的生可以寫成底下：

Q 或（R 或 S 或 T）。

---

[61] 《大正藏》卷 30，頁 160 中，行 21–26。

[62] 同前書，頁 160 下，行 6–7。

此時，佛護利用應成法否定了 Q，佛護一定會利用「否定肯定律」而主張「R 或 S 或 T」嗎？答案是否定的，因為「R 或 S 或 T」可能是一個矛盾句，例如「(A 且非 A) 或 (B 且非 B) 或 (C 且非 C)」，也可能是個與事實相反的假命題，例如「絲縷可以生出車來，或絲縷可以生出馬來，或絲縷可以生出飲食來」。佛護在否定 Q 之後，不可能笨到又去認同一個自相矛盾或與事實相反的假命題。佛護和龍樹一樣，只想在四種所有的可能之中，一一指出它們的荒謬，而不想提出自己的任何主張。穆諦說得好：「中觀學派則（與其他學派）不同，它並不主張任何理論以取信於論敵。它不相信有什麼理由或事例可以是真實的。因此，中觀學派所致力的，僅僅限於利用論敵所信服的原理和主張，來導出論敵的荒謬。」[63]

梶山雄一對佛護的第二點批判是：因為佛護的論證從自生的假設推論到（第二次的）生起是無用的，所以佛護間接地主張（第二次的）生起是有用的；而這與龍樹的主張互相矛盾。梶山氏的這個批評顯然預設了傳統邏輯中的排中律。而前文說過，排中律在龍樹的《中論》之中並不成立——龍樹有很明顯的直覺主義傾向。因此，用這樣一個中觀學派所不同意的邏輯律則來批判中觀學派的學者，難免是一種錯誤。尤有進者，當一個命題的主詞 (subject) 是不存在的事物，那麼，不管它的賓詞 (predicate) 是什麼，都是沒有意義的命題，因此也都不能說它為真。穆諦就曾經舉過兩個例子，其中第一個是：

---

[63] Murti, T. R., *The Central Philosophy of Buddhism*, p. 145, Line 8–14.

(1) 3 與 4 之間的整數是質數；

(2) 3 與 4 之間的整數不是質數。

依據排中律，(1)與(2)之中必須有一個成立；但是，事實上它們都沒有意義，也沒有真假，因為它們的主詞——「3 與 4 之間的整數」一詞，根本無所指[64]。

穆諦的第二個例子是佛教經論之中常見的例子：一個人誤把繩子當成蛇；這時候的蛇，我們不能說牠「生」或「不生」，因為牠根本不存在[65]。

穆諦的論證應該是有所本的，雖然他並沒有說出來。《大品般若經》卷 4 品 11 有底下的一段經文：

> 佛告須菩提：「於汝意云何？幻，有垢有淨不？」
> 須菩提言：「不也，世尊！」
> 佛言：「須菩提！於汝意云何？幻，有生有滅不？」
> 須菩提言：「不也，世尊！」[66]

這段經文明白地告訴我們：對空幻不實的事物來說，不可以用垢、淨、生、滅等任何概念來描述它。所以，龍樹的《大智度論》卷 44，在註釋這段經文時說：「若（某一法）不異（幻），是法即是空，入不生不滅法中。」[67]這些經文和論文，可以證明穆諦的解

[64] Murti, *The Central Philosophy of Buddhism*, p. 147, Lines 30–35.

[65] Ibid., p. 147, Lines 35–36.

[66] 《摩訶般若波羅蜜經》卷 4；《大正藏》卷 8，頁 239 下，行 16–18。

釋合乎龍樹的精神。

總之，梶山雄一對應成派的批判，以及對龍樹思想的理解都是有待商榷的。他的錯誤發生在他誤用邏輯規則和輕信中觀學派所不認同的排中律。而他的特色是：以為中觀學派的學者，在詮釋龍樹的思想時，觸犯了某種形式邏輯上的謬誤；然後，為了避免這些錯誤，而歸結到龍樹的方法論不是一般的形式邏輯，而是辯證法。

另外一種學者，例如穆諦，他同意中觀學者的論理形式，乃在否定一切的主張（「見」，dṛṣṭi），但卻也和第一種學者一樣，歸結到一個相同的論點：龍樹的《中論》用了辯證法。穆諦首先先批判了西方黑格爾與東方耆那教 (Jaina) 的辯證法，說前者是「合取的綜合」(conjunctive synthesis)，後者是「析取的綜合」(disjunctive synthesis)，二者似乎有所不同，卻都試圖依靠思惟來獲得最高的真實[68]。接著，他解釋中觀的辯證法如下：

> （中觀的）辯證法乃是一連串的歸謬證法（應成法，prāsaṅgā-pādanam）。每一個主張都自相矛盾。中觀學派是一個辯證的 (prāsaṅgika)，亦即自由自在的批判家 (vaitaṇḍika)。中觀學派反證論敵的主張，卻不證明自己的任何主張。[69]

---

[67] 《大正藏》卷 25，頁 376 下，行 16–17。

[68] Murti, *The Central Philosophy of Buddhism*, pp. 127–128.

[69] 同前書，p. 131, Lines 7–11。

因此，相對於黑格爾與耆那教的「綜合」，穆諦把中觀辯證法了解成一種「分析」(analysis)。他說：「(中觀）辯證法，做為一種分析來說，只顯示 (reveals) 事物，而不添加或歪曲事物。」(70)

就此看來，穆諦彷佛是一個一切皆空論 (sarvavaināśika-vāda) 者，因此，也彷佛最接近龍樹的思想。但是，事實上，他否定一切，卻又找到了另一種真實：「智的直覺」(intellectual intuition)——那是康德以為無法依靠它來獲知本體 (Noumenon) 的一種智慧(71)。他說：

> 就中觀學派而言，思惟的實際而全面地消失，就是真實之直覺 (intuition of real)。此時沒有任何事物產生，一切都是寂靜不動 (tathatā sarva-kālam tāthābhāvāt)。這種狀態只有思惟 (sā-ṁvṛta) 才會矇蔽它。(72)

我人決不同意這種看法，因為穆諦的分析雖然否定一切錯誤的主張 (dṛṣṭi)，卻又「顯現」(reveals；這是穆諦自己的用語）另一種真實(73)。這與《中論》一切皆空的說法不同。《中論》裏的「空」(śūnya；抽象名詞化即成 śūnyatā，譯為「空性」)，一般被了解成為某種意義的手段或方法。在《中論》24 品 7 頌，曾把「空」分成兩種或三種。兩種是：(1)空 (śūnyatā)；(2)空義

(70) 同前書，p. 161, Lines 12–14。

(71) 同前書，pp. 140–141。

(72) Murti, *The Central Philosophy of Buddhism*, p. 141, Lines 7–11.

(73) Ibid., p. 161, Lines 12–14.

(śūnyatārtha)。這是《般若燈論釋》卷 14 所說到的兩種空[74]。另外，青目釋裏則出現三種空：(1)與(2)同前；(3)空因緣(śūnyatāprayojana)[75]。《般若燈論釋》對這兩種空的註釋是：「空者，能滅一切執著戲論，是故名空。空義者，謂緣空之智，名為空義。」[76]依這個解釋看來，兩種空都是手段或方法，而非目的；它們都是消滅煩惱（執著戲論）的工具（智慧——般若波羅蜜多)。其次，青目釋對「空因緣」只有底下的一句說明：「以何因緣說空？」[77]這仍然把空當做一種工具，否則不會問說：為什麼原因（目的）而說空？(prayojana 一詞的字義是：情況、對象、目的、原因等[78]。)

正因為「空」是一種手段而非目的，所以，在《中論》裏，「空」也在被否定（被「空」）之列；例如，《中論》13 品 9 頌說：

> 大聖說空法，為離諸見故，若復見有空，諸佛所不化。[79]

現在的問題是：如果空只是一種手段而非目的，那麼，空的

---

[74] 《大正藏》卷 30，頁 124 下。

[75] 同前書，頁 32 下。

[76] 同前書，頁 124 下，行 26–27。

[77] 同前書，頁 32 下，行 13。

[78] cf. Sir Monier Monier-Williams, *A Sanskrit-English Dictionary*, p. 688, Column 3, Motilal Banarsidass, Delhi, India, 1970.

[79] 《大正藏》卷 30，頁 18。

目的是什麼？空有沒有目的？穆諦顯然以為有；他認為那是一種「沒有任何事物產生，一切都是寂靜不動」的狀態（詳前文），也就是「涅槃」。但是，這與《中論》的本意不合；《中論》24 品 4～5 頌說：

> 涅槃不名有，有則老死相，終無有有法，離於老死相。若涅槃是有，涅槃即有為，終無有一法，而是無為者。[80]

這可見穆諦所說的涅槃境界，在《中論》裏也是不真實的。因此，像穆諦那樣，把龍樹的論式——空（否定）當做是「顯現」真實的辯證法，無論如何是不行的；因為，他和李查．羅賓生、梶山雄一等人一樣，都犯了「不空」的錯誤。

五、龍樹《中論》裏的其他問題

也許，辯證法的癖好者會追問：⑴難道龍樹是虛無主義者？⑵龍樹曾把真理分成世俗諦與第一義諦兩種（詳前文），難道他也否定第一義諦？

第一個問難牽涉到「空」的定義。《中論》24 品 18～19 頌，曾把「空」（無）定義成「因緣生」（依存於各種條件而產生）：

> 眾因緣生法，我說即是無……未曾有一法，不從因緣生，

---

[80] 同前書，頁 35。

是故一切法，無不是空者。[81]

青目對這兩首詩頌，有底下的註釋：「眾緣具足，和合而物生。是物屬眾因緣，故無自性；無自性故空。」[82]這個註釋，從空的定義——因緣生，推論到「無自性」；因為無自性，所以空。因此，所謂的空，是空掉（否定掉）「自性」。自性，在梵文是 svabhāva，它的字義是：sva（自己、自我、靈魂），與 bhāva（變成、形成、出現、存在）二詞的結合，相當於「實體」(substance) 或「物自體」(thing-in-itself) 等名詞[83]。

從以上的分析看來，龍樹所要否定的，乃是事物「背後」或「底層」所預設的、不可知覺的「物自體」，而不是要否定事物顯示在「外」的「感覺材料」(sense-data) 及由這些材料所衍生的功能。(除非這些感覺材料也被執著為具有真實的「自性」。) 因此，龍樹決不是虛無主義者。龍樹在《中論》24 品 14 頌中說：否定一切才能建立一切；空並不是僅止於否定，而是為了說明一切事物存在的依據[84]。

辯證法的癖好者所可能提出的另一個問難是：難道龍樹也否定第一義諦嗎？這個問難涉及到「第一義諦」的定義。依字義，第一義 (paramārtha) 是由 parama（最遠、最細微、最究極、最終、

---

[81] 《大正藏》卷 30，頁 33。

[82] 同前書，行 15–17。

[83] 參見[78]所引書，p. 1275 (Column 1), p. 754 (Columns 1–2)。

[84] 這首詩是：「以有空義故，一切法得成；若無有空義，一切則不成。」(《大正藏》卷 30，頁 33。)

最高、最基本等），以及 artha（目的、目標、原因、動機、理由、利益、作用、功能、事物、對象等）兩詞所結合而成[85]。《般若燈論釋》卷 14，對二諦有底下的註釋，這有助於我們了解什麼叫做「第一義諦」：

> 世（俗）諦者，謂世間言說……是等不說名第一義。第一義者云何？謂是第一而有義故，名第一義。又是最上無分別智真實義故，名第一義。[86]

在這個註釋中，把第一義解釋成「第一而有義」（最殊勝的目標），也解釋成「最上無分別智真實義」（最高智慧所了解的事物）。因此，所謂的第一義諦，是指利用最高智慧（般若波羅蜜多）所獲得之道理。值得注意的是，清辨的註釋告訴我人：第一義諦是相對於可以言說的世俗諦，所謂「是等不說名第一義」。龍樹在《迴諍論》中也暗示了這點：「依世（俗）諦故能說一切諸法體空。若離世諦（而在第一義諦中），法不可說。」[87]龍樹的意思是：對於事物的任何描述都是世俗諦，即使說「空」也不例外——在第一義諦之中，連「空」都不可說，更何況說「有」。因此，如果說「第一義諦（最高的真理）存在」，那是不合龍樹之本意的；換句話說，辯證法的癖好者，沒有任何根據地以為龍樹把第一義諦當做真實的存在。在中國，中觀派（三論宗）的學者吉藏 (A.D.

---

[85] 參見[78]所引書，p. 588 (Colum 1), p. 90 (Columns 2–3)。

[86] 《大正藏》卷 30，頁 125，行 5–10。

[87] 《大正藏》卷 32，頁 18，行 22–23。

549–623)，一直強調二諦的分類，只是為了教化的方便（他所謂的「約教二諦」），而不是真的有兩種不同的真實（他所謂的「約理二諦」）[88]；筆者以為，這的確把握了龍樹二諦論的精義。

總之，龍樹的《中論》，並沒有用到辯證法；因為，龍樹的否定（空），不管是四句或 tarka、應成證法，在指出論敵的荒謬之後，都不曾指向或「顯現」任何真實。在龍樹的字典裏，雖然處處出現「真實」一詞，卻又處處否定「真實」。一個人如果因為徹底地否定（空），而得到煩惱的止息——涅槃，那也是就世俗諦而言，並非就第一義諦。而且，一個人即使得到解脫，也是生活在經驗、常識之中。所以他說：「涅槃與世間，無有少分別；世間與涅槃，亦無少分別。涅槃之實際，及與世間際，如是二際者，無毫釐差別[89]。」

（本文原刊於《臺大哲學論評》第 5 期，臺北：臺灣大學哲學系，1982，頁 253～280。）

主要參考書目

1.《中論》，龍樹造，青目釋；《大正藏》卷 30，頁 1 下。
2.《十二門論》，龍樹造；《大正藏》卷 30，頁 159 下。

---

[88] 詳見吉藏，《二諦義》；《大正藏》卷 45，頁 78～115。

[89] 《中論》品 25，頌 19～20；《大正藏》卷 30，頁 36。

3.《迴諍論》，龍樹造；《大正藏》卷 32，頁 13 下。
4.《般若燈論釋》，龍樹造，分別明釋；《大正藏》卷 30，頁 51 下。
5.《大乘掌珍論》，清辨造；《大正藏》卷 30，頁 268 下。
6.《成唯識論述記》，窺基撰；《大正藏》卷 43，頁 229 下。
7.《菩提道次第廣論》，宗喀巴造，法尊譯，新文豐出版公司，民國 64 年初版，臺北。
8.《佛教中觀哲學》，梶山雄一著，吳汝鈞譯，佛光出版社，民國 67 年初版，高雄佛光山。
9. Murti, T. R. V., *The Central Philosophy of Buddhism*, Geo. Allen and Unwin, London, 1955.
10. Robinson, Richard H., *Early Mādhyamika in India and China*, Motilal Banarsidass, Delhi, India, 1976.
11. Barlingay, S. S., *A Modern Introduction to Indian Logic*, National Pub. House, India, 1965.
12. Stcherbatsky, F. Th., *Buddhist Logic*, Dover Pub., Inc., New York, 1962.
13. Heyting, A., *Intuitionism: An Introduction*, North-Holland Pub. Co., Amsterdam, 1966.

本文原稿曾在民國 71 年 5 月底，宣讀於臺灣大學哲學系的一次例行討論會上。講評人是來自美國的客座教授鄭學禮先生。鄭先生的主要批評有兩點：一是有關本文標題的批評，另一是有關內容方面的批評。對於本文的標題，鄭先生批評說：「辯證法」一詞可以指黑格爾之前的辯證法，也可以指黑格爾之後的辯證法。

如果「辯證法」一詞包括黑格爾之前的意義，那麼，龍樹的《中論》顯然用了辯證法。因此，鄭先生認為本文的標題意義含混不清。對於這點批評，筆者可以同意，也可以不同意。可以同意的是，鄭先生對於「辯證法」一詞的說明完全正確。可以不同意的是，本文所提到的辯證法，像李查・羅賓生、梶山雄一，乃至穆諦等人的論證或分析，都明顯的指謂著黑格爾之後的辯證法，而不是黑格爾之前的辯證法。因此，本文仍以原來的題目發表。

鄭先生對於本文的內容，主要的不同意見是：龍樹並不是經驗論者，也不是常識哲學家，相反地，常常帶有神祕主義的色彩。有關這點，筆者完全同意，因此，筆者已把原稿的這些論斷全部刪除。筆者非常感激鄭先生的這點批評。

除了講評人的批評之外，另一種批評是來自文獻學的批評。有人說，本文所採用的《中論》版本及註釋，僅僅限於漢譯的文獻，不能旁及梵文的資料，因此，本文的論據值得懷疑。對於這個批評，筆者的答覆可以分成三點：㈠本文的內容並不涉及考據、歷史、或註疏的細節，而是純邏輯或純哲學的處理，沒有必要旁徵博引。㈡學界以為，《中論》的梵文本只有一本，那是從月稱的《明句論》所摘錄出來的。而《中論》的註釋有底下的十家：⑴相信是龍樹自己的註釋，但卻可疑的無畏註 (Akutobhaya)；⑵佛護註；⑶月稱的《明句論》；⑷天寂 (Devaśarman) 註；⑸求那師利 (Guṇaśrī) 註；⑹德慧 (Guṇamati) 註；⑺安慧 (Sthiramati) 註；⑻無著 (Asaṅga) 的《順中論》；⑼清辨的《般若燈論釋》；⑽青目註。（參見望月信亨，《佛教大辭典》4，頁 3671c～3672b。）在這十家的《中論》註釋當中，有些已經散佚，例如⑷與⑸；有些是站在唯識宗一派的立場來註解，有失公道，例如(6)、(7)、(8)；還有一些只存在於西藏文的譯本當中，例如(1)與(2)。筆者雖略通藏文，但一者還無法善用，二者也沒有必要引用；因此，實際上只有(9)與(10)，還有(3)，是值得採用的資料，而這些值得採用的資料，本文都用到了。（月稱《明句論》的引用，是透過李查・羅賓生的英譯，以及漢譯本的對勘。）(三)本文引用最多的《中論》註釋是青目釋，那是學界公認最古，也最接近龍樹本意的註釋。基於以上(一)、(二)、(三)等三大理由，筆者不認為本文在文獻的處理上有缺失。

《中論》裏的「四句」之研究

一、引　論

在古代的印度和中國（特別是古代的中國），龍樹 (A.D. 150–250) 在其《中論》裏所極力闡揚的「空」，往往被視為方便說或不了義說。例如，印度唯識宗的代表作——《解深密經》，就把龍樹所闡揚的「空」，判為不了義的「第二時教」❶。又如，中國的天臺宗，也把「空」判為「通教」，說它不過是介於小乘與大乘之間的初淺教義❷。而華嚴宗，同樣把「空」判為「大乘始教」，說

❶ 《解深密經》卷3，曾有底下批判「空」的一段經文：「世尊！在昔第二時中，惟為發趣修大乘者，依一切法皆無自性、無生、無滅、本來寂靜、自性涅槃，以隱密相，轉正法輪。雖（較第一時）更甚奇，甚為希有，而於彼時所轉法輪，亦是有上、有所容受，猶未了義，是諸諍論安足處所。」（《大正藏》卷16，頁697。）

❷ 諦觀《天臺四教儀》，有底下的一段文：「次明通教者，通前藏教，通後別、圓，故名通教。又從當教得名，謂三人同以無言說道，體色入空，故名通教。」（《大正藏》卷46，頁777）從這段文可知，通教介於小乘的「藏教（三藏教）」與大乘的「別教」、「圓教」之間；而其教義則是「體色入空」。諦觀緊接著說，通教下有三種修行人（三人）第一種是小乘人，第二種是鈍根菩薩，第三種是利根菩薩。第二種的鈍根菩薩是通教下最主要的修行人，

它只是大乘佛法的初階❸。這些中印的經典和祖師們，雖然表面上稱讚龍樹，骨子裏卻害怕龍樹所闡揚的「空」，說「空」是「誹撥三相」（虛無主義），因此，闡揚「空」的人會「退失智慧」、「退失廣大無量善法」❹。——中印佛教界，對龍樹的「空」，真是毀多譽少呀！

另一方面，近年來的世界佛教界，對於龍樹《中論》裏的「空」，卻有不同於古人的探索方向。例如，印度的穆諦 (T. R. V. Murti)、美國的李查．羅賓生 (Richard H. Robinson)、以及日本的梶山雄一，都不以為龍樹的「空」是虛無主義，相反地，是一種獲得最高真理的手段，他們稱之為「辯證法」(dialectic)❺。

而其特色是「但見偏空，不見不空（之中道）」，因此，所成就的佛是「現帶劣勝應身成佛」（以上俱見《大正藏》卷 46，頁 777～778）。

❸ 華嚴宗的創始人——法藏，在其《華嚴一乘教義分齊章》卷 1 之中，把佛門一切經教分成五教十宗。十宗中之第七是「一切法皆空宗」，其教義及代表的經典：「說一切諸法皆悉真空，然出情外無分別故；如般若（經）等。」（《大正藏》卷 45，頁 482）這「一切法皆空宗」，是兩種「始教」之一（另一是唯識宗）。他更引《法鼓經》、《起信論》等經論，證明這種一切皆空的始教，是不究竟、不了義的教義；如說：「一切空經是有餘說」（詳《大正藏》卷 45，頁 481）。

❹ 詳見《解深密經》卷 2；引見《大正藏》卷 16，頁 695～696。

❺ 「辯證法」(dialectic) 一詞是西洋哲學固有的名詞，從古希臘以來，就有許多不同的意義。黑格爾 (Hegel) 以後，「辯證法」一詞則固定為底下的意義：從一對語句或概念，導出矛盾，以否定這一對語句或概念，而達到另一個更高層次，亦即更加真實的語句或概念。被否定的那一對語句或概念，稱為「正」(thesis) 與「反」(antithesis)；所達到之更高層次、更真實的新語句或新概念，稱為「合」(synthesis)。

筆者希望透過《中論》裏的「四句」之研究，來探討這些祖師及學者的論點，到底是不是正確的？

二、《中論》裏的兩種「四句」

「四句」(catuṣkoṭi)，是《中論》裏最常見的論式之一。但是，《中論》裏有兩種不同的「四句」，卻往往被一般的學者混淆，以致產生一些錯誤的結論❻。

㈠《中論》裏的「真實四句」

《中論》裏的第一種「四句」，是真正的「四句」，因此可以稱之為「真實四句」；底下是一個顯著的例子：

一切實非實，亦實亦非實，
非實非非實，是名諸佛法。❼（例一）

在這首偈頌當中，含有四個句子，即「四句」；它們是：

第一句：一切實；
第二句：一切非實；

---

❻ 例如，梶山雄一的《佛教中觀哲學》頁 57「四句否定」乙節，一開頭所引的「四句」，應該屬於下文所說的「擬似四句」而不是「真實四句」，但是，梶山氏卻誤以為是「真實四句」，以致推論出其他錯誤的結論（詳下文）。

❼ 《中論》卷 3，品 18，頌 8；引見《大正藏》卷 30，頁 24。

第三句：一切亦實亦非實；

第四句：一切非實非非實。

這四個句子當中，分別含有四個概念：它們是：實、非實、亦實亦非實、非實非非實。如果我們分別用 A、非 A、A 且非 A、非 A 且非非 A 等四個詞來代替這四個概念，那麼，「四句」應該具有底下的形式：

第一句：……A……；

第二句：……非 A……；

第三句：……A 且非 A……；

第四句：……非 A 且非非 A……。

我們發現，在這個論式當中，第二句中的「非 A」，是第一句中的「A」之否定；第三句中的「A 且非 A」，是第一句中的「A」與第二句中的「非 A」之結合；而第四句中的「非 A 且非非 A」，是第一句中的「A」之否定（即「非 A」）與第二句中的「非 A」之否定（即「非非 A」）之結合。

當然，所謂「真實四句」，不一定像前面所舉的那個例子一樣，而可以是底下的另一種方式：

寂滅相中無，常無常等四；

寂滅相中無，邊無邊等四。[8]（例二）

---

[8] 《中論》卷 4，品 22，頌 12；引見《大正藏》卷 30，頁 30。

對於這首偈頌，青目（Piṅgala 或 Vimalākṣa）有底下的註釋：

> 諸法實相，如是微妙寂滅；但因過去世，起四種邪見。世間有常、世間無常、世間常無常、世間非常非無常，寂滅中盡無。何以故？諸法實相，畢竟清淨不可取。空尚不受，何況有四種見！……如因過去世有四種見，因未來世有四種見亦如是：世間有邊、世間無邊、世間有邊無邊、世間非有邊非無邊。❾

從青目的這段註釋裏，我人知道，前引的那首偈頌當中，一共含有八種錯誤的「見」（觀點）。其中四種，是因為過去世而引生的；它們是：世間是永恆的（常）、世間是不永恆的（無常）、世間是既永恆又不永恆的（常無常）、世間是既非永恆又非不永恆的（非常非非常）。這四種「見」都是錯誤的，因此都在龍樹的否定之列。另外的四種錯誤觀點是因為未來世而引生的；它們是：世間是有限的（有邊）、世間是無限的（無邊）、世間是既有限又無限的（有邊無邊）、世間是既非有限又非無限的（非有邊非無邊）。這四種錯誤的觀點，當然也在龍樹的否定之列。

青目把八種「見」分類成過去四見與未來四見，也許是沒有根據的，但是，從龍樹的頌文我人確實可以看出這八見應該分成兩類；換句話說，例二裏的這首偈頌，應該含有兩個「四句」。我們還發現，例二中這兩個「四句」，都是以否定的句形出現；例

❾ 同前書。

如，第一個「四句」，否定了「常」（永恆）、「無常」（不永恆）、「常無常」（永恆且不永恆）、以及「非常非無常」（非永恆且非不永恆）等四個概念。這顯然與例一中肯定「實」、「非實」、「實且非實」、「非實且非非實」等四個概念，有所不同。因此，嚴格說，例二與例一中的「四句」，雖然都是「真實四句」，但卻具有不同的論式；例一是「肯定的真實四句」，例二則是「否定的真實四句」。如果我們分別用「A」、「非 A」代表「常」及「無常」這兩個概念，那麼，「否定的真實四句」應該具備底下的普遍形式：

第一句：……非 A……；
第二句：……非非 A……；
第三句：……非（A 且非 A）……；
第四句：……非（非 A 且非非 A）……。

總之，不管是「肯定的真實四句」或「否定的真實四句」，其中的第一句一定含有「A」詞，第二句一定含有「非 A」詞，第三句一定含有「A 且非 A」詞，而第四句一定含有「非 A 且非非 A」詞。這是「真實四句」的普遍形式。另外，《中論》卷 4 品 22 頌 13～16，品 25 頌 4～24，品 27 頌 1～8、頌 13～29，也都是「真實四句」。而且是「否定的真實四句」。

㈡《中論》裏的「擬似四句」

除了「真實四句」之外，《中論》裏還出現另一類的「四句」。由於這一類的「四句」，都與「真實四句」的形式不同，因此本文稱之為「擬似四句」。底下是一個有名的例子：

諸法不自生，亦不從他生，
不共不無因，是故知無生。❿（例三）

在這首偈頌中，龍樹從前面的三個詩句，推論到最後一句的結論——「無生」。而前面的三個詩句，含有四個句子，就是本文所說的「擬似四句」；它們是：

第一句：諸法不自生；
第二句：諸法不他生；
第三句：諸法不共生；
第四句：諸法不無因生。

在這「四句」當中，分別含有「自生」、「他生」、「(自、他）共生」、及「無因生」等四詞；而龍樹的「四句」，則將這四種「生」，一一加以否定成為「不自生」乃至「不無因生」。現在的問題是：什麼叫做「自生」乃至「無因生」？這個問題也許可以從龍樹自己的解釋及青目的註釋看出來。《中論》卷 1 品 1，有底下的一首偈頌：

如諸法自性，不在於緣中，
以無自性故，他性亦復無。⓫

---

❿ 《中論》卷 1，品 1，頌 3；引見《大正藏》卷 30，頁 2。又，這個例子，梶山雄一誤把它當做「真實四句」；參見❻。

⓫ 《中論》卷 1，品 1，頌 4；引見《大正藏》卷 30，頁 2。

對於這首偈頌，青目有底下的註釋：

> 諸法自性不在眾緣中，但眾緣和合故得名字。自性即是本體。眾緣中無自性，自性無故不自生。自性無故，他性亦無。何以故？因自性有他性，他性於他亦是自性，若破自性即破他性。是故不應從他性生。若破自性、他性，即破共義。無因則有大過；有因尚可破，何況無因！於四句中生不可得，是故不生。⓬

從青目的這段註釋，我人可以知道，所謂的「自生」，意思是「果」存在於「因」（眾緣）中的理論——「因中有果論」；所謂的「他生」是指與「自生」相反的理論，亦即「果」不存在於「因」中的理論——「因中無果論」；所謂的「共生」是指「果」一方面已存在於「因」中，二方面又不存在於「因」中的理論——「因中亦有果亦無果論」；而「無因生」是指前三種生之外的生，那是「果」自然存在，不必依靠任何原因的偶然論。這四種「生」，龍樹顯然認為已經窮盡了所有生起的可能，因此他在否定了這四種「生」之後，就下結論說：「是故知無生」。

從上面的分析，我人可以肯定，自生、他生、共生、以及無因生，是四個彼此互相獨立而不相干的理論。如果我人從印度固有的哲學派別去尋找，我人可以看出，自生相似於數論 (Sāṅkya)，他生相似於尼夜一勝論 (Nyāya-Vaiśeṣika)，共生相似於耆那教

⓬ 引見《大正藏》卷 30，頁 2。

(Jaina)，而無因生相似於唯物論的恰爾瓦加 (Cārvāka)⑬。既然四生代表四個不同的概念或學派，那麼，如果「自生」用「A」表示，「他生」就不可用「非 A」表示，必須用與「A」完全無關的

---

⑬ 數論主張一切事物都從「自性」(prakṛti)——一種原始的物質所轉化 (pariṇāma) 而來，亦即一切事物已經預存於其原形——「自性」當中；這是明顯的「因中有果論」(satkārya-vāda)。尼夜—勝論學派（亦即後期的尼夜學派），曾把「果」定義為「先前不存在之相反事物」(prāgabhāvapra-tiyogi)，以為「果」是新生的，並不預先存在於「因」中；這種理論顯然是「因中無果論」(asatkārya-vāda)，也可以稱之為「創生論」(āraṁbhavāda)；詳見拉達克里斯南 (Radhakrishnan) 的《印度哲學》(*Indian Philosophy*) 卷 2 頁 96。其次，中期中觀學者月稱 (Candrakīrti, A.D. 600–650)，在其《入中論》乙書中，說到主張「共生」的學派時說：「計共生者，……彼宗安立命、非命、福、罪、漏、律儀等九句義，謂是真實。」(《入中論》卷 4，頁 1）我人不很清楚「彼宗」是指印度的那個學派，因為這個學派所主張的「九句義」，其中的福、罪、漏、律儀，幾乎是所有學派所共通的。但是把實體 (dravya) 分成「命」(jīva) 與「非命」(ajīva) 的，在諸多學派當中，卻只有耆那教。因此，我人可以推定，月稱所說的「彼宗」是指耆那教。月稱在解釋「彼宗」的「共生」主張時，曾經舉了一個例子；從這個例子，一方面可以了解所謂的「共生」是什麼意思，二方面更可進一步證明「彼宗」確實是指耆那教：「如彌勒要前世命根 (jīva) 中有，今乃得生，故從自生，以彌勒與命根非異法故。……彌勒亦從父、母、法、非法、漏等他法而生，故亦從他生。」(《入中論》卷 4，頁 1）在這段說明當中，提到了「法」(dharma) 與「非法」(adharma)，那明顯的是指耆那教所主張的兩種實體 (dravya)，前者是命根「靈魂」活動的原因，後者是命根止息的助緣。而文中說到的「漏」，很可能指耆那教所說的「物質之流」(āsrava)，亦即其他教派所說的「業力」(karma)，它是使生命體（命根）束縛在肉體之中的另一原因。從這些解析，我人更可推定，月稱所說的「彼宗」，確實是指耆那教。

「B」來表示；同理，「共生」不可用「A 且非 A」或「A 且 B」表示，必須用「C」表示；而「無因生」也只能用「D」表示，不可用「非 A 且非非 A」表示。因此，例三中所含有的「四句」，應該具有底下的形式：

第一句：……非 A……；
第二句：……非 B……；
第三句：……非 C……；
第四句：……非 D……。

顯然，這種形式的「四句」，與前節所說的兩種「真實四句」完全不同，不可混為一談；因此，本文稱之為「擬似四句」。另外，只要細心地檢閱，讀者們當不難發現，《中論》卷 2 品 12 頌 1，卷 3 品 21 頌 12 等等，也都是具有上面形式的「擬似四句」，而不是「真實四句」。

三、李查．羅賓生的分析

李查．羅賓生 (Richard H. Robinson)，在其《印度與中國的早期中觀學》(*Early Mādhyamika in India and China*) 乙書中，曾經採用傳統西洋邏輯的技術，來分析《中論》裏的「四句」論式⓮。這些分析都是值得商榷的。現在，先讓我們看看他的分析：

⓮ 參見該書 pp. 50–58，〈龍樹的邏輯〉(Nāgārjuna's Logic) 乙節。特別是 pp. 54–57。

首先，李查．羅賓生從月稱 (Candrakīrti)——一個印度中期中觀學者的著作《明句論》(*Prasannapadā*) 中引出了龍樹的一首偈頌，它相當漢譯《中論》卷 3 品 18 頌 8，亦即前文所引證的例一。其次，李查．羅賓生分析這首偈頌，成為底下的四個句子：

第一句：P；
第二句：非 P；
第三句：P 且非 P；
第四句：非 P 且非非 P。

由於傳統的西洋邏輯中，把「非非 P」看成與「P」等值，因此，李查．羅賓生說，第四句等值於「非 P 且 P」，它正是第三句。最後，他說，第三句與第四句都是荒謬的，因為它們都違背了傳統西洋邏輯中的「矛盾律」(the rule of contradiction)。

明顯地，李查．羅賓生這段簡短的分析，採用了底下三個西洋傳統邏輯中的定律：

定律㈠雙重否定律 (the rule of double-negation)：「P」等值於「非非 P」；
定律㈡連言交換律 (the rule of conjunctive communication)：「P 且 Q」等值於「Q 且 P」⓯；
定律㈢矛盾律 (the rule of contradiction)：不可能既 P 又非 P。

⓯ 李查．羅賓生的分析中說，第四句等值於第三句，這時用到了「連言交換律」。

下文我人將要證明，這三條定律，龍樹的《中論》並不全都承認它們的合理性，因此，李查．羅賓生的分析是錯誤的。在還沒有證明這點以前，讓我們再看看他的第二個分析：

首先，李查．羅賓生仍然引用例一中的那首偈頌。他說，那首偈頌中所含有的「四句」，其第一、二兩句顯然具有底下的句形：

第一句：所有 x 都是 A；
第二句：所有 x 都是非 A。

其次，他為了避免第一個分析的困難，又從月稱的《明句論》選出底下的一首偈頌，它相當於漢譯《中論》卷 4 品 27 頌 17。

若半天半人，則墮於二邊，
常及與無常，是事則不然。⓰（例四）

李查．羅賓生分析說，在這首偈頌中，龍樹用「半天半人」來解釋「常及無常」——後者乃「四句」中的第三句；而所謂「半天半人」，意思是「一部分是天，一部分是人」。因此，他下結論說，第三、四句可以了解成為：

第三句：有些 x 是 A 而且有些 x 是非 A；
第四句：沒有 x 是 A 而且沒有 x 是非 A。⓱

⓰ 《中論》卷 4，品 27，頌 17；引見《大正藏》卷 30，頁 38。

⓱ 李查・羅賓生的分析，除了引用《中論》卷 4，品 27，頌 17 這首偈頌做例

李查．羅賓生進一步分析說，由於第四句中的「沒有 x 是非 A」，等值於 「所有 x 是 A」，因此，第四句正好是亞里士多德 (Aristotle) 邏輯中的 E 句與 A 句的結合⑱。而第三句則是 I 與 O 的結合⑲。另外，由於 E 與 I、A 與 O，在亞氏邏輯中是互相矛盾的，因此，第四句等於是：並非有些 x 是 A 而且並非有些 x 是非 A⑳。

綜合以上各點，李查．羅賓生的第二個分析中，所謂的「四句」，具有底下的普遍形式：

第一句：所有 x 都是 A……A；
第二句：沒有 x 是 A……E；
第三句：有些 x 是 A 且有些 x 是非 A……I 且 O；
第四句：沒有 x 是 A 且沒有 x 是非 A……E 且 A。
〔等值於：並非有些 x 是 A 且並非有些 x 是非 A……非 I

子之外，還引用《中論》卷 1，品 1，頌 9 的青目釋：「有無名為半有半無」（引見《大正藏》卷 30，頁 3）。

⑱ 亞里士多德邏輯，即傳統的西洋邏輯。在這種邏輯當中，分別用 A、E、I、O，表示底下的語句：
A：所有 x 都是 A；
E：沒有 x 是 A；
I ：有些 x 是 A；
O：有些 x 是非 A。
而且，在這傳統的邏輯當中，A 與 O 是互相矛盾的，E 與 I 也是互相矛盾的；亦即 A 與非 O 等值，而 E 與非 I 等值。

⑲ 參見註釋⑱。

⑳ 同前。

且非 O。〕

明顯地，在李查・羅賓生的第二個分析當中，採用了底下各條傳統西洋邏輯的規則：

定律(四)「沒有 x 是 A」等值於「並非有些 x 是 A」；
定律(五)「沒有 x 是非 A」等值於「所有 x 都是 A」；
定律(六)「所有 x 都是 A」等值於「並非有些 x 是非 A」。

在下文中，我人要證明，龍樹的《中論》並不完全同意這三個定律的合理性。目前，讓我們先討論李查・羅賓生的其他論點。

李查・羅賓生雖然沒有利用他自己的分析，來獲得「龍樹用了辯證法」這個結論；但是，他確實從另外一個觀點，獲得了這個結論。例如，他利用青目與月稱對例一那首偈頌的註釋，下結論說：

> 青目的《中論》釋以及月稱，都同意「四句」是一種對治的方便。而且，「四句」中的每一句，除了第一句之外，都是前一句的批判，以致整個「四句」是一種節節高升的系列。這是一種辯證的高升；每一個句子都否定而且解消前一句，而整個論式則推向第四句的否定。這樣就解消了所有的「見」。[21]

梶山雄一在其《佛教中觀哲學》乙書當中，也得到了同樣的

[21] 詳見李查・羅賓生《印度與中國的早期中觀學》頁 56，行 42–48。

結論——「龍樹用了辯證法」；但是，他的結論，卻利用了李查．羅賓生對「四句」的分析，來做為前提。首先，他把《中論》裏的「四句」，分成「論理」與「應用」兩方面來討論。就「論理」方面來說，他採用了李查．羅賓生所放棄的第一個分析，說「四句」中的第三、四句都違反了西洋邏輯的「矛盾原理」（矛盾律），然後下結論說：

> 因此，在形式論理上理解四句否定，是困難的。無寧是，必須這樣想，對於一在某一論議領域中成立的命題，由與之相異的較高次的論議領域否定之，四句否定作為這否定過程，具有辯證法的性格。[22]

梶山雄一在獲得這個結論之後，又在「四句的應用」這一節中，利用李查．羅賓生的第二個分析，而導致另外一個結論；這個結論以為，「四句」中的第四句，是「最高的真實」，是「中觀的宗教真理」，這種真理不在第一句的論域中成立，也不在第二、三句中的論域成立，換句話說，是經過辯證法的提升而得到的。他說：

> 「任何東西都非真實、任何東西都非非真實」這第四句，作為最高的真實而表示中觀的宗教真理，故在其限度內不是應被否定的東西。而這真理並不是在使第一句得以成立的論議領域中，或在第二、三句為同一的領域中成立的。

[22] 引見梶山雄一，《佛教中觀哲學》，頁 84，行 5–7。

換言之，在使第一乃至第三句得以成立的諸領域中，第四句都是應被否定的性質的東西。㉓

從以上的分析與引證，我人明顯地可以知道，李查．羅賓生和梶山雄一都以為，《中論》裏的「四句」是一種辯證法。這個論斷，完全是基於西洋傳統亞里士多德邏輯的某些定律。下文將證明這些定律並不一定是龍樹所同意的。另外，印度學者穆諦 (T. R. Murti)，雖然並不是基於「四句」的分析，也不是基於傳統的亞里士多德的邏輯，但卻和前述兩位學者的意見相同，主張龍樹用了辯證法；如說：「(中觀的) 辯證法，乃是一連串的歸謬證法 (prāsaṅgāpādanam)。每一個主張都自相矛盾。中觀學派是一個辯證的 (prāsaṅgika)，亦即自由自在的批判家 (Vaitaṇḍika)。」㉔由於穆諦的論點與「四句」無關，而且又涉及《中論》裏的另一個重要的論式——「歸謬證法」(prāsaṅgāpādanam) 或稱為「應成證明法」，因此，本文將集中精神，來討論李查．羅賓生與梶山雄一的分析。

四、龍樹的「直覺主義」

如果要徹底了解李查．羅賓生與梶山雄一的錯誤，就必須預先了解龍樹的「直覺主義」傾向。

㉓ 同前書，頁 87，行 9–12。

㉔ 引見穆諦，《佛教的中觀哲學》(*The Central Philosophy of Buddhism*)，頁 145，行 8–14。

「直覺主義」(intuitionism)，是當代西方邏輯的三大主流之一[25]，乃由布洛爾(L. E. J. Brouwer)、海丁(A. Heyting)等人所首倡。依據這種新邏輯，底下幾個傳統邏輯中所承認的原理，都不成立[26]：

(1)排中律：A或非A（亦即，A與「非A」之中，至少要有一個成立）；

(2)雙重否定律：從「非非A」推得「A」；

(3)存在量號否定律(the law of existential-quantifier-negation)：從「並非有些x是非A」推得「所有x都是A」。[27]

另外，底下的原理，在直覺主義者的邏輯當中，也不成立：

(4)從「沒有x是非A」推得「所有x都是A」。

---

[25] 當代西方邏輯的另外兩大主流是：(一)由希爾柏特(D. Hilbert)所領導的「形式主義」(formalism)；(二)由羅素(B. Russell)所開創出來的「邏輯主義」(logicism)。這兩大流派都承認傳統亞里士多德邏輯中所認為合理的「排中律」(the law of excluded middle)及「雙重否定律」(the law of double negation)。

[26] 詳見海丁，《直覺主義導論》(*Intuitionism, An Introduction*)，頁99～100、103。

[27] 在直覺主義者的邏輯當中，排中律「A或非A」雖然不成立；但是「非非(A或非A)」——亦即排中律的雙重否定卻成立。另外，「從非非A推得A」雖然不成立；但是倒過來的雙重否定律——「從A可以推論到非非A」，卻成立。另外，雖然從「並非（有些x是非A)」不可以推論到「所有x都是A」；但是，倒過來，卻可以從「所有x都是A」推論到「並非（有些x是非A)」。詳見海丁，《直覺主義導論》，頁100、101、103。

這個傳統邏輯當中所承認的原理，為什麼不能在直覺主義者的邏輯當中成立呢？這是因為(4)中的「沒有 x 是非 A」，有時候寫成「所有 x 都是非非 A」，這樣一來，由於「非非 A」不能推得「A」（因為雙重否定律不成立），因此，也就得不到「所有 x 都是 A」了。

總之，在直覺主義者的邏輯當中，(1)～(4)都是不成立的，這是因為其中的第(1)——「排中律」及第(2)——「雙重否定律」不成立的關係。因此，底下將著重在這兩個傳統原理的檢討。

以上是直覺主義的簡介。現在，讓我們來看看《中論》裏的「直覺主義」。

首先，《中論》承認「排中律」嗎？我們發現，它和直覺主義一樣，也不承認「排中律」的合理性。底下是一個顯著的例子：

> 如來滅度後，不言有與無，
> 亦不言有無，非有及非無。
> 如來現在時，不言有與無，
> 亦不言有無，非有及非無。㉘（例五）

這兩首偈頌，否定了傳統西方邏輯所承認的「排中律」。為了說明這點，讓我們來看一看青目對它們的註釋：

> 若如來滅後，若現在，有如來亦不受，無如來亦不受，亦

㉘ 《中論》卷 4，品 25，頌 17、18；引見《大正藏》卷 30，頁 35。

> 有如來亦無如來亦不受，非有如來非無如來亦不受。以不受故，不應分別涅槃有無等。離如來誰當得涅槃？何時、何處、以何法說涅槃？是故一切時、一切種，求涅槃相不可得。㉙

龍樹站在一切皆「空」的立場，來討論如來到底是不是存在的問題；換句話說，就一個一切皆「空」的中觀學者來說，如來——一個最極神聖的生命體，是不是也是「空」的呢？對於這個問題，龍樹所最宗重的《般若經》，曾有明確的回答；例如，《大品般若經》卷 8〈幻聽品〉，就有底下的一段話：

> 須菩提語諸天子，我說佛道如幻如夢，我說涅槃亦如幻如夢。若當有法勝於涅槃者，我說亦復如幻如夢。何以故？諸天子！是幻夢、涅槃不二不別。㉚

在這段經文當中，須菩提，——一個被譽為「解空第一」的佛弟子，不但否定了佛道、涅槃，甚至還說，如果有比涅槃更偉大、殊勝的事物，也在否定之列。依據這種一切皆「空」的理論，無疑地，如來的存在，也必然在否定之中。龍樹的《中論》，就是依據《般若經》中這種處處可見的「空」理，來討論如來的存在問題。

㉙ 引見《大正藏》卷 30，頁 35～36。

㉚ 引見《大正藏》卷 8，頁 276。

在例五中，如來的存在問題，被分成兩種情形來討論：其一是「如來去逝（滅度）後是不是仍然存在」？其二是「如來未去逝前（現在時）是不是存在」？這兩個情形的答案都是否定的，所以例五說：「不言有與無」等等。但是，為什麼如來的存在被否定，卻說「不言有與無」等「四句」呢？原因是，任何一個「空」的、不存在的東西，對它做任何的描述都是沒有意義的。穆諦在其《佛教的中觀哲學》乙書，就曾經舉了底下的一個例子[31]：

⑸ 3 與 4 之間的整數是質數；

⑹ 3 與 4 之間的整數不是質數。

在這個例子當中，第⑸、⑹句都在描寫一個「空」的、不存在的東西——「3 與 4 之間的整數」。由於「3 與 4 之間的整數」並不存在，因此，說它是質數也好，說它不是質數也好，都是沒有意義的。

穆諦的說法，應該是有所本的。《般若經》處處都說一個修習般若的菩薩，當他體悟了般若的「空」性之後，即能體悟一切皆否定的道理，包括內心的「不沒、不悔、不驚」等的平靜。例如，《大品般若》卷 7〈十無品〉即說：

> 須菩提言，菩薩摩訶薩不見諸法有覺知想，見一切諸法如夢、如響、如幻、如焰、如影、如化。舍利弗！以是因緣故，菩薩聞作是說，心不沒、不悔、不驚、不怖、不畏。

---

[31] 參見穆諦，《佛教的中觀哲學》，頁 145。

> 須菩提白佛言，世尊！菩薩摩訶薩不受色、不示色、不住色、不著色，亦不言是色、受、想、行、識，亦不受、不示、不住、不著……。㉜

總之，一個「空」的、不存在的東西，不能用「有」、「無」、「亦有亦無」，乃至「非有非無」等概念來描述它。這是《般若經》的本義，也是例五那兩首偈頌的意旨。從這種意旨，導出「排中律」的否定，也是顯然的。在傳統的亞里士多德邏輯當中，由於承認「排中律」的合理性，因此，在前文穆諦所舉的那個例子之中，第(5)、(6)兩句必須有一個成立。也就是說，依據傳統邏輯的觀點，「3 與 4 之間的整數」，要嘛是質數，要嘛不是質數。但是，在直覺主義者的邏輯當中，卻得不到這種結果。直覺主義者以為，「邏輯是數學的一部分」㉝；而傳統邏輯，或「日常的邏輯」(ordinary logic)，是「用來處理有限的事物」，這與直覺主義者的邏輯（意即數學）試圖處理無限的事物有所不同㉞。換句話說，直覺主義者之所以反對「排中律」，乃是基於無限事物的考慮；他們以為，「排中律」只能用在有限事物當中，卻無法用在無限事物當中。從《中論》，或其他中觀學者的觀點，我人還要進一步指出，「排中律」不但不能用在無限事物當中，而且也無法用在「空」而不實的事物當中，因為任何不存在的東西，我們都無法對它做任何的描述。

㉜ 引見《大正藏》卷 8，頁 269。

㉝ 引見海丁，《直覺主義導論》，頁 6，行 29–30。

㉞ 同前書，頁 1，行 13–18。

另外，我人還可以就便進一步討論中觀學者與傳統西洋邏輯以及直覺主義邏輯的不同。由於「石女兒」（不會生孩子的女人所生的孩子）是不存在的事物，因此，依據傳統西洋邏輯，底下兩個句子都是真的：

⑺所有的石女兒都是男的；

⑻所有的石女兒都不是男的。

傳統邏輯和直覺主義邏輯之所以認為這兩個句子是真的，原因是這兩個句子可以分別解析成為底下的兩句：

⑼任一 x（如果 x 是石女兒，則 x 是男的）；

⑽任一 x（如果 x 是石女兒，則 x 不是男的）。

在⑼與⑽當中，都出現了「如果 A，則 B」的「條件句」形。依據傳統邏輯和直覺主義邏輯，任何一個具有條件句形的句子，只要它的「前件」（亦即 A）是假的，那麼，不管它的「後件」（即 B）是真是假，整個條件句都成為真；換句話說，傳統邏輯和直覺主義邏輯，都共同承認底下的邏輯原理：

⑾從「非 A」可推得「如果 A，則 B」。[35]

由於⑾的成立，因此，依據傳統邏輯和直覺主義邏輯，⑼與⑽也都成立；這是因為不管 x 是什麼，「x 是石女兒」永遠假的緣故。

---

[35] 直覺主義也承認這個原理，可參見海丁《直覺主義導論》，頁 102，行 4。又，這個原理被稱為「羅素的實質蘊含詭論」(Russell's material-implication-paradox)，乃由英國哲學家——羅素 (B. Russell) 所提出的。

但是，站在中觀學者的立場，空而不實的「石女兒」，不管說是男的或不是男的，都是沒有意義的描述。也就是說，站在中觀學者的立場，(7)與(8)都是沒有意義的句子，因此，(7)與(8)的根據——(11)，也就跟著沒有意義了。

把(11)當做是沒有意義的語句，這是某些「模態邏輯」(modal logic) 家的主張。因此，中觀學者與模態邏輯家似乎也有相通之處。當代模態邏輯的開創者是二十世紀初年的路易士 (C. I. Lewis)。他以為，日常語言中的「如果 A，則 B」有兩種：第一種是合乎原理(11)的「如果 A，則 B」，他延用羅素 (B. Russell) 在其《數學原理》(*Principia Mathematica*) 乙書的用語，稱之為「實質蘊含」(material implication)；另外一種「如果 A，則 B」，並不合於原理(11)，他稱之為「嚴格蘊含」(strict implication)[36]。我人不敢肯定龍樹的《中論》也同意這種分類法，但是我人卻可肯定《中論》及其他的中觀學者，都否定原理(11)的合理性。就這一點而言，龍樹及其追隨者，可以說是某種意義的「模態邏輯家」。

《中論》除了否定「排中律」之外，也否定了「雙重否定律」。《中論》裏，說到「非非 A」時，從來就不曾把它改成「A」（最顯著的例子是「四句」），這是《中論》否定「雙重否定律」的明證。

事實上，「非非 A」不可單純地視為「A」，這不但是《中論》，而且是印度幾個重要學派都承認的事實。例如，正理學派

---

[36] 以上有關模態邏輯及路易士的主張，請參見傅格 (G. E. Hughes) 與克瑞士威爾 (M. J. Cresswell) 合著的《模態邏輯導論》(*An Introduction to Modal Logic*) 乙書，頁 213～216。

(Nyāya) 的學者瓦沙耶那 (Vātsyāyana)，就把「非有」(不存在，abhāva)，稱為「能分別之於所分別的存在」(višeṣaya-višeṣana-bhāva)；顯然，它是某種意義的「有」(bhāva)[37]。再如勝論學派 (Vaiśeṣika) 也把「非有」當做某種真實的事物，而列入七種「句義」(實體，padārtha) 之中[38]。從這些例子可以知道，「非有」(不存在) 往往被印度的某些學派看成是某種意義的「有」(存在)。因此，如果把「非有」否定，而成「非非有」，那麼，無論如何，我們都不能把它單純地理解成為「有」；因為「非非有」其實只是「非有」(某種意義之「有」) 的一重否定，而不是「有」的雙重否定。

我人不敢肯定《中論》裏的「非非有」就是正理學派或勝論學派的「非非有」；但是，只要我人注意到印度思想界的這種特質，即可理解《中論》裏的「非非有」為什麼不改成「有」了。

總之，《中論》裏不但否定了傳統邏輯中的「排中律」，也否定了其中的「雙重否定律」，因此，它有濃厚的「直覺主義」的傾向。直覺主義者反對形上學，這和原始佛教把虛無飄渺的形上學問題，列入「無記答」中相似，也與《中論》的關心現世、強調「世俗諦」雷同[39]。

---

[37] 參見史卻巴斯基 (F. Th. Stcherbatsky) 之《佛教邏輯》冊 1，頁 387～388。

[38] 參見恰特基 (S. Chatterjee) 與達他 (D. Datta) 合著之《印度哲學導論》(*An Introduction to Indian Philosophy*)，頁 240～243。

[39] 直覺主義者反對形上學 (metaphysics)，可從海丁《直覺主義導論》頁 2，行 23–25；頁 5，行 34–35 看出來。

五、餘　論

在第三節裏，我們談到了李查．羅賓生對《中論》之「四句」的兩個分析。我們發現，第一個分析當中用到了定律㈠、㈡、㈢，其中的定律㈠則是《中論》及其他許多印度學派所不一定承認的「雙重否定律」。我們還發現，李查．羅賓生的第二個分析用到了定律㈣、㈤、㈥，其中的定律㈤與定律㈥，也是《中論》所不一定承認的邏輯原理。這些定律之所以不一定被《中論》所承認，原因是它們的成立，不是預設了「排中律」，就是預設了「雙重否定律」；而這兩個定律則是《中論》所不一定承認的邏輯原理。因此，我人已經初步得到一個結論：李查．羅賓生對「四句」的兩個分析，都是失敗的。

李查．羅賓生曾經舉了三個例子㊵，來證明《中論》肯定「排中律」的成立；但是，我人發現，那三個例子都是不妥當的。例如，李查．羅賓生的第一個例子，相當於漢譯《中論》卷 1 品 2 頌 8：

> 去者則不去，不去者不去，
> 離去不去者，無第三去者。㊶（例六）

㊵ 參見李查‧羅賓生，《印度與中國的早期中觀學》，頁 51。

㊶ 引見《大正藏》卷 30，頁 4。

在這首證明沒有「去」（運動）的偈頌當中，把「去」這一現象可能存在的地方，分成兩種情形來討論；第一個情形是「去」在「去者」（運動者）當中，第二個情形是「去」在「不去者」（不運動者，即靜止的事物）當中。龍樹認為，在這兩種可能的情形當中，都沒有「去」可得。基本上，這種證明法相當於西洋邏輯中的「兩難式」(dilemma) 或即「窮舉證法」(proof by cases)。這種證明法的原理是，把所有可能的情況窮盡地列舉出來（所謂的「窮舉」），然後一一加以討論；如果每一種情況都得到同一個結論，則該結論即成立。因此，這個論式我人可以改寫成為底下的形式：

運動要嘛存在於運動者之中，要嘛存在於不運動者之中；
如果運動存在於運動者之中，那麼就沒有運動；
如果運動存在於不運動者之中，那麼也沒有運動；
所以，沒有運動。

《中論》提出這個論式之後，緊接著就證明這個論式中的第二個前提是真的（因為這個前提的真並不明顯）；由於它與本文的目的無關，茲不贅言。

李查．羅賓生之所以認為龍樹肯定「排中律」的成立，顯然是因為這個論式的第一個前提合於「排中律」的形式——「要嘛 A，要嘛非 A」（A 或非 A）。但是，在這個論式當中，與其說龍樹肯定了抽象而普通的「排中律」，不如說龍樹只是對現象界的某一個例，做了事實的描述而已。「運動」（去）是現象界的一個現象，一個現象界中的個體，要嘛具有這個現象，要嘛不具有這個現象；這是事實問題，而不是普遍而抽象的邏輯原理。這就像一朵花要嘛是開放著，要嘛不是開放著，不能因為（就這個個例而言）事實如此，就說「排中律」這個普遍原理成立。事實上，就現象界而言，很多現象不只是二分法，它們不像「運動」，也不像「花開」這兩個例子，而是三分乃至多分；例如「時間」即可分成過去、現在與未來三分，花的顏色則可分成白的、紅的、黃的等等不同。如果僅僅因為《中論》偶而用了兩分的「窮舉證法」，就驟然下結論說龍樹肯定「排中律」的成立，那顯然是錯誤的；因為《中論》裏還有三分、四分的「窮舉證法」，底下就是一個三分形的例子：

> 有法不應生，無亦不應生，
> 有無亦不應，此義先已說。[42]（例七）

在這首偈頌當中，龍樹把「生」分成三種情形來證明它的不存在；第一種情形是「有法」，第二種情形是「無法」，第三種情形是「有無法」。從這三種情形都得到「不應生」的結論，所以「不應生」成立。因此，這個論式可以改成底下的形式：

> 有法或無法或有無法；
> 如果有法，則不應生；
> 如果無法，則不應生；
> 如果有無法，則不應生；

---

[42] 《中論》卷2，品7，頌21；引見《大正藏》卷30，頁11。

所以，不應生。

在這個論式中的第一個前提，顯然不合於「排中律」的二分形式，我們能說例六一定承認「排中律」嗎？

另外，《中論》卷 2 品 12 頌 1，是一個四分形的「窮舉證法」：

自作及他作，共作無因作，
如是說諸苦，於果則不然。[43]（例八）

如果我們把這首偈頌改寫成底下，那麼它的「窮舉證法」即可清楚地顯現出來：

要嘛苦果自作而生，要嘛苦果他作而生，
要嘛苦果共作而生，要嘛苦果無因作而生；
如果苦果自作而生，則無苦果；
如果苦果他作而生，則無苦果；
如果苦果共作而生，則無苦果；
如果苦果無因作而生，則無苦果；
所以，無苦果。

在這個論式的第一個前提當中，出現了「自作」(svayaṃ kṛta)、「他作」(parakṛta)、「共作」(dvābhyāṃ kṛta)、以及「無因作」(kṛtaṃahetuka) 等四分[44]，顯然，這不合於「排中律」的二分形

[43] 引見《大正藏》卷 30，頁 16。

式。因此，我們能說例六中的二分法，一定是承認「排中律」的成立嗎？

總之，例六中的第一個前提，只是現象界的描述，就像例七、例八中的第一個前提一樣，只是現象界的描述，而不是抽象的、普通的邏輯原理——「排中律」。在現象界中，有些現象是兩分的，有些則是三分、四分，乃至多分的；因此不能因為偶有兩分的描述，就驟然推論到這種描述是「排中律」的肯定——李查·羅賓生用例六（及其他例子）來證明《中論》肯定了「排中律」，是不恰當的例子；因為《中論》從根本就不承認「排中律」的合理性。

前文第三節中，我人已經說過，由於李查·羅賓生對「四句」的兩個錯誤分析（這種錯誤分析，是立基於傳統邏輯的「排中律」），以致引生了梶山雄一的錯誤結論——《中論》的論式是某一種形式的「辯證法」。顯然，梶山雄一的結論是沒有根據的，因為他的根據——李查·羅賓生的分析，我人已經證明是錯誤的了。

基本上，主張《中論》用了「辯證法」的學者，與唯識、天臺、華嚴各宗的看法相同；他們都認為，真正的「空」應該是在否定一切錯誤的「見」(dṛṣṭi) 之後，還剩下或指向某一個實有的真理。換句話說，這些古今中外的學者都以為，真「空」是「不空」的。就以唯識宗為例來說，屬於唯識宗的《解深密經》，曾經採用「徧計所執性」、「依他起性」，以及「圓成實性」來說明真

㊹ 參見 Kenneth K. Inada 之《龍樹·中論的譯本及其導讀》(*Nāgārjuna, A Translation of his Mūlamadhyamakakārikā with an Introductory Essay*) 乙書，頁 88。

「空」不空的道理㊺。再如天臺宗說「通教」(即中觀教)中的「利根菩薩」,「非但見空,兼見不空」㊻。這些宗派,都明顯地把真「空」視為「不空」。

現在,讓我們來看看這種說法的正確性到底有多少?首先,唯識、天臺、華嚴三宗之所以把「空」判為不徹底的教理,都立基於錯誤的佛教史觀。唯識宗的《解深密經》,把釋迦的一代教法,分成早年的「聲聞乘」(即《阿含經》)、中年的「大乘」(即《般若經》)、以及晚年的「一切乘」(即唯識經典)。並說「聲聞乘」及「大乘」都是「有上,有容,是未了義,是諸諍論安足處所」;只有晚年所說的「一切乘」,才是「無上,無容,是真了義,非諸諍論安足處所」㊼。其次,天臺、華嚴兩宗的「判教」,儘管各有出入、各有褒貶,但都以為釋迦的一代教法,最初先是為大菩薩們說《華嚴經》,其次依序說出了《阿含》、《楞伽》、《般若》、《法華》、《涅槃》等經。其中,天臺宗以為《華嚴經》雖為大菩薩們說,但「若約機、約教,未免兼權」,因此是不徹底的教典,其他像《般若經》更不必說了;而《法華經》則「開權顯實」、「廢權立實」,乃至「會三歸一」,就像中午的太陽,「罄無側影」,普照一切眾生,因此才是最徹底的「圓教」㊽。而華嚴宗卻以為,《華嚴經》既然是為大菩薩說的,因此是「稱法本教」,「猶如日

㊺ 參見〈無自性相品〉第5,《解深密經》卷2;《大正藏》卷16,頁693下(特別是頁694~695)。

㊻ 引見諦觀,《天臺四教儀》;《大正藏》卷46,頁778。

㊼ 引見〈無自性相品〉第5,《解深密經》卷2;《大正藏》卷16,頁697。

㊽ 詳見諦觀,《天臺四教儀》;《大正藏》卷46,頁774~775。

光，先照高山」，當然是最高深、最究竟的教法；其他的經典例如《法華經》，不過是「逐機末教」，是「依本而成」，自然是不了義、不徹底的教法[49]；《法華經》是這樣，比它更淺顯的《般若經》更是這樣。

總之，唯識、天臺、華嚴三宗，儘管它們之間有所爭論，但是都有一個共同點，那就是：把一兩千年陸續出現在印度的大、小乘經典，不加簡擇地一律視為釋迦牟尼短短的一生所說；並且也都認為闡揚「空」理的《般若經》是不了義的經典，只有標舉「不空」的經典，像《解深密經》、《法華經》、或《華嚴經》，才是了義的經典。像這樣的「判教」，隨著印度佛教史的研究，已經是落伍而無根據的說法，實在不值得我人再在此處費神反駁。我人所感到必須探究的是，龍樹的《中論》真的用了「辯證法」嗎？亦即：《中論》裏的「四句」論式，真的肯定了某種「不空」的真理嗎？我人發現，這個問題的答案是否定的。底下是幾個顯著的證據。

首先，《中論》否定一切事物的真實性，是絕對沒有疑問的。《中論》卷 4 品 24 頌 18、19 說：

眾因緣生法，我說即是無，
亦為是假名，亦是中道義。
未曾有一法，不從因緣生，
是故一切法，無不是空者。[50]

---

[49] 詳見法藏，《華嚴一乘教義分齊章》卷 1；《大正藏》卷 45，頁 482。

在這兩首偈頌當中，龍樹說到「一切法」，由於是「因緣生」的關係，所以都是「空」的。這似乎只說那些「因緣生」的「有為法」，才是「空」的；而那些不是「因緣生」的「無為法」，例如涅槃、佛（之法）身，應該是「不空」的。但是，事實上，這些「無為法」也是「空」的；例如，《中論》卷4品25頌4～6說：

> 涅槃不名有，有則老死相，
> 終無有有法，離於老死相。
> 若涅槃是有，涅槃即有為，
> 終無有一法，而是無為者。
> 若涅槃是有，云何名無受，
> 無有不從受，而名為有法。[51]

由此可見，《中論》裏的「空」是一切皆空，有為法、無為法皆空的，而不是「空」後有所「不空」的。

有人會說，一切法固然都是「空」的，但是「空」理本身卻是「不空」的。這種具有「辯證法」之性質的「空」，我人發現，也不是《中論》所本有的。例如，《中論》卷2品13頌9說：

> 大聖說空法，為離諸見故，
> 若復見有空，諸佛所不化。[52]

---

[50] 引見《大正藏》卷30，頁33。

[51] 引見《大正藏》卷30，頁35。

[52] 同前書，頁18。

對於這首偈頌，青目的註釋，曾打了一個譬喻：佛陀（大聖）為了破除眾生的各種錯誤的見解（諸見），因此而說了「空」法；此時，如果聽了「空」法的眾生，又轉而執著有個「空」法存在，那麼，就像「有病須服藥可治，若藥復為病，則不可治」了[53]。

總之，依《中論》看來，「空」並不是真實的存在，只是像藥石一樣，是一種治療煩惱病的工具。龍樹是個醫生，最多只是個病理學家，而不是一個主張有某種真實的、「不空」的形上學家。在《中論》裏的「四句」，我們一定要這樣地了解，才能夠正確地認識到龍樹的真正面目。古代的唯識、天臺、華嚴諸宗都錯了；現代的李查．羅賓生及梶山雄一等人，也難逃錯誤的判斷。

這些古今中外的學者、祖師們（特別是唯識、天臺、華嚴三宗的學者、祖師們），之所以主張真「空」是「不空」的，原因是他們害怕這種空中沒有「妙有」的「空」，會墮入虛無主義的深坑當中。然而，龍樹的「空」真的是虛無主義嗎？這個問題的答案，最好由龍樹自己來回答。《中論》卷 4 品 24，共有四十頌，就是專門針對這些問難而寫的。龍樹對這些問難的總答是：

汝謂我著空，而為我生過，
汝今所說過，於空則無有。
以有空義故，一切法得成，
若無有空義，一切則不成。[54]

---

[53] 同前。

[54] 引見《大正藏》卷 30，頁 33。

從這兩首偈頌很明白地可以看出，龍樹的「空」不但不是虛無主義，而且是一切事物成立的基礎。因此，他接著說，有了「空」，四聖諦、四果、三寶、罪福、乃至果報等等原理，才能建立起來[55]。

這些道理，遠遠地超過本文所要探討的範圍，因此只有留待另文討論了。

（本文原刊於《華岡佛學學報》第6期，臺北：中華學術院佛學研究所，頁277～310。）

主要參考書目

1.《中論》，龍樹造，青目釋；《大正藏》卷30，頁1下。
2.《入中論》，月稱造，法尊譯，新文豐出版公司，民國46年初版，臺北。
3.《佛教中觀哲學》，梶山雄一著，吳汝鈞譯，佛光出版社，民國67年初版，高雄佛光山。
4.《解深密經》，唐・玄奘譯；《大正藏》卷16，頁688下。
5.《天臺四教儀》，高麗・諦觀錄；《大正藏》卷46，頁773下。
6.《華嚴一乘教義分齊章》，唐・法藏述；《大正藏》卷45，頁477下。
7. Robinson, Richard H., *Early Mādhyamika in India and China*,

[55] 同前書，頁33～34。

Motilal Banarsidass, Delhi, India, 1976.

8. Radhakrishnan, *Indian Philosophy*, George Allen & Unwin LTD., London, 1966.

9. Chatterjee, S. & D. Datta, *An Introduction to Indian Philosophy*, Calcutta: Univ. of Calcutta, 1948.

10. Murti, T. R. V., *The Central Philosophy of Buddhism*, Geo. Allen & Unwin, London, 1955.

11. Inada, Kenneth K., *Nāgārjuna, A Translation of his Mūlamadhyamakakārikā with an Introductory Essay, the Hokuseido Press, Tokyo,* 1970.

12. Heyting, A., *Intuitionism, An Introduction*, North-Holland Pub. Co., Amsterdam, 1966.

13. Hughes, G. E. & M. J. Cresswell, *An Introduction to Modal Logic*, Methuen and Co. LTD., London, 1968.

「空」否定了什麼？
——以龍樹《迴諍論》為主的一個研究——

《迴諍論》(*Vigraha-vyāvartanī*) 是龍樹 (Nāgārjuna; A.D. 150–250) 的一部重要著作。從這部著作的否定四種「量」(pramāṇa)❶，我人即可肯定，這是一部批判正理學派 (Nyāya) 的作品❷。

---

❶ 「量」(pramāṇa) 的字面意義是「測量、尺度、標準」。〔參見莫尼爾・威廉 (Sir Monier Monier-Williams, M. A., K. C. I. E.) 所編的《梵英字典》(*A Sanskrit-English Dictionary*)，p. 685c (Delhi: Motilal Banarsidass, 1st Indian ed., 1970)。〕引申為「獲得正確知識的方法」。在印度的哲學派別當中，往往認為獲得正確知識的方法——「量」，有若干種之多，例如，正理學派 (Nyāya) 以為「量」有四種；它們是：⑴現量 (pratyakṣa)，亦即感官上的「知覺」；⑵比量 (anumāna)，亦即邏輯上的「推論」；⑶聲量（聖言量，śabda），又叫「阿含」(āgama) 量，亦即有經驗者或權威人士所說的話；⑷（譬）喻量 (upamāna)，亦即比較 (comparison) 或認同 (identification)。參見瞿曇 (Gautama) 的《正理經》(*Nyāya-sūtra*) 分 1、部 1、經 3、論題 2；又見波特 (Karl H. Potter) 的《印度之形上學與知識論——甘給沙之前的正理・勝論學派的傳承》(*Indian Metaphysics and Epistemology: the Tradition of Nyāya-Vaiśeṣika up to Gaṅgeśa*, Princeton: Princeton Univ. Press, 1977)，pp. 222–223。

❷ 正理學派 (Nyāya) 是印度「正統的」(āstika)「六派哲學」(ṣaḍ-darśana) 之一；而佛教則是「非正統的」(nāstika) 三派哲學之一。龍樹的《迴諍論》，曾極力批判正理學派的四「量」說，以為四量並非獲得正確知識的方法。參見〈釋上分〉第 4，《迴諍論》；《大正藏》卷 32，頁 19 上～20 下。

正理學派以為，不存在的事物（abhāva 或 asat），例如桌上的「沒有」瓶子，是某種意義的「存在」（bhāva 或 sat）；而且，當我人用「沒有」（空、無；śūnya）一詞，來否定瓶子的存在於桌上時，「沒有」（空、無）這一詞，也必須是真實的「存在」（bhāva 或 sat）。也就是說，正理學派以為，被否定的事物──「所遮」(pratiṣedhya)，以及能否定的語言──「能遮」(pratiṣeddhṛ)，二者都必須是真實存在的。正理學派的這一主張，顯然是其實在論 (realism) 哲學的必然結果；他們以為，外在的世界是真實的❸，這和龍樹主張「一切事物都是空的」(sarvabhāvānāṃ śūnyatvāt) 這一說法，完全相反。

本文希望透過漢譯《迴諍論》，以及卡馬雷士瓦．巴達恰亞 (Kamaleswar Bhattacharya) 之英譯本──《龍樹的辯證法（迴諍論）》(*The Dialectical Method of Nāgārjuna* (*Vigraha-vyāvartanī*))，來探討龍樹的基本主張❹。進而申述龍樹的「空」，絕不是一般所

---

❸ 瞿曇的《正理經》，分 4、部 2、論題 45、經 26～30 曾詳細地證明外在世界的真實存在；他以為，外在事物可以經由四種「量」而證明其存在。參見波特的《印度之形上學與知識論》，頁 237。

❹ 《迴諍論》的梵文原本有二：一是由加亞士瓦爾 (K. P. Jayaswal) 及羅睺羅．商克達亞那 (Rāhula Sāṅkṛtyāyana) 二人所合編（cf. *Journal of the Bihar and Orissa Research Society*, Vol. XXIII, Part III (1937), Patna）；另一是由強士通 (E. H. Johnston) 及亞諾．庫思特 (Arnold Kunst) 二人所合編（cf. *Mélanges chinois et bouddhiques*, Vol. IX, Institut Belge des Hautes Etudes Chinoises, 1948–51 (Bruxelles 1951), pp. 99–152）。這兩個梵文原本的第二本，則由卡馬雷士瓦．巴達恰亞 (Kamaleswar Bhattacharya) 英譯而成底下乙書：《龍樹的辯證法（迴諍論）》(*The Dialectical Method of Nāgārjuna* (*Vigraha-*

說的「辯證法」(dialectic)。

一、否定是一種肯定嗎？

《迴諍論》一開頭，就提出了正理學派對龍樹的質疑；基本上，這個質疑，是正理學派所設下的兩難式 (dilemma)：

> 若一切無體，言語是一切，言語自無體，何能遮彼體？若語有自體，前所立宗壞，如是則有過，應更說勝因。❺

對於這兩首偈頌的第一首（即前四句），龍樹有底下幾句註釋：「若一切法皆悉空者，則無言語；若無言語，則不能遮一切諸法……若此言語無自體者，唯有遮名，不能遮法。譬如無火則不能燒，亦如無刀則不能割，又如無水則不能爛；如是無語，云何能遮諸法自體？」❻正理學派的意思是：如果龍樹所說的「一切事物都是空的」(sarvabhāvānāṃ śūnyatvāt) 這一語句的確是真的，那麼，這一語句中的「空（的）」一詞本身，也必然是空幻不實的，因為這一詞也屬於「一切事物」當中；既然這一詞本身也是空幻不實的，它就無法否定（遮）事物，就像沒有火不能燒，乃至沒有水不能爛（淹）一樣。明顯地，正理學派所設下的這一問

vyāvartanī), Delhi: Motilal Banarsidass, 1978)。本文所採用之英譯本《迴諍論》，即是此本。

❺ 引見《大正藏》卷 32，頁 13 中～下。

❻ 同前書，頁 15 中。

難當中，預設著正理學派的一個重要的主張；那就是：能否定事物之存在的語言，必須是真實而不空的。正理學派以為，「一切事物都是空的」這一語句當中的「空的」一詞，(下文將簡稱為「一切事物都是空的」這一語句，或簡稱為「空」這一詞，）是用來否定事物之存在的；它既然是用來否定事物之存在的，它本身就不可以不存在，因為一個不存在的東西，是沒有任何功用，因此也無法否定任何事物的。現在，如果我人用「能遮」(prati-ṣeddhṛ) 一詞，來代表否定事物的「空」這一詞；而用「所遮」(prati-ṣedhya) 一詞，來代表被「空」這一詞所否定的事物，那麼，正理學派以為，「能遮」的「空」這一詞，必須是真實而不空的。有關這點，將在下文詳細說明。

其次，對於上引兩首偈頌的第二首（即後四句），《迴諍論》曾有底下的註釋：「若汝意謂語有自體，餘法空者，如是則違諸法空語，汝宗亦壞。」❼正理學派的意思是：如果一切事物都是空的，但「一切事物都是空的」這一語句卻不是空的（而是有自體的），那麼，「一切事物都是空的」這一主張（宗）就不成立了，因為世間至少有一樣東西是真實而不空的，那就是「空」，亦即「一切事物都是空的」這一語句當中的「空」這一詞本身不空。

綜上所述，上引這兩首偈頌，顯示正理學派針對龍樹「一切皆空」論，所提出的一個兩難式的批判；這個兩難式的批判是：試問「一切事物都是空的」這一語句中的「空」這一詞是空的或是不空的呢？如果是空的，它就無法否定事物的存在，換句話說，

---

❼ 引見《大正藏》卷 32，頁 15 中～下。

事物並不是空的；反之，如果這一詞是不空的，那麼，並不是一切事物都是空的，因為至少這一詞本身並不是空的。顯然，正理學派所構作的這一兩難式，正是底下的正確論證 (valid argument)：

「一切事物都是空的」這一語句中的「空」這一詞是空的，或「一切事物都是空的」這一語句中的「空」這一詞不是空的；

如果「一切事物都是空的」這一語句中的「空」這一詞是空的，那麼，並不是一切事物都是空的；(因為空的語詞無法否定事物的存在；) ……………………………………（第一難）

如果「一切事物都是空的」這一語句中的「空」這一詞不是空的，那麼，並不是一切事物都是空的；(因為這一語詞本身不是空的；) ……………………………………………（第二難）

因此，並不是一切事物都是空的。

正理學派所構作的這個兩難式的論證，固然是正確的 (valid) 論證，但是，問題是它的三個前提都是真的嗎？依據邏輯原理，一個正確的論證，如果出現了假的前提，其結論仍然有可能是錯誤的。我人將在下文介紹龍樹的觀點；依照他的觀點，這個論證的第二個前提（第一難）是假的。因此，正理學派的結論，並不必然成立。

前文說過，正理學派所構作的兩難式論證，必須預設正理學派的一個基本主張，那就是：能否定事物存在的「能遮」

(pratiṣeddhṛ)，亦即「空」這一詞，必須是真實而不空的。底下我人還要進一步指出，依照正理學派的哲學，被能遮的「空」這一詞所否定的事物，亦即「所遮」(pratiṣedhya)，也必須是真實而不空的。《迴諍論》第 9 頌說：「諸法若無體，無體不得名；有自體有名，唯名云何名？」❽龍樹對這首偈頌的註釋是：

> 若一切法皆無自體，說無自體言語亦無；何以故？有名有物，無物無名。以一切法皆有名故，當知諸法皆有自體。法有自體，故不得言一切法空。如是若說一切法空無自體者，義不相應。❾

從這段註釋看來，正理學派在語言哲學 (philosophy of language) 上，應該屬於「指涉論」(referential theory) 者。依據指涉論，每一個字詞，都有一個與之對應的東西存在❿。正理學派也確實認為，「有名有物，無物無名」，亦即每一個名字必定代表著 (stand for) 一個真實存在的東西；因此，既然世間的事物都有它們各自的名字，那麼，與這些名字對應的這些事物，也必定是真實存在的。

在這種「指涉論」的語言哲學下，正理學派更進一步指出：

---

❽ 引見《大正藏》卷 32，頁 13 下。

❾ 同前書，頁 16 下。

❿ 有關語言哲學上的「指涉論」，一個簡單的介紹及批評，請參閱威廉・亞士頓 (William P. Alston) 的《語言哲學》(*Philosophy of Language*, London: Prentice-Hall, 1964) 第 1 章。

被語言，例如「空」這一詞，所否定的事物，也必須是真實存在的；因為，只有那些真實存在的東西，才可能被否定。所以，正理學派說，一切事物並不是空的。《迴諍論》第 11、12 頌說：「法若有自體，可得遮諸法；諸法若無體，竟為何所遮？如有瓶有涅，可得遮瓶涅；見有物則遮，見無物不遮。」⓫《迴諍論》第 13 頌更說：「若法無自體，言語何所遮？若無法得遮，無語亦成遮。」⓬對後面這首偈頌，龍樹有底下的註釋：「若法無體，語亦無體，云何遮言一切諸法皆無自體？若如是遮，不說言語亦得成遮。」⓭在這裏，正理學派的意思是：一個不存在（無體）的東西，既然可以用「空」這一詞來否定（遮）它，那麼，不必用「空」這一詞，也同樣可以否定它的存在，因為它原本就是不存在的；如此一來，「空」這一詞成了多餘的東西，因為沒有它，事物照樣是不存在的，事物的不存在，並不是出自「空」這一詞的功勞。

從前述所引《迴諍論》的頌文，我人知道正理學派是主張一切事物都是真實而不空的。第 9 頌及其註釋，從名字與名字所指謂（denote 或 stand for）的事物之間的一一對應關係，來證明事物的真實不空；那是相當於語言哲學上的「指涉論」。另外，第 11、12 兩頌則更從能否定的「能遮」(pratiṣeddhṛ) 與被否定的「所遮」(prati-ṣedhya) 之間的關係，來證明一切事物的真實不空。也

⓫ 引見《大正藏》卷 32，頁 13 下。這兩首偈頌，在卡馬雷士瓦・巴達恰亞的英譯本《迴諍論》中，合成第 11 頌。

⓬ 引見《大正藏》卷 32，頁 13 下。

⓭ 同前書，頁 17 上。

就是說，依據正理學派的實在論哲學，不但能否定（能遮）事物之存在的「空」這一詞，必須是真實不空的，而且，被「空」所否定的一切事物，亦即「所遮」（所否定），也必須是真實不空的。甚至存在於「能遮」與「所遮」之間的「否定」（遮，pratiṣedha）關係，也必須是真實不空的。也就是說，否定（遮）、能否定（能遮）以及被否定（所遮）這三者，依正理學派的實在論哲學看來，都必須是真實不空的。所以，《迴諍論》第 15 頌說：「……遮、所遮、能遮……皆悉是有法。」⓮而第 17 頌又說：「若無遮、所遮，亦無有能遮，則一切法成，彼自體亦成。」⓯正理學派在這兩首偈頌當中，明顯地主張否定、能否定與被否定這三者的真實不空。他們說，如果這三者都是空幻不實的，就表示世間沒有所謂的「否定」（遮）等等存在；既然世間沒有「否定」等存在，就表示沒有東西被否定掉；既然世間的東西都沒有被否定掉，那不等於承認世間的事物都是真實不空的嗎？可見，否定、能否定以及被否定這三者，都是真實存在的；這三者既是真實存在的，就不是一切事物都是空的了⓰。

⓮ 引見《大正藏》卷 32，頁 13 下。

⓯ 同前書，頁 14 上。

⓰ 依據 B. K. Matilal, *The Navya-nyāya Doctrine of Negation: The Semantics and Ontology of Negative Statements in Navya-nyāya Philosophy* (Cambridge: Harvard Univ. Press, 1968), p. 52，正理學派把「*a* 不存在於那裏」（*a* is absent there）或「那裏沒有 *a*」（*a* is not there），解釋成為：「在那裏，有一個 *a* 的不存在」（there is an absence of *a* there）。也就是說，*a* 與「*a* 的不存在」（the absence of *a*），是兩個不同的東西；而被否定的 *a*，則被稱為「正對」(counter-positive)。又，p. 54 還說：正理學派堅持一個否定的否定，亦

從以上的分析我人知道，正理學派基於實在論的主張，以為遮、能遮以及所遮三者都是真實不空的。因此，做為能遮的「空」這一詞，必須是真實不空的，而且，做為所遮的一切事物，亦即被「空」這一詞所否定的一切事物，也必須是真實不空的。正理學派在這樣的基本主張下，針對龍樹的「一切皆空」論，提出了他們那兩難式的質疑：「空」是空或不空？（第一難：）如果「空」也是空的，那麼，這表示「能遮」是空的，而一個空的東西並沒有能力來否定任何事物，所以並不是一切事物都是空的；（第二難：）如果「空」不是空的，那麼，這表示世間有真實不空的東西存在，可見並不是一切事物都是空的；因此，「一切事物都是空的」這一語句是錯的。

對於正理學派所構作的這一兩難式的論證，龍樹如何回答呢？這將在下一小節來作說明。

二、否定並不是一種肯定

依據前節的分析，正理學派以為能否定的「能遮」、被否定的「所遮」，以及二者之間的否定關係——「遮」，都是真實不空的。但是，龍樹卻站在正理學派實在論的敵對立場，主張「一切事物

即一個不存在物的「正對」，絕對不可以是一個「無法例舉的名詞」(unexampled term)；也就是說，一個沒有指謂 (denotation) 的名詞，我人絕不可以否定它。這等於是說，一個虛幻而不存在的事物，我人不可以將它加以否定。（參見 K. Bhattacharya, *The Dialectical Method of Nāgā-rjuna* (*Vigraha-vyāvartanī*), pp. 12–13.）

都是空的」，因此，認為這三者也都是空幻不實的。就拿前節正理學派所構作的兩難式論證來說，龍樹的答辯是：兩難中的第一難（第二個前提）是錯誤的。換句話說，對於正理學派的問難——「『空』這一詞是空的或是不空的？」龍樹的回答是：「空」這一詞也是空的。也就是說，站在「一切事物都是空的」立場，龍樹以為不但一切事物都是空的，甚至連「空」這一詞本身，也是空的。依據龍樹的《中論》，某物 *a* 是「空」的 (śūnya)，意思是：*a* 是「因緣生」的 (pratītyasamutpadā)⓱，亦即，*a* 是由其他條件（因緣，pratītya）所組成的。在《迴諍論》中，龍樹也同樣基於這個定義，主張一切事物都是空的，甚至連「空」這一詞也是空的。《迴諍論》第 22 頌說：「我語言若離，因緣和合法，是則空義成，諸法無自體。」⓲龍樹對這首偈頌，有底下的註釋：

> **若彼言語，因中、大中、和合中無，離散中無，咽、喉、脣、舌、齒、根斷、鼻頂等諸處，皆各有力，如是一一處和合中無；若離如是因緣和合，更無別法；以如是，故無有自體。無自體，故我言一切皆無自體，空義則成。如此，**

⓱ 龍樹的《中論》第 24 品（〈觀四諦品〉），第 18、19 兩首偈頌說：「眾因緣生法，我說即是無（空，śūnyatā），亦為是假名 (prajñapti)，亦是中道 (madhyamāpratipad) 義。未曾有一法，不從因緣生，是故一切法，無不是空者。」（引見《大正藏》卷 30，頁 33 中。）在這兩首偈頌當中，龍樹把又叫做「假名」或「中道」的「空」（無，śūnyatā），定義成為「(眾) 因緣生（法)」(pratītyasamutpādaḥ)。

⓲ 引見《大正藏》卷 32，頁 14 上。

言語無自體空，諸法如是無自體空。是故汝言汝語空故不能說空，是義不然。[19]

這一段晦澀的論文中，從開始到「以如是，故無有自體」為止，是一句。這一句的大意是：「空」這一詞是由咽、喉，乃至鼻頂等「因」、「緣」[20]所組成的，因此，「空」這一詞，既不單獨存在於咽中，乃至不單獨存在於鼻頂中。也就是說，「空」這一詞是沒有「自體」（自性 svabhāva）的，亦即沒有內在真實本性的；而一個沒有「自體」的東西，是空幻不實的。所以「空」這一詞，也是空的。在這一晦澀的長句當中，說明了「空」這一詞由於是由咽等因緣所組成，因此是沒有內在真實本性——沒有「自體」（自性）的，也就是說，是空的。依據這個說法，「空」這一詞，不但可以定義成為「因緣生」，而且也可以定義成為「無自體」（無自性，niḥsvabhāva）。而事實上，青目 (Piṅgala) 對前文所引《中論》的那兩首偈頌的註釋，也確實把「空」定義成為「無自體（自性）」；青目說：「眾緣具足和合而物生，是物屬眾因緣，故無自性；無自性，故空。」[21]另外，在底下馬上要引用的《迴諍

[19] 同前書，頁 17 下。

[20] 此中，「緣」在漢譯本《迴諍論》中作「大」，不知是何原因？比對英譯本《迴諍論》，此處是 "conditions"，因此，「大」應是「緣」的誤譯。

[21] 引見《大正藏》卷 30，頁 33 中。另外，在《迴諍論》中，龍樹自己也說：「若法一切皆因緣生，則一切法皆無自體。法無自體，則須因緣；若有自體，何用因緣？若離因緣，則無諸法。若因緣生，則無自體；以無自體，故得言空。」（引見《大正藏》卷 32，頁 18 上。）從這段引文，可以肯定地說，龍樹把「空」(śūnyatā)、「因緣生」(pratītyasamutpadā) 以及「無自性」

論》文中，也說到「空」、「因緣生」以及「無自體」，是三個字義完全相同的語詞。

從以上的分析可以知道，對應於正理學派所提出的第一難，龍樹一開頭即回答說：一切事物都是空的，甚至連「空」這一詞也是空的。然而，龍樹的這一回答，能夠避免正理學派所指責的困難嗎？正理學派指責說：如果「空」這一詞也是空的，那麼，它就沒有否定事物的能力，因此，事物並沒有被否定掉，事物仍然是真實存在的。針對這一指責，龍樹反駁說：一個空幻不實的東西，例如「空」這一詞，也有其應有的功能，就像世間的車子、瓶子等物一樣，雖然也都是空的（因緣生的緣故），但卻也有它們各自的功能。《迴諍論》在註解第 23 頌㉒時說：

> 若法一切皆因緣生，則一切法皆無自體。若無自體，則須因緣；若有自體，何用因緣？若離因緣，則無諸法。若因緣生，則無自體；以無自體，故得言空；以一切法因緣生者，自體皆空。如輿、瓶、衣蕃等諸物，彼法各各自有因緣，世間薪草、土所作器、水、蜜、乳等，將來將去，及

（無自體，niḥsvabhāva）三者，看成是同義語。

㉒ 《迴諍論》第 23 頌是：「若因緣法空，我今說此義，何人有因緣，彼因緣無體。」（引見《大正藏》卷 32，頁 18 上。）依照英譯本《迴諍論》，這應該是第 22 頌。它的意思是：因緣所生的事物，其本質就稱為空，因為因緣所生的該一本質，是沒有內在真實性的。（參見 K. Bhattacharya, *The Dialectical Method of Nāgārjuna* (*Vigraha-vyāvartanī*), p. 17.）從這首偈頌，我人也可以再一次肯定地說，龍樹把空、因緣生、無自性三者，看成是同義語。

> 舉掌等，又復寒、熱、風等障中諸受用法，因緣生故，皆無自體。如是，如是，我語因緣和合而生，如是得言無有自體。若無自體，如是得言無自體成。如是，空語世間受用。是故汝言無自體故汝語亦空，則不能遮諸法自體，是義不然。[23]

這段冗長、晦澀的論文，從一開頭到「以無自體，故得言空」為止，一方面是說明「空」(śūnyatā)、「因緣生」(pratītyasamutpadā) 以及「無自體」（無自性，niḥsvabhāva）三者，是同義語；而且，另一方面也說明一切事物都是因緣生，因此也都是無自體、空的。緊接著，從「如是，我語亦因緣生」，到「自體皆空」為止，是說明「空」這一詞本身，也是因緣生，因此，也是無自體、空的。其次，從「如輿、瓶、衣蕃等諸物」，到「皆無自體」為止，是龍樹所舉的一些實例；他說，正如世間的「輿」（車子）、「瓶」、「衣蕃」（衣服）等東西，它們都是因緣生、無自體、空的，但卻有它們各自的功用——車子可以裝載柴薪、雜草、「土所作器」；瓶子可以盛裝水、蜜、乳；而衣服可以防禦風、熱、寒等。而這些東西也都可以拿來拿去（將來將去），甚至「舉掌」（用手舉起）。因此，並不是因緣生、無自性、空的事物，就沒有它們各自的功能作用[24]。

---

[23] 引見《大正藏》卷 32，頁 18 上。

[24] 有關「輿、瓶、衣蕃」的這一段比喻，漢譯《迴諍論》文相當難懂；目前的解釋是依照英譯本。參見 K. Bhattacharya, *The Dialectical Method of Nāgārjuna* (*Vigraha-vyāvartanī*), p. 18.

從「如是，如是」到「如是，空語世間受用」為止，是說明「空」這一詞，也和「輿」、「瓶」、「衣蓄」一樣，雖然是因緣生、無自體、空的，但卻也有「世間受用」，亦即也有世間的功能作用。粗略地說，「空」這一詞的「世間受用」，就在否定世間一切事物的真實存在性㉕。最後，從「是故汝言」到「是義不然」，是結論，指出正理學派以為「空」不能否定（遮）事物的存在，是錯誤的看法。

從以上有關《迴諍論》的引文，及本文的分析看來，龍樹以為正理學派所設下的兩難式論證，是不合理的，因為它的第一難（第二個前提）有問題。正理學派堅持認為「能否定」（能遮）的「空」這一詞，必須是真實不空的，否則就沒有否定事物存在的功能作用；但是，龍樹卻認為，做為「能否定」（能遮）的「空」，雖然和一切事物一樣，是因緣生、無自體、空的，但也和一切事物一樣，有它們各自應有的功能作用。而「空」這一詞的功能作用，就在否定（遮）一切事物的真實存在性。所以，龍樹認為，正理學派所立下的兩難式，是不對的。

基於「一切事物都是空」的哲學，龍樹不但認為「能否定」（能遮，pratiṣeddhṛ）的「空」這一詞（的自體），是空的；而且還認為，被「空」這一詞所否定的一切事物（的自體），也是空的，換句話說，龍樹還認為「所否定」（所遮，pratiṣedhya），也

㉕ 筆者認為這是「粗略地說」，原因是：龍樹的本意並不以為「空」這一語的作用，是在「否定」事物的存在。依據他的哲學，他不「否定」任何事物，也不「肯定」任何事物；他的目的只在告訴我人世間的真象是什麼。（詳下文。）

是空的。當然，能否定與所否定既然都是空的，那麼，二者之間的「否定」（遮，pratiṣedha）關係，必定也是空的。例如，《迴諍論》第 62 頌即說：「若有體得遮，若空得言成；若無體無遮，云何得遮成？」㉖這一首難懂的偈頌，依英譯本《迴諍論》，是這樣的：「如果否定（確實）是存在的，那麼，空就被證明了 (śūnyatvaṃ nanu prasiddham idam)——因為，你們否定了事物的沒有內在真實性 (pratiṣedhayate hi bhavān bhāvānāṃ niḥ-svabhāvatvam)。」㉗從這段話看來，龍樹的反駁是採用以彼之矛攻彼之盾的方法，他說：如果「否定」（遮，pratiṣedha）確實像正理學派所說的那樣，是真實存在的，亦即，「能否定」（能遮）與「所否定」（所遮）都是不空的，那麼，由於「空」這一詞被正理學派所否定，亦即，「空」這一詞是「所否定」（所遮），因此，「空」這一詞應該是真實存在的。這顯然與正理學派的主張——「空」是不存在的（是不對的）——相矛盾；可見「否定」（遮），並不像正理學派所說的那樣，是不空的，相反地，「否定」（遮）應該是空幻不實的。所以，《迴諍論》第 63 頌說：「汝為何所遮？汝所遮則空；法空而有遮，如是汝諍失。」㉘龍樹的意思是：如果正理學派否定了「空」，而卻又認為被否定的「空」是不存在的，那麼，正理學派以為「否定」（遮）是不空的主張，就不成立了，因為依照正理學派的說法，被否定的「空」應該是真實存在

㉖ 引見《大正藏》卷 32，頁 15 上。

㉗ 譯自 K. Bhattacharya, *The Dialectical Method of Nāgārjuna* (*Vigraha-vyāvartanī*), p. 40.

㉘ 引見《大正藏》卷 32，頁 15 上。

的㉙。

龍樹不但消極地證明正理學派的主張——「否定（遮）是真實存在的」——是錯誤的主張，而且還積極地表明他自己對於語言的看法。龍樹說：「空」這一詞，並沒有「否定」（遮）任何事物，因為，世間根本沒有任何事物是真實的，怎麼可能有任何事物被「空」這一詞所否定呢？也就是說，被「能否定」（能遮，pratiṣeddhṛ）的「空」這一詞所否定的一切事物，亦即「所否定」（所遮，pratiṣedhya），原本就是空幻不實的，那麼，「空」這一「能否定」（能遮），怎麼可能把這空幻不實的「所否定」（所遮）否定掉呢？依據龍樹的哲學，「空」這一詞，既不「肯定」任何事物，也不「否定」任何事物；「空」這一詞的功用，只是在「告訴我人」(jñāpayati) 世間的真象是：事物都是沒有自體（自性）的 (bhāvā niḥsvabhāvā iti)。所以，《迴諍論》第 64、65 頌說：「我無有少物，是故我不遮；如是汝無理，枉橫而難我。汝言語法別，此義我今說，無法得說語，而我則無過。」㉚依據英譯本《迴諍論》，這兩首頌的意思是：「我並不否定任何事物，也沒有任何事物被否定 (pratiṣedhyāmi nāhaṃ kiṃcit pratiṣedhyam asti na ca

㉙ 有關龍樹的這一意思，在英譯本《迴諍論》中，可以很清楚地看出來。英譯本《迴諍論》中第 LXII 頌，亦即漢譯本《迴諍論》的第 63 頌；它是這樣說的：「現在，如果你們否定了空，而且，空不存在 (pratiṣedhyase'tha tvaṃ śūnyatvaṃ tac ca nāsti śūnyatvam)，那麼，你們以為否定是一種存在的立場，就喪失了 (pratiṣedhaḥ sata iti te nanu eṣa vihīyate vādaḥ)。」（譯自 K. Bhattacharya, *The Dialectical Method of Nāgārjuna* (*Vigraha-vyāvartanī*), p. 41.）

㉚ 引見《大正藏》卷 32，頁 15 上。

kiṃcit)。因此，當你們說：『你有所否定』時，你們是在中傷我 (tasmāt pratiṣedhayasīty adhilaya eṣa tvayā kriyate)。有關你們所斷言的——不存在的否定並不需要語言即可證明 (ṛte vacanād asataḥ pratiṣedhavacanasiddhir iti)——我們發現：在此，語言告訴我人它的不存在，語言並不否定它 (atra jñāpayate vāg asad iti tan na pratinihanti)。」㉛顯然，龍樹在這兩首（可以說是《迴諍論》中最重要的）偈頌當中，說到「空」這一詞並不否定任何事物，它只「告訴我人」（知，jñāpayati）世間的真象是：事物都是沒有自體（自性，svabhāva）的。對於這兩首偈頌的第二首，龍樹有底下的註釋，這是了解龍樹思想的重要文獻：

> **若說諸法無自體語，此語非作無自體法。又復有義：以無法體知無法體，以有法體知有法體。譬如屋中實無天得，有人問言，有天得不？答者言有，復有言無。答言無者語言，不能於彼屋中作天得無，但知屋中空無天得。如是，若說一切諸法無自體者，此語不能作一切法無自體無，但知諸法自體無體。若汝說言，若無物者則不得言法無自體，**

㉛ 譯自 K. Bhattacharya, *The Dialectical Method of Nāgārjuna* (*Vigraha-vyāvartanī*), pp. 63–64. 在此，從「有關你們所斷言的」到「即可證明」一句，是指《迴諍論》第 13 頌（英譯本是第 XII 頌）：「若法無自體，言語何所遮？若無法得遮，無語亦成遮。」（引見《大正藏》卷 32，頁 13 下。）這是正理學派所提出來的質問，意思是：如果自體（自性）不存在，那麼，被「空」這一語句所否定的，是什麼呢？「空」既然可以否定一個不存在的東西——自體，那麼，沒有語句也應該同樣可以否定這個不存在的自體呀！（有關這首頌，我人在前文已經討論過了，讀者可以對照研讀。）

以無語故，不得成法無自體者，義不相應。[32]

這段論文的第一句是總綱，大意是：當一個人說「諸法無自體」這一語句時，並不是在製造（作）一個「無自體」；換句話說，「一切事物都是空的」這一語句當中的「空」，並不意味被這一詞所否定的那些事物的存在。其次，從「又復有義」到「知有法體」為止，英譯本《迴諍論》僅簡單地說：「但是，由於沒有自體 (asati svabhāve)，因此，語言告訴我人 (jñāpayati) 事物都是沒有自體的 (bhāvā niḥsvabhāvā iti)。」[33]意思是：由於事物原本就是空而無自體（無自性）的，因此「空」這一詞，只是把這個事實「告訴我人」(jñāpayati) 而已，它並沒有否定事物（的自體）。

緊接著，從「譬如屋中實無天得」到「但知屋中空無天得」為止，是龍樹所舉的一個精彩的例子。龍樹說：就像屋子裏沒有「天得」(Devadatta) 這個人，此時，當一個人說：「屋子裏沒有天得」這句話時，他並不是在製造（作）屋子裏天得的「沒有」，換句話說，他並不在否定一個原本存在的「沒有（天得）」；他只在「告訴我人」(jñāpayati) 一個事實：天得並不在這個屋子裏。值得我人注意的是：「屋子裏沒有天得」這一語句中的「沒有」，相當於「一切事物都是空的（沒有自體的）」這一語句中的「空」；而天得則相當於事物的自體（自性）。前者是能否定的「能遮」(pratiṣeddhṛ)，後者則是被否定的「所遮」(pratiṣedhya)。依據龍

[32] 引見《大正藏》卷 32，頁 22 上～中。

[33] 譯自 K. Bhattacharya, *The Dialectical Method of Nāgārjuna (Vigraha-vyāvartanī)*, p. 42.

樹，這二者都是空幻不實的。

緊接著，從「如是」到「但知諸法自體無體」為止，是說：就像「天得」這個例子一樣，當我人說「一切事物都是空」這一語句時，並不在製造（作）一個（一切事物都是空的）「空」（無）；這一語句只在「告訴我人」（知，jñāpayati）事物都沒有自體這一事實而已。最後，從「若汝說言」以下，是結論，大意是：你們正理學派所說的——事物都是空的，就不能用「空」這一詞來否定它們，乃至「空」這一詞是空的，因此不能否定事物的自體——這種說法是錯的。

綜上所述，我人清楚地了解到，正理學派由於主張「否定」（遮，pratiṣedha）、「能否定」（能遮，pratiṣeddhṛ）以及「所否定」（所遮，pratiṣedhya）三者的真實性，因此設下（兩難式中的第）一難說：如果能否定的「空」是空的，就不能否定事物的存在。而龍樹則針對正理學派的這一責難，反駁說：首先，「空」這一詞雖然也是空的，但就像世間的車子、瓶子、衣服等物，雖空幻卻仍然有它們各自的功能作用一樣，「空」這一空幻的語詞，也有它應有的功能作用，它的功能作用是在「告訴我人」(jñāpayati) 事物都是沒有自體的。其次，「空」這一詞並沒有「否定」任何事物，因為被它「否定」的事物（的自體），原本就是空幻不實的；也就是說，能否定的「空」這一詞，所要否定的「所否定」（所遮）——亦即一切事物（的自體），原本就是空的。依此，正理學派的實在論哲學——否定、能否定、所否定三者都是真實的哲學——都被龍樹一一加以反駁了。所以，如果有人問：龍樹的「空」否定了什麼？筆者的回答是：龍樹的「空」否定了原本就不存在的事物（的自體）；不！龍樹的「空」，什麼也沒有否定。

三、餘　論

有許多的龍樹學者，例如穆諦 (T. R. V. Murti)、李查．羅賓生 (Richard H. Robinson)、梶山雄一等，都一致認為，龍樹的「空」是黑格爾 (G. W. F. Hegel) 式的辯證法 (dialectic)[34]。這些學者儘管有各自不同的主張，但卻一致認為龍樹的「空」，在否定了一切事物（的自體）之後，成了最高的、不可否定的真理。例如，梶山雄一即認為，透過層層否定之後的「空」——「非實非非實」，是一個「不是應被否定」的「最高真實」，它是「中觀的宗教真理。」[35]但是，龍樹的「空」真的是在否定一切事物之後，「辯證地」成為「不是應被否定」的「最高真實」嗎？從《迴諍論》看來，這個問題的答案，顯然是否定的。在《迴諍論》中，

---

[34] 參見 T. R. V. Murti, *The Central Philosophy of Buddhism* (Geo. Allen and Unwin, 1955), Part Two; Richard H. Robinson, *Early Mādhyamika in India and China* (Delhi: Motilal Banarsidass, 1976), pp. 50–58；梶山雄一，《空の論理》（角川書店，日本。中譯為《空之哲學》，吳汝鈞譯；《現代佛學大系》33，藍吉富編，彌勒出版社，臺北，民國 72 年）。另外，對這三位作者的主張，楊惠南的〈龍樹的中論用了辯證法嗎？〉（《哲學論評》第 5 期，臺北：國立臺灣大學哲學系，民國 71 年），以及楊惠南的〈中論裏的四句之研究〉（《華岡佛學學報》第 6 期，臺北：中華學術院佛學研究所，民國 72 年），都曾摘要地介紹，並作了詳細的批評。

[35] 梶山雄一著，《空之哲學》，吳汝鈞譯，收錄在《現代佛學大系》冊 33，藍吉富編，（臺北：彌勒出版社，民國 72 年），頁 87。

如前文所述，龍樹不但認為「所否定」（所遮）的一切事物是空的，而且，做為「能否定」（能遮）的「空」，也是空的。因此，依照龍樹「一切事物都是空」(sarvabhāvānāṃ śūnyatvāt) 的思想，「空」這一詞絕不能「辯證地」成為「不是應被否定」的「最高真實」，也不是「中觀的宗教真理」，因為龍樹自己說他沒有任何主張（宗）。《迴諍論》第 30 頌曾說：「我宗無物」(nāsti ca mama pratijñā)㊱。而註釋則說：「如是，諸法實寂靜故，本性空故，何處有宗 (pratijñā)？如是宗相 (pratijñālakṣaṇa)，為於何處宗相可得？我無宗相，何得咎我？」㊲可見龍樹自己認為自己沒有任何主張（宗，pratijñā）。既然龍樹自己認為自己沒有任何主張，怎麼可以說「空」是他的「不是應被否定」的「最高真實」？怎麼可以說「空」是「中觀的宗教真理」呢？

這些學者之所以認為龍樹的「空」是一種辯證法，一部分原因是他們對於「四句」(catuṣkoti) 的錯誤分析。所謂「四句」，是出現在龍樹《中論》卷 3，品 18，頌 8 中的四個命題㊳；它們是：(1)一切實；(2)一切非實；(3)一切亦實亦非實；(4)一切非實非非實。這些學者把這四句，分別了解成底下的四個命題：(a) P；(b)非 P；(c) P 且非 P；(d)非 P 且非非 P㊴。他們並進一步採用傳統的西洋邏

㊱ 引見《大正藏》卷 32，頁 14 中。

㊲ 同前書，頁 19 上。其中，「宗相」是指「宗」（主張）的特徵（相，lakṣaṇa）。

㊳ 這首偈頌是：「一切實非實，亦實亦非實，非實非非實，是名諸佛法。」（引見《大正藏》卷 30，頁 24。）

㊴ Richard H. Robinson, *Early Mādhyamika in India and China*, pp. 50–58.

輯，將第(d)句了解成「非 P 且 P」，亦即「P 且非 P」；而它（第(d)句）正是第(c)句㊵。其次，依據傳統西洋邏輯中的「矛盾律」(the Law of Noncontradiction)㊶，「P 且非 P」是不成立的，亦即第(c)、(d)兩句都是不成立的。因此，這些學者下結論說：既然「四句」中的第(c)、(d)兩句，違背了傳統西洋邏輯中的「矛盾律」，可見龍樹《中論》中的「四句」，不是一般的邏輯論式，而是（黑格爾式的）辯證法㊷。顯然，這些學者的「四句」分析，必須預設傳統西洋邏輯中的「雙重否定律」(the Law of Double Negation)㊸；也就是說，他們把龍樹《中論》裏的「非非 P」（出現在「四句」中的第(d)句），看成是「P」。但是，這種分析是對的嗎？從龍樹的《迴諍論》看來，這些學者的分析，顯然是錯的㊹。依據龍樹，「非非 P」是不可簡化成為「P」的，這可見他認為「非非 P」與

㊵ 依據傳統西洋邏輯中的「雙重否定律」(the Law of Double Negation)，「P」與「非非 P」是等值的 (equivalent) 兩個命題；因此第(d)句等值於「非 P 且 P」。其次，依據傳統西洋邏輯中的「連言交換律」(the Law of Communication for Conjunction)，「非 P 且 P」等值於「P 且非 P」；因此，第(d)句等值於「P 且非 P」，亦即等值於第(c)句。

㊶ 矛盾律說：任一個命題 P，不可與其否定句 (negation)「非 P」同時成立；亦即，「P 且非 P」是錯的。

㊷ 以上有關「四句」的分析，一個簡要的介紹，請參見楊惠南，〈龍樹的中論用了辯證法嗎？〉，《哲學論評》第 5 期，臺北：國立臺灣大學哲學系（民國 71 年），頁 253～280；〈中論裏的四句之研究〉，《華岡佛學學報》第 5 期，臺北：中華學術院佛學研究所（民國 72 年），頁 277～310。

㊸ 參見㊵。

㊹ 對這些分析的其他批評，請參見㊷中所提到的兩篇論文。

「P」，是兩個完全不同的命題。為什麼這樣？筆者認為那是因為龍樹知道，在印度的某些學派中，例如正理學派，把「非 P」看做是某種「肯定」，因此，站在「一切事物都是空」的立場，龍樹要把這種「肯定」加以否定，而成「非非 P」。龍樹在「四句」中，對這種「肯定」的否定，可能是針對正理學派的。前文說過，正理學派認為「否定」（遮，pratiṣedha）是一種真實的存在 (bhāva)；因此，在正理學派看來，「非 P」應該是某種意義的「肯定」，例如「Q」。這樣一來，龍樹把「非 P」否定而成「非非 P」看來像是雙重否定，實際上只是「Q」的一重否定——「非 Q」。既然是「Q」的一重否定，就不適用傳統西洋邏輯中的「雙重否定律」了。

總之，龍樹「四句」中的「非非 P」，實際上是 Q 的一重否定「非 Q」，而不是「P」的雙重否定，因此，這些學者的分析及斷言都是錯誤的——龍樹的「四句」，亦即他的「空」，並不是違背傳統西洋邏輯的，因此也不是（黑格爾式的）辯證法。龍樹的「空」，絕不像這些學者所說的，在辯證地否定一切事物之後，成為不可否定的「最高真實」，因為就他看來，「空」也是暫時性而可以被否定掉的㊺。

㊺ 「空」是可以否定的，只要它成了不可否定的「最高真實」。這可以從龍樹的其他著作看出來。《中論》卷 2，品 13，頌 9 說：「大聖說空法，為離諸見故，若復見有空，諸佛所不化。」（引見《大正藏》卷 30，頁 18）其次，《大智度論》卷 31，龍樹在註釋《大品般若經》之「十八空」中的「空空」時說：「空破一切法，唯有空在。空破一切法已，空亦應捨；以是故，須是空空。」（引見《大正藏》卷 25，頁 288）又說：「又如服藥，藥能破病，病

那麼，龍樹的「空」否定了什麼呢？答案是：龍樹的「空」，否定了一切事物（的自體），也否定了它自己（的自體）；不！龍樹的「空」什麼都沒有否定，因為被它否定的對象——一切事物（的自體）和它自己（的自體），原本就是空的。

（本文原刊於《臺大哲學論評》第 s8 期，臺北：臺灣大學哲學系，1985，頁 175～191。）

已得破，藥亦應出。若藥不出，則復是病。以空滅諸煩惱病，恐空復為患，是故以空捨空，是名空空。」（同前引。）這可見「空」絕不是辯證法，絕不是一個「不是應被否定」的「最高真實」，也絕不是「中觀的宗教真理」。

龍樹《迴諍論》中的「空」之研究

龍樹 (Nāgārjuna; A.D. 150–250) 的《迴諍論》(*Vigraha-vyāvartanī*) 乙書，一般相信是一部批判正理學派（尼夜學派，Nyāya）的作品；而正理學派，則是印度正統的 (āstika)「六派哲學」(Ṣaḍ-darśana) 之一。正理學派的哲學是一個素樸的實在論 (naive realism)，以為外在世界是一個真實存在的世界；這和龍樹所建立起來的「中觀學派」(Mādhyamika)，以為一切事物皆「空」，顯然完全不同。

龍樹的「空」（空性，śūnyatā），當然不必一定只是針對正理學派的素樸實在論而發的，但是，龍樹在其《迴諍論》乙書中所論及的「空」，卻無可置疑地，是針對正理學派的素樸實在論所做的批判。

本文試圖透過《迴諍論》乙書的研究，來探討龍樹所說的「空」，到底是什麼意義。龍樹的「空」是「虛無主義」嗎？是黑格爾 (Hegel) 式的「辯證法」(dialectic) 嗎？這都是本文所最關心的。

一、「四種獲得正知的方法」並不是可靠的

《迴諍論》有兩個梵文原本；其一是由加亞士瓦爾 (K. P.

Jayaswal) 及羅睺羅 · 商克達亞那 (Rāhula Sāṅkṛtyāyana) 二人所合編❶，另一則由強士通 (E. H. Johnston) 和亞諾 · 庫思特 (Arnold Kunst) 二人合編❷。這兩種梵文原本中的第二本，則由卡馬雷士瓦 · 巴達恰亞 (Kamaleswar Bhattacharya) 英譯而成底下乙書：《龍樹的辯證法 (迴諍論)》 (*The Dialectical Method of Nāgārjuna (Vigraha-vyāvartanī)*)❸。在漢譯中，則有後魏興和三年（西元 541 年），由烏萇國的毘目智仙與天竺國的瞿曇流支所合譯的《迴諍論》乙卷❹。本文將以漢譯《迴諍論》為主，參考英譯本，來探討龍樹在《迴諍論》乙書中所說到的「空」。

《迴諍論》之所以被認為是批判正理學派的作品，乃因為《論》中極力否定四種獲得正確知識的方法——四種「量」(pramāṇa)；而這四種「量」，則是正理學派所提出來的。正理學派的創立者——瞿曇 (Gautama)❺，相傳是本派主要經典——《正

---

❶ *Journal of the Bihar and Orissa Research Society*, Vol. XXIII, Part III (1937), Patna.

❷ E. H. Johnston and Arnold Kunst, *Mélanges chinois et bouddhiques*, Vol. IX, Institut Belge des Hautes Etudes Chinoises, 1948–1951 (Bruxelles 1951), pp. 99–152.

❸ Motilal Banarsidass, Delhi, Varanasi, Patna, 1978.

❹ 參見〈序迴諍論翻譯之記〉；引見《大正藏》卷 32，頁 13 中。

❺ 有關正理學派的創立者——瞿曇 (Gautama)，有作 Gotama 者，甚至有許多後代的正理學派的學者，認為不是瞿曇，而是「足目」(Akṣapāda)。另外，他有時又名為 Dīrghatamas 或 Medhātithi Gautama。參見波特 (Karl H. Potter) 所編之《印度之形上學與知識論——甘給沙之前的正理・勝論學派的傳承》(*Indian Metaphysics and Epistemology, the Tradition of Nyāya-Vaiśeṣika up to*

理經》(*Nyāya-sūtra*) 的作者❻。《正理經》分 1、部 1、經 1、論題 1❼，說到了我人的「正智」(jñāna) 所要認知的十六種範疇 (categories)——「十六諦」；其中第一諦是「(能）量」(pramāṇa)，第二諦是「所量」(prameya)❽。而第一諦——「量」，共有四種，它們是獲得正確知識的四種工具：㈠現量 (pratyakṣa)，即依附在認識器官上的「知覺」；㈡比量 (anumāna)，即邏輯上的「推論」(inference)；㈢阿含量 (āgama) 或聖言量（聲量，śabda），即有經

Gaṅgeśa, pp. 220–221, Princeton Univ. Press, Princeton, New Jersey, 1977)。

❻ 《正理經》分成五「分」(abhyāyas)，每一分又細分成許多「部」(āhnikas)，而每一部則含有若干「經」(sūtras)。《正理經》的註釋者，例如瓦沙耶那 (Vātsyāyana) 和瓦恰士巴迪·米士拉 (Vācaspati Miśra)，又把每一經分成許多「論題」(prakaraṇas)。依據歐巴漢馬 (G. Oberhammer) 的研究，《正理經》的第 1、第 5 分，是本經的原形，而中間的第 2～4 分，則是後出的。而佳可比 (Jacobi) 甚至還說，《正理經》的第 IV. 2. 25 經，乃是批判龍樹所建立的中觀學派。另外，沙特卡里·莫可幾 (Satkari Mookerjee) 指出，龍樹的《廣破論》(*Vaidalyapra-karaṇa*)，還可能引用了《正理經》的經文。這些人的研究，在在證明《正理經》是一部大雜燴，其成為目前的樣子，可能晚至西元後第二世紀。以上皆見波特 (Karl H. Potter) 的《印度之形上學與知識論——甘給沙之前的正理·勝論學派的傳統》，pp. 220–222。

❼ 有關《正理經》之章節，參見❻。

❽ 另外的十四諦是：三、疑 (saṃsāya)；四、用 (prayojana)；五、喻 (dṛṣṭānta)；六、悉檀（主義、教義，siddhānta）；七、支分 (avayava)；八、思擇 (tarka)；九、決 (nirṇaya)；十、論義 (vāda)；十一、紛議 (jalpa)；十二、壞義 (vitaṇḍā)；十三、似因 (hetvābhāsa)；十四、難難 (chala)；十五、諍論 (jāti)；十六、墮負 (nigrahasthāna)。詳見波特的《印度之形上學與知識論》，p. 222。另外，有關十六諦的中文譯名，請參見望月信亨的《望月佛教大辭典》5，頁 4120 下。

驗者或權威、聖者所說的話；㈣（譬）喻量 (upamāna)，即比較 (comparison) 或認同 (identification)❾。在這四量當中，現、比、阿含（聖言）三量，是佛教界所熟悉的，因為許多佛教文獻都提到了它們；但是，第四譬喻量，卻是佛教界所感到陌生的。因此，底下略微說明何謂「譬喻量」：

依照《正理經》分 1、部 1、論題 2、經 6，所謂的「譬喻量」，是指從某一已知事物所擁有的性質，來證明我人所要證明的事情的一種方法❿。例如，有一個人，已知什麼叫做「（家）牛」；有一天，有人告訴他說，在某一個地方，有一種動物像（家）牛，叫做「野牛」(gavaya)。不久，這個人在該地方，看到了一種像（家）牛的動物，於是他下結論說：「這一定是野牛」。像這種從已知之（家）牛的性質，來證明所見動物是「野牛」的方法，是獲得正確知識的方法之一，稱為「譬喻量」⓫。有許多後代的正理學者，認為「譬喻量」不過是比量或聖言量的一種，例如婆沙士他帕達 (Praśastapāda;A.D. 550–600)；而巴沙瓦若 (Bhāsarvajña; A.D. 860–920)，也認為「譬喻量」不能獨立於另外的三量之外。但是，《正理經》的作者——瞿曇（或足目），卻認為「譬喻量」既不是比量也不是現量，更不是聖言量，而是一個獨立的

---

❾ 參見《正理經》分 1、部 1、經 3、論題 2。又見波特的《印度之形上學與知識論》，pp. 222–223。其中，第四之「譬喻量」，有譯成「比較」(comparison) 者，如波特；有譯成「認同」(identification) 者，如卡馬雷士瓦·巴達恰亞的《龍樹的辯證法（迴諍論）》，p. 9。

❿ 參見波特的《印度之形上學與知識論》，p. 223。

⓫ 參見前書，p. 174。

「量」⓬。另外，瓦拉達拉加 (Varadarāja; A.D. 1100–1150)，更把「譬喻量」細分成三種：㈠透過「相似性」的判斷，例如（家）牛及野牛間的「相似性」；㈡透過「不相似性」的判斷，例如（家）牛與馬之間的「不相似性」；㈢從不同之二物所具之相同性質而推得的判斷，亦即把某物歸類到某一種事物當中的方法⓭。

龍樹的《迴諍論》，之所以被認為是批判正理學派的作品，原因是他嚴厲地批判了《正理經》中所提出來的四量。《迴諍論》和龍樹的其他作品，例如《中論》一樣，都是主張諸法皆空的；而正理學派的學者，卻相反地，主張諸法實有。龍樹在《迴諍論》中，曾引述正理學派的學者的主張，其中，曾提到了《正理經》中的四量；《迴諍論》說：

> 又復有義，偈言：「若彼現是有，汝何得有迴？彼現亦是無，云何得取迴？」此偈明何義？若一切法有現可取，汝得迴我諸法令空；而實不爾，何以知之？現量入在一切法數，則亦是空……汝言一切諸法空者，是義不然。若汝復謂，或比、或喻、或以阿含得一切法，如是一切諸法自體，我能迴者，此義今說，偈言：「說現比阿含，譬喻等四量，現比阿含成，譬喻亦能成。」此偈明何義？比、喻、阿含、現等四量，若現能成，比、阿含等皆亦能成。如一切法皆悉是空，現量亦空；如是，比、喻等亦空，彼量所成一切

⓬ 參見前書，pp. 174–175。

⓭ 參見前書，p. 176。

> 諸法皆悉是空，以四種量在一切故，隨何等法……如是，若說一切法空無自體者，義不相應。[14]

以上是龍樹以正理學派之口吻，來反駁中觀學派「一切諸法皆空」（空的一切存在，śūnyāḥ sarvabhāvāḥ）之主張的一段論文，其中說到了《正理經》中的四量。由於漢譯論文的晦澀，我人很難看出正理學派之理論的全貌；但是，如果透過前述英譯本的重新翻譯，我人即可清楚地了解正理學派之所以反對「一切諸法皆空」的理由。底下是巴達恰亞 (K. Bhattacharya) 英譯本《迴諍論》的中譯：

> 另外：
> 五、現在，如果〔你說〕透過了感官知覺（現量）的認知，然後否定了一切事物的存在，那麼，〔我們答覆說：〕可以認知事物的感官知覺（現量），並不存在。
>
> 你不能說，透過了感官知覺的認知之後，你否定了一切事物，而認為「一切事物都是空的」。——為什麼？——因為，甚至做為獲得正確知識之方法（量）的感官知覺，也是空的，它包含在（被你否定的）一切事物當中 (sarvabhāvāntargatatvāt)。認知事物的人 (yo bhāvān upalabhate)，也是空的。因此，透過感官知覺（一種獲得正確知識的方法）而去認知事物，這樣的事情是不存在的

[14] 〈釋初分〉第 3，《迴諍論》；引見《大正藏》卷 32，頁 16 上。

(tasmāt pratyakṣeṇa pramāṇena nopalambhabhāvaḥ)；而且，把那些未被認知的事物否定掉，是邏輯地不可能的(anupalabdhasya ca pratiṣedhānupapattiḥ)。在這種情形下，你說一切事物都是空的，是不對的。

也許，你以為 (syāt te buddhiḥ)，你透過了推論（比量）、言語上的證言（阿含量）和認同（譬喻量），而認知事物之後，才否定了一切事物。

對於這點，我們的回答是：

六、在我人針對感官知覺的反駁中，我人〔已經〕反駁了推論、言語上的證言和認同，以及經由推論、言語上的證言和認同所要確認的事物 (anumānāgamasādhyā ye' rthā dṛṣṭāntasā-dhyāś ca)。

在我人反駁感官知覺這一獲得正確知識的方法時，我人〔已經〕反駁了推論、認同和言語上的證言。就像感官知覺這一獲得正確知識的方法是空的，因為一切事物都是空的(sarvabhāvānāṃ śūnyatvāt) 一樣，推論、認同和言語上的證言也同樣是空的，因為一切事物都是空的。那些經由推論、言語上的證言以及認同所要確認的事物，也是空的，因為一切事物都是空的。而人們經由推論、認同和言語上的證言，而去認知事物，這一件事情也是空的。因此認知事物這件事情是不存在的 (tasmād bhāvānām upalambhābhāvaḥ)，而且，把一個未經認知之事物的內在本質 (intrinsic nature) ⓯ 否定掉，乃是邏輯地不可能 (anupalab-dhānāṃ ca svabhāvapratiṣedhānupapattiḥ)。在這種情形下，你說一切事物都是空的，是不對的。⓰

從以上這段《迴諍論》文的重譯，我人可以看出龍樹筆下的正理學派，之所以反對一切事物皆空的原因。正理學派的學者以為，任何事物的認知或了解，都必須透過現、比、阿含以及譬喻這四種方法——「量」(pramāṇa)，沒有這四種獲得正知的方法，就無法認知或了解外在的事物。而且，正理學派的學者還以為，一個無法認知或未被認知的事物，我人即無法否定它的存在，亦即無法說它是空的。我人很難了解正理學派的這一觀點，但是，我人卻可以揣測正理學派之所以採取這一觀點的原因：正理學派的學者大概認為，一個無法認知或未被認知的事物，它到底是存在或不存在，還不能確定，(因為還未被認知的緣故)，既然不能確定其存不存在，就不可冒然而武斷地說它是「空」的、不存在的。

⓯ 在此，「內在本質」(intrinsic nature)，是梵文 "svabhāva" 的翻譯。在古代，通常譯成「自性」。

⓰ 以上譯自卡馬雷士瓦・巴達恰亞 (Kamaleswar Bhattacharya) 的《龍樹的辯證法（迴諍論）》(*The Dialectical Method of Nāgārjuna* (*Vigraha-vyāvartanī*)) 乙書，pp. 9–10。其中，方括弧是其原註；圓括弧中的中文，是筆者所加入；而圓括弧中的梵文，則是原註。另外，一開頭的「五」是《迴諍論》偈頌的編號，即第 5 首偈頌，而中間「六」亦偈頌號。

到此，我人可以把正理學派的兩個基本主張，比較清楚地述說如下：

㈠一切事物的認知或了解，都必須透過感官知覺、推論、言語上的證言以及認同等四種獲得正確認知的方法，才能完成；

㈡無法認知或尚未認知的事物，都不可否定其存在，亦即不可說它是空的。

這兩個正理學派的基本主張，顯然是和龍樹「一切事物皆空」的主張，相互矛盾。因為，正如上引《迴諍論》文所說的，如果一切皆空，那麼，不但四量的認知對象——「所量」(prameya)，即一切法是空的，而且「能量」的四量本身也應該是空的。不但能量的四量本身是空的，而且依據㈠，透過四量而認知一切事物這一件事情，亦即「認知」這件事情也是空的，因為認知的方法不存在的緣故。這樣一來，認知的方法不可能、認知也不可能，我人即無法認知事物，因而依據㈡，也無法否定事物，而說它們是空的。

對於正理學派的這個批判，龍樹的答覆是：

偈言：「若我取轉迴，則須用現等，取轉迴有過，不爾云何過？」此偈明何義？我若如是少有法物，則須現、比、阿含、譬喻如是四量。復有四量，我若如是取轉迴者，我則有過；我既不取少法轉迴，若我如是不轉不迴，汝若如是與我過者，是義不然⑰。

我人依據巴達恰亞的英譯本《迴諍論》，再次把這一段晦澀難懂的漢譯論文，重譯成底下：

> 三十、如果我透過感官知覺等的幫助，而認知了某一事物，那我將肯定或否定該一事物 (pravartayeyaṃ nivartayeyaṃ vā)。〔但是〕，由於該一事物並不存在，我並沒有過失 (tadabh-āvān me 'nupālambhaḥ)。
>
> 如果我理解事物是透過四種「量」(pramāṇas)，亦即感官知覺、推論、認同和言語上之證言的幫助，或者透過這四者之一的幫助，那麼，我必然肯定或否定了某些事物。〔但是〕，由於我完全不是這樣來理解事物 (yathārtham evāhaṃ kaṃcin nopa-labhe)，我既沒有肯定也沒有否定事物 (tasmān na pravartayāmi na nivartayāmi)。在這種情形下，你的批評 (yo bha-vatopālambha uktaḥ)：「如果〔你說〕你透過四量 (pramāṇas) 之一，亦即透過感官知覺等的認知，而後否定了事物，那麼，〔我人回答說：〕那些量 (pramāṇas) 並不存在，而且，透過這些量，而認知的事物也不存在 (taiś ca pramāṇair api gamyā arthāḥ)」，這一批評完全與我無關 (sa me bhavaty evānupālambhaḥ)。⑱

從以上重譯之《迴諍論》文，我人可以知道，龍樹針對上述

---

⑰ 〈釋上分〉第 4，《迴諍論》；引見《大正藏》卷 32，頁 19 上。

⑱ 譯自⑯中所引用之文獻，pp. 24–25。

正理學派的批評，而做了反批評；他說：他並沒有透過四量來認知或理解外在的事物。換句話說，龍樹根本否定了前述正理學派的兩大基本主張之中的㈠。沒有了㈠，龍樹的主張——「一切事物都是空的」，就沒有矛盾，因為矛盾是從㈠與㈡兩者所引生的。

龍樹不但消極地保護自己，說自己的主張——「一切事物都是空的」，並沒有矛盾可言；而且還進一步，積極地攻擊正理學派的主張——「四量是獲得正確知識的方法」。龍樹認為，四量是不成立的，因為沒有人能夠證明它們的可靠性；而且，即使有其他的「量」，亦即其他的「標準」⓳，來證明四量的可靠性，那麼，這所謂「其他的量」，又用什麼「量」（標準），才能再度證明它的可靠性呢？換句話說，要嘛四量是無法證明其可靠性的；要嘛四量要用其他「量」來證明其可靠性，而其他的量又必須要用其他的「量」來證明其可靠性，如此就有無窮之過。底下是《迴諍論》相關的論文：

> 又復有義，偈言：「若量能成法，彼復有量成；汝說何處量，而能成此量？」此偈明何義？若汝意謂量能成物，如量所量，現、比、阿含、喻等四量，復以何量成此四量？若此四量更無量成，量自不成；若自不成，能成物者，汝宗則壞。若量復有異量成者，量則無窮。若無窮者，則非

⓳ 「量」(pramāṇa) 一詞，有測量、尺度、標準等意義。參見莫尼爾・威廉 (Sir Monier Monier-Williams, M. A., K. C. I. E.) 所編的《梵英字典》(*A Sanskrit-English Dictionary*)，p. 6850 (Motilal Banarsidass, Delhi, Varanasi, Patna, 1st Indian ed., 1970)。

初成，非中後成；何以故？若量能成所量物者，彼量復有異量來成彼量；復有異量成故，如是無初；若無初者，如是無中；若無中者，何處有後？如是若說彼量復有異量成者，是義不然。

偈言：「若量離量成，汝諍義則失，如是則有過，應更說勝因。」此偈明何義？若汝意謂，量離量成，所量之物，為量成者，若如是諍，量成所量，汝則有過，有物量成，有不量成。若如是者，應說勝因。若說勝因，則可得知，何者量成，何者不成。汝不能示，如是分別，義不相應。[20]

在這段引文中，前半段是易讀的，大意是：四量到底需不需要另外的量（標準）來證明它的可靠性？如果需要，則有無窮量的過失；如果不需要，四量的可靠性就等於沒有得到證明——亦即論文中所謂「量自不成」。而文中提到的「非初成、非中後成」，只是強調在無窮的「量」中，沒有一個能夠證明四量的成立。現在，也許有一個問題：為什麼當四量沒有其他的「量」來證明其可靠性時，四量就不成立呢？龍樹為了回答這一問題，所以有底下緊接著的一段論文。

在這段緊接著的論文當中，有許多晦澀難懂的文句，非得透過巴達恰亞的英譯《迴諍論》，才能了解；底下是英譯論文的重譯：

---

[20]　〈釋上分〉第 4，《迴諍論》；引見《大正藏》卷 32，頁 19 上～中。

> 三十三、現在，如果〔你認為〕那些量不必其他的量就能成立，那麼，你們是自棄於自己的哲學立場 (vihīyate vādaḥ)。其中存在著不一致的地方，你們必須為它說明特別的理由。
>
> 現在，如果你們認為：那些量不必其他的量即可成立，而被認知的事物 (prameyāṇām arthānām) 又必須經由量才能確立，那麼，你們以為〔一切〕事物都經由量而後才能確立 (pramā-ṇaiḥ prasiddhir arthānām) 的立場，就自我拋棄了。另外，其中還有不一致的地方，也就是說，某些事物是經由量而確立的，而某些其他的事物則不是 (keṣāṃcid arthānāṃ pramāṇaiḥ prasiddhiḥ keṣāṃcin neti)。而你們必須提出特別的理由，來說明為什麼某些事物是經由量而確立的，某些其他的事物卻不是。但是，你們並沒有說明這點。因此，這一假設，也是不對的 (tasmād iyam api kalpanā nopapanneti)。㉑

從以上這段《迴諍論》的重譯論文當中，我人清楚地看出，龍樹認為，如果四量沒有其他的量來證明其可靠性，就會引生兩種錯誤：⑴正理學派自棄立場的錯誤；⑵正理學派理論不一致的錯誤。

就第⑴點來說，龍樹以為，如果正理學派主張四量不必其他的量來檢驗其可靠性，那麼，就與正理學派的基本主張——「一

㉑ 譯自⑯中所引用之文獻，p. 26。

切事物都必須透過量才能正確地認知」這一命題相違背；正理學派在這種情形下，等於自棄立場。就第(2)點來說，龍樹以為，如果四量不必其他的量來證明其成立，那麼，這表示有些事物，亦即四量之認識對象——「所量」，必須透過量才能正確地認知，而另外一些事物，亦即四量本身，卻不必其他的量，就可以正確地認知。龍樹認為，像這種有些需要量、有些不需要量的「假設」，含有內在的「不一致」性；因此，龍樹要求正理學派提出更詳細的理由，來說明這一難題。

正理學派回答這一難題的方式是：四量像燈火一樣，是自明的。亦即，四量除了可以測量其他事物，而且還可以測量它們自己；就像燈火一樣，除了可以照鑑他物，而且還可以自己照鑑。這一回答，顯然是依據《正理經》所說。《正理經》分 2、部 1、論題 13、經 17～20 曾說，為了避免四量必須有其他量才能證明其成立之無窮之過，《正理經》的作者主張四量像燈火一樣，是自明的㉒。

對於正理學派的這一比喻，龍樹的回答是指出比喻的不恰當。龍樹認為，燈火並不是自明的（不是自己照鑑的），因為，所謂的「照明」，是指由黑暗到光明的過程或動作；而燈火，從其開始點燃的時候，就是光明的，當它已經點燃的時候，並沒有經過從黑暗到光明的過程，因此，燈火不能自我照明。既然燈火並不是自明的，把四量比喻成為像燈火一樣自明，是錯誤的類比。底下是

㉒ 參見波特 (Karl H. Potter) 所編的《印度之形上學與知識論——甘給沙之前的正理・勝論學派的傳承》(*Indian Metaphysics and Epistemology, the Tradition of Nyāya-Vaiśeṣika up to Gaṅgeśa*)，p. 226。

龍樹《迴諍論》中的論文：

> 如有人言，我所說量，自、他能成，而說偈言：「猶如火明故，能自照照他，彼量亦如是，自他二俱成。」此偈明何義？如火自照，亦能照他；量亦如是，自成、成他。我今答彼偈言：「汝語言有過，非是火自照，以彼不相應，如見闇中瓶。」此偈明何義？彼量如火，自、他能成難不相應。何以故？非火自照。如初未照，闇中瓶等不可得見，以火照已，然後得見；如是，如是，若火自照，初火應闇，後時乃明，如是得言火能自照；若初火明，則不得言火能自照。如是分別火自、他照，義不相應。[23]

在這段易讀的論文當中，龍樹打了一個比喻；他說，就像黑暗中的瓶子等器具，燈火照耀了之後，瓶子從黑暗中變成了光明，這才叫做「燈火照明了瓶子」。而燈火從一開始就是光明的，不可說燈火自己照明了自己。龍樹的這一批評，顯然是從「照明」一詞的字義分析做基礎的；他發現，燈火並沒有「照明」它自己，因此，把四量比喻成為燈火一樣，能夠自我照明，亦即自我證明，是不恰當的。所以，龍樹又說：

> 又復有義，偈言：「於火中無闇，何處自他住？彼闇能殺明，火云何有明？」此偈明何義？火中無闇，火處無闇，

---

[23] 〈釋上分〉第 4，《迴諍論》；引見《大正藏》卷 32，頁 19 中。

> 云何名為明能破闇？若彼火中如是無闇，何處有闇，火能破闇？若當無闇可破者，云何而得自、他俱照？㉔

這段晦澀的論文，依巴達恰亞的英譯本，應該是這樣的：

> 其次：
> 三十七、火中沒有黑暗，火也不在某種其他的事物當中(nāsti tamaś ca jvalane yatra ca tiṣṭhati parātmani jvalanaḥ)。〔如此，〕它怎麼可能自我照明？因為照明是驅除黑暗。在這裏，火的內部沒有黑暗。在那裏，有火的地方也沒有任何黑暗。而今，照明是黑暗之產生的障礙(tamasaḥ pratighātaḥ)。但是，由於火的內部沒有黑暗，有火的地方也沒有任何黑暗，什麼是被火所障礙的黑暗？而且，什麼是由於它的障礙而照明他物又自我照明呢(kasya tamasaḥ pratighātam agniḥ karoti, yasya pratighātād agniḥ svaparātmānau prakāśayatīti)？㉕

龍樹的意思顯然是：燈火打從開始點燃的時候，就沒有黑暗過；不但燈火的內部沒有黑暗，而且只要是有燈火的地方，都沒有黑暗。另一方面，所謂的「照明」，是把黑暗驅除，亦即障礙了所有引生黑暗的條件。這樣一來，燈火怎麼可能「自我照明」呢？有

㉔ 同前書，頁 19 下。

㉕ 譯自⑯中所引用之文獻，p. 28。

燈火的地方一定沒有黑暗，那麼，正理學派說火能自明，請問火把什麼黑暗驅除掉了呢？火障礙了什麼引生黑暗的條件了呢？答案當然是沒有，因為火的內部以及有火的地方都沒有黑暗，怎麼可能驅除掉黑暗呢？所以，龍樹以為，正理學派所謂「火能自明」，是錯誤的。

也許，正理學派的學者會反駁說，燈火點燃之後，當然不能把黑暗驅除，因而，當然不會一方面照明他物，另一方面又自我照明；但是，燈火剛剛點燃的那一剎那，卻的確驅除了黑暗而達成了光明，因此，燈火剛剛點燃的那一剎那，的確是照明他物又自我照明的。為了回答這一反駁，龍樹進一步批判說：

> 偈言：「如是火生時，即生時能照；火生即到闇，義則不相應。」此偈明何義？若火生時，能自、他照，義不相應。何以知之？如是初火不能到闇。何以知之？若未到闇，不能破闇；若不破闇，不得有明。㉖

龍樹的意思是：燈火剛剛點燃的那一剎那，並沒有「到闇」，亦即，並沒有與黑暗接觸到㉗；既然火沒有與黑暗接觸到，火就無法破壞或驅除黑暗；而且，更有甚者，既然火無法破壞或驅除黑

㉖ 〈釋上分〉第4，《迴諍論》；引見《大正藏》卷32，頁19下。其中，「如是初火不能到闇」乙句，巴達恰亞 (K. Bhattacharya) 的《龍樹的辯證法（迴諍論）》乙書，p. 29，譯成底下：「因為，在火剛剛開始被點燃的時候，火並沒有與黑暗接觸到」。

㉗ 參見㉖的說明。

暗，火就無法照明。龍樹在這一段論文當中，不但認為火不能自我照明，而且，連照明他物也不能成立——龍樹在這裏發揮了他那「一切事物都是空」的本色。

在這段論文當中，「到闇」（與黑暗接觸到）是難懂的一詞。或許透過龍樹的另一作品——《中觀論頌》，以及古今論師對它的註釋，勉強可以了解龍樹的本意。《中觀論頌》卷 2，〈觀三相品〉第 7，第 9、10、11 三頌，在破斥「生」時，也破斥了「如燈能自照」的比喻：

> 如燈能自照，亦能照於彼，生法亦如是，自生亦生彼。燈中自無闇，住處亦無闇，破暗乃名照，無闇則無照。云何燈生時，而能破於闇？此燈初生時，不能及於闇。㉘

在這三首偈頌當中，第一首是外人對龍樹的問難，而另外兩首則是龍樹對這一問難的回答。龍樹的回答是：燈的內部沒有黑暗，有燈的地方（住處）也沒有黑暗，所以，燈火並沒有驅除黑暗，因而也就不自照、照他。另外，燈火剛剛點燃的那一剎那，也不自照、照他，因為燈火「不能及於闇」，亦即《迴諍論》中所說的「不到闇」。顯然，《中觀論頌》破斥火能自照、照他的理由，與《迴諍論》中所說的理由，完全一樣。而對於上引第三首偈頌，青目的註釋是：「燈生時名半生半未生，燈體未成就，云何能破闇？又燈不能及闇，如人得賊乃名為破。」㉙這個註釋，對於什

㉘ 引見《大正藏》卷 30，頁 9 下。

麼叫做「及闇」（到闇），仍然沒有說明。

吉藏，在其《中觀論疏》卷 5 末，對於上引第三首偈頌，曾有詳細的說明。首先，他說明外人主張燈火剛剛點燃的那一剎那，之所以能夠自照、照他的原因：

> 初生燈之時，明體未足，故炎內有暗，炎外亦昧，故自、他處有暗。既有兩處之暗為所破，即有兩處之明為能破，故自照、照他義還立也。而外人立初生燈二義俱成，以初生明能破自、他兩處重暗，後大明能破自、他兩處輕暗……此是有照義，故立初生燈兩義俱成：一者、已能破重暗；二者、猶有輕暗，待後明破之。㉚

吉藏的意思是：燈火剛剛點燃的那一剎那（初生燈之時），由於光明還不充足，因此，火焰內部還有黑暗，而火焰外部，亦即火焰所照明的地方，也還有黑暗，所以，燈火有黑暗可驅除，亦即燈火能自照、照他。也就是說，當燈火剛剛點燃的那一剎那，燈火固然已經破除了深重的黑暗，但是，另一方面，還殘留有輕淺的黑暗，因此，燈火剛剛點燃的那一剎那，燈火的內、外仍有黑暗（輕淺的黑暗）可驅除；既然燈火的內、外仍有黑暗可驅除，就證明它可自照、照他。所以，外人以為，燈火剛剛點燃的那一剎那，一方面能自我照明，另一方面又能照明他物。

㉙ 〈觀三相品〉第 7，《中論》卷 2；引見《大正藏》卷 30，頁 9 下。

㉚ 吉藏，《中觀論疏》卷 5 末；引見《大正藏》卷 42，頁 82 上。

對於外人的這一主張，吉藏的反駁是：「初燈無重暗故，無所破；與輕暗共住，復不能破。故二義壞矣。今偈偏明不見重暗，故無所破也。」㉛吉藏的意思是：燈火剛剛點燃的那一剎那，已經沒有深重的黑暗了，因此也就沒有所要驅除的對象；既然沒有驅除的對象，就沒有照明的功用。另外，燈火剛剛點燃的那一剎那，雖然沒有深重的黑暗，卻仍然有輕淺的黑暗，像這樣，既然仍有黑暗存在，怎麼可以說燈火驅除了黑暗，而具有自照、照他的功用呢？可見，剛剛點燃的燈火，並沒有照明的功用。

吉藏的註釋是容易引生爭論的，因為外人，例如正理學派的學者，可以反駁說：㈠剛剛點燃燈火時，既然沒有深重的黑暗，那麼，原來深重的黑暗跑到那裏去了呢？難道它不是由被剛點燃的燈火所驅除的嗎？如果是，就表示剛剛點燃的燈火，有自照、照他的功用。㈡所謂「輕暗」（輕淺的黑暗），難道不是「輕明」（輕淺的光明）的同義語嗎？換句話說，剛點燃燈火的那一剎那，並沒有輕淺的黑暗，有的只是輕淺的光明而已。如此一來，就表示剛點燃的燈火，有自照、照他的功用。

吉藏的註釋不但容易引生外人的反駁，而且也沒有把握住龍樹的本意。龍樹的本意應該是：在燈火剛剛被點燃的那一剎那，不但「深重的黑暗」沒有被燈火所驅除，而且任何一點點的黑暗，也都沒有被燈火所驅除，因為燈火的光明永遠不與黑暗接觸——「不能及」或「不能到」。龍樹雖然不曾說明何謂「不與黑暗接觸」（不能及，不能到），但是，我人約略可以知道他的意思是：

㉛ 同㉚。

燈火的光明與黑暗是完全對立的兩件事物。當光明來時，黑暗隨即消失；反之，當黑暗來時，光明馬上隱藏。像這樣不能同時存在的兩件事物，怎麼可能有互相接觸（能及、能到）的機會呢？今人印順，在其《中觀論頌講記》中曾說：「闇在時明還未來，明來時闇已前去，光明怎麼可以破闇呢？光既是實法，闇也是實法，在同一空間時間中，是不能同時矛盾存在的，所以明闇不相及，光明也就無力破除黑暗了。」㉜我想，印順的這一註釋，是比較符合龍樹之本意的。

以上是說明剛剛點燃的燈火，龍樹以為，不但沒有自我照明的功能，而且也沒有照明他物的功能。這時，正理學派的學者也許會轉變態度說：燈火的確不是與黑暗接觸的時候破除了黑暗，而是根本不必與黑暗接觸，就可以破除黑暗。換句話說，燈火的確有照明的功用。對於這個問難，龍樹的回答是：

> 偈言：「若火不到闇，而能破闇者，火在此處住，應破一切闇。」此偈明何義？若汝意謂，火不到闇能破闇者，火此處住，則應能破一切世間所有處闇。何以故？俱不到故。而實不見有如是事。若俱不到，云何唯能破此處闇，不破世間一切處闇？若汝意謂，火不到闇而能破闇，義不相應。㉝

㉜ 引見印順，《中觀論頌講記》，頁 155～156，慧日講堂，臺北，民國 62 年重版。

㉝ 〈釋上分〉第 4，《迴諍論》；引見《大正藏》卷 32，頁 19 下。

龍樹認為，燈火不與黑暗接觸，是不可能破除黑暗的。龍樹用他那慣用的「應成法」（歸謬證法，prāsaṅga）[34]，證明了他的這一觀點；他說：假設燈火不與黑暗接觸而卻能破除黑暗，那麼，在這裏的一盞燈火，應該可以破除任何地方的黑暗；但是，事實不然；可見，未與黑暗接觸的燈火，決不能破除黑暗。

從以上冗長的說明當中，我人知道，龍樹在其《迴諍論》中，批判了底下正理學派的主張：四量並不需要其他量的檢驗，就能證明它們的可靠性，因為四量像燈火一樣，是自明的；亦即，四量不但可以檢證他物，也能檢證它們自己的可靠性。對於後面一句——「四量能檢證它們自己的可靠性」，除了上面所分析的以外，龍樹還從「（能）量」(pramāṇa) 與「所量」(prameya) 的觀點，來加以反駁；《迴諍論》說：

> 又復有義，偈言：「若量能自成，不待所量成，是則量自成，非待他能成。」此偈明何義？若汝意謂，量與所量如火成者，量則自成，不待所量。何以故？若自成者，則不待他；若待他者，非自成故。[35]

龍樹認為，如果量是「自成的」，亦即自己可以證明自己的可

[34] 應成法 (prāsaṅga)，相似於西洋邏輯中的「歸謬證法」(Reductio ad absurdum)。其推論的過程是：假設某一主張甲，由甲推論出矛盾，然後斷言甲不成立。另一過程是：假設甲不成立，由「甲不成立」這一假設推論出矛盾，然後斷言甲成立。

[35] 〈釋上分〉第 4，《迴諍論》；引見《大正藏》卷 32，頁 20 上。

靠性，那麼，量就獨立於其所要認知的對象——「所量」，換句話說，不必要所量的存在，量也能夠成立。像這種以為量能獨存的說法，顯然是錯誤的，因為事實上，量是用來認知其所量的。所以，龍樹接著說：

偈言：「不待所量物，若汝量得成，如是則無人，用量量諸法。」此偈明何義？若汝意謂，不待所量而量得成，則無有人用量量法；有如是過。若何等人須用量者，不待所量而得有量？若不待成，彼得何過？則一切法皆不待量。若一切法不待量成，彼得何過？成得言成，未成叵成；以無待故。[36]

這是晦澀難讀的一段論文。巴達恰亞的英譯本《迴諍論》，是這樣說的：

在此，我人發現：

四十一、如果你們認為「獲得正確知識的方法」（量，pramāṇa）是獨立於「被認知的事物」（所量境，prameyān arthān）而成立，那麼，那些量是無所量的量 (na bhavanti kasyacid evam imāni pramāṇāni)。

如果〔你們認為〕「獲得正確知識的方法」，是獨立於「被認知的事物」而成立，那麼，那些量是無所量的量 (evaṃ

[36] 同[35]。

> tanīmā-ni pramāṇāni na kasyacit pramāṇāni bhavanti)。這樣，就有缺陷 (evaṃ doṣaḥ)。但是，如果量是某些事物的量，它們將不會變成獨立於「被認知之事物」的「獲得正確知識的方法」 (atha kasyacid bhavanti pramāṇāni naivedānīm anapekṣya prameyān arthān pramāṇāni bhavanti)。[37]

從這段《迴諍論》英譯本的重譯，我人知道，龍樹之所以認為四量不可以獨立於「所量」而成立，是因為這樣一來，四量就成了沒有認知對象的量；像這樣的量，等於沒有用的量。

讀者看了以上的說明之後，不要以為龍樹主張四量可以經由它們的「所量」而得到證明；事實上，龍樹的本意是：即使經由「所量」，四量的可靠性還是無法得到證明。龍樹說：

> 若汝復謂，待所量物，量得成者，如是四量，皆有待成。何以故？若物未成，云何相待？物若已成，不須相待。天得未成，則不待物；若已成者，更不待成；如物已作，無作因緣。[38]

這是漢譯本《迴諍論》中，最難讀的一段，因為譯者把梵本偈頌誤譯為註釋的「長行」，而且又脫字、錯字，以致晦澀難懂。現在依英譯本，重譯如下：

---

[37] 譯自[16]所引用之文獻，p. 30。

[38] 〈釋上分〉第 4，《迴諍論》；引見《大正藏》卷 32，頁 20 上。

四十二、〔反對者也許會回答說：〕如果允許它們（譯註：指四量）在〔被認知之事物的〕關係下成立，會有什麼缺失嗎？——〔缺失是：〕那些〔已經〕成立的，〔又〕被證明為成立 (siddhasya sādhanaṃ syāt)。因為，未被證明成立的某些事物，並不需要其他的某些事物 (nāsiddho 'pekṣate hy anyat)。

如果允許「獲得正確知識的工具」，在「被其認知之事物」的關係下，而得到證明，那麼，四種〔已〕被證明了的「獲得正確知識的方法」，〔又重新〕被證明其成立了。——為什麼？——因為一個未被證明的事物，並不需要〔其他的某些事物〕。例如，天得 (Devadatta)，他〔尚〕未被證明存在，就不需要任何東西。但是，〔已〕被證明了的事物，又〔重新〕被證明，是不允許的 (iṣṭa)。一個人不會做〔已〕被做完了的事情。[39]

即使透過英譯本《迴諍論》的重新翻譯，龍樹的這一段話，仍然是深奧難懂的。龍樹的意思應該是這樣的：如果我人允許透過四量所要認知的對象——「所量」，來證明四量的可靠性，亦即，四量「需要」所量來證明的話，那麼，已得到證明的四量，又重新被證明了一次。龍樹認為，這是沒有道理的，因為已經做過的事情，沒有理由再重做一次。目前，我人必須說明的是，為什麼龍樹會認為：當四量「需要」所量來證明時，就會產生重覆

[39] 譯自[16]所引文獻，pp. 30–31。

證明的錯誤呢？這是因為：龍樹認為，有所「需要」的事物，一定是已被證明了的事物；換句話說，龍樹認為，一個未被證明的事物，一定是一個無所「需要」的事物。就像天得 (Devadatta) 這一個未被證明存在的人，不「需要」任何事物一樣。在此，龍樹的意思似乎是：一個不存在或尚未證實其存在的事物，例如「石女兒」(不會生孩子的女人的孩子)，給它任何的描述，例如說他「需要」某物，都是錯誤的。現在，依正理學派，四量是已經被證明其可靠性的東西，這時，如果又說四量「需要」所量來證明，豈不等於說已被證明的四量，又再度地被證明了一次嗎？因此，如果說，四量「需要」所量來證明其可靠性，那是錯誤的。

四量「需要」所量才能證明的說法，不但會引生上述重覆證明的過錯，而且還有循環論證 (petitio principii) 的過錯[40]。龍樹說：

> 若汝彼量成，待所量成者，是則量所量，如是不相離。若量成所量，若所量成量，汝若如是者，二種俱不成。量能成所量，所量能成量，若義如是者，云何能相成？所量能成量，量能成所量，若義如是者，云何能相成？為是父生子，為是子生父，何者是能生，何者是所生？為何者是父，

[40] 所謂「循環論證」(petitio principii)，是以待證的甲來證明乙，又以乙來證明甲。這是錯誤的推論，因為希望證得的結論是甲，而甲從前提乙推得，但乙的成立又必須預設甲，如此，等於從甲證明甲；甲是待證而尚未成立的句子，由甲所推得的甲，自然也就尚未成立了。所以，循環論證是一種錯誤的推論。

為何者是子？汝說此二種，父子相可疑。[41]

在這六首偈頌當中，龍樹明白地說：如果四量「需要」所量才能證明其可靠性，那麼，這等於說，四量的成立以其所量為「量」；也就是說，這時的四量變成了所量，而原來的所量變成了量。在這樣的關係下，四量的可靠性需要所量來證明，而所量的可靠性又需要四量來證明，這顯然是一種錯誤的循環論證。因此，如果以為四量「需要」所量才能證明其可靠性，那是錯誤的。

由以上的說明，我人知道，龍樹以為，四量不但無法證明他物的成立，也無法證明自己的成立；不但無法證明自己的成立，也無法由他物——「所量」，來證明它們的成立。總之，在「一切事物都是空」的理論下，龍樹下結論說：正理學派所認為成立的四量，也是空幻而不真實的；他說：

偈言：「量非能自成，非是自他成，非是異量成，非無因緣成。」此偈明何義？如是量非自成；現非現成，比非比成，喻非喻成，阿含亦爾非阿含成。非是自、他迭互相成；現非比、喻、阿含等成，比非現、喻、阿含等成，喻非現、比、阿含等成，阿含非現、比、喻等成。非異現、比、譬喻、阿含別有現、比、譬喻、阿含異量來成。如量自分和合不成，自、他境界和合不成，非無因成，非聚集成。此之因緣如先所說，二十、三十、或四、五、六、二十、三

---

[41] 〈釋上分〉第 4，《迴諍論》；引見《大正藏》卷 32，頁 20 中～下。

十、四十、五十、或有六十。若汝所說，以有量故，得言所量，有量、所量，證一切法皆有自體，義不相應。㊷

在這段論文當中，「如量自分和合不成……」乙句以前，是易讀易解的，大意是：現量不是現量自己所能證明的，不是比量乃至阿含量等其他量所能證明的，也不是現量自己以及其他量，例如比量等，所能證明的。同樣地，比量乃至阿含量也是這樣。但是，「如量自分和合不成……」乙句之後，就晦澀難讀了。巴達恰亞的英譯本《迴諍論》，對這一句以後的譯文是：

量 (pramāṇas) 也不是被全部或個別的所量 (prameyas) 所證明，亦即，不是被與之對應的所量 (prameya) 或者也包括其他所量 (prameyas) 所證明。它們也不是偶然地被證明。此外，它們也不是被以前所說到的全部原因所證明，不管這些原因的個數是多少：二十、三十、四十、或二十六。——在這種情形下，底下你們說的語句是不對的：「由於被認知的事物是透過獲得正確知識之方法而被認知的 (pramāṇādhigamyatvāt prameyāṇāṃ bhāvānām)，因此，那些被認知的事物 (prameyā bhāvāḥ)，以及能認知它們的那些獲得正確知識的方法，都是存在的 (santi ca te prameyā bhāvās tāni ca pramāṇāni yais te pramāṇaiḥ prameyā bhāvāḥ samadhigatā iti)。」㊸

㊷ 〈釋上分〉第 4，《迴諍論》；引見《大正藏》表 32，頁 20 下。

在這段英譯本《迴諍論》文的重譯當中，有關「二十」乃至「二十六」等數目是難解的，特別是最後的「二十六」。它們和漢譯本有所出入；而漢譯本所列的數字，也同樣難解。所幸，這些數字是無關緊要的。在這段譯文中，我人知道，龍樹以為四量不能被與之對應的所量所證明，例如視覺這一現量，不能被視覺這一現量所對應的所量，亦即視覺器官所認知的對象——色境，所證明；龍樹還認為，四量也不能被所量的全體所證明，例如視覺的可靠性，不能被色境乃至聲、香、味、觸、法境，甚或比量的所量、阿含量的所量、譬喻量的所量，所證明。總之，四量的可靠性是無法證明的。

綜上所述，正理學派以為感官知覺（現量）、推理（比量）、言語上的證言（阿含量）、乃至認同或比較（譬喻量）等四種「量」，是獲得正知之真實可靠的四種方法。但是龍樹站在「一切皆空」的立場，卻反對這種說法，而證明這四種「量」的空幻不實性。這構成了《迴諍論》最主要的內容之一。

二、「不存在的事物」並不是一種存在

在印度，「不存在的事物」往往被看做某種意義的「存在」。屬於正理學派的代表作——《正理經》中，雖然反對把「非有」（不存在，abhāva），當做是獲得正確知識的方法——「量」[44]，

---

[43] 譯自[16]所引文獻，p. 34。

[44] 參見《正理經》分 2、部 2、論題 21、經 1～2。又見波特 (Karl H. Potter) 的《印度之形上學與知識論——甘給沙之前的正理‧勝論學派的傳承》(*Indian*

但是，《正理經》的註釋者——瓦沙耶那 (Vātsyāyana; A.D. 450–500)，卻認為透過一種獲得正確知識的特殊方法——「無體量」(anupalabdhi)，我人可以認識到不存在的「非實有」(asadbhāva)，例如瓶子的不存在㊺。瓦沙耶那甚至把這種「非實有」，看成是「能分別之於所分別的存有」(višeṣya-višeṣaṇabhāva)；它是某種意義的「存有」(bhāva)，可以經由我人的感官而知覺到㊻。事實上，把不存在的事物當做某種意義的存在，不是始自第五世紀的瓦沙耶那；早在《勝論經》(Vaiśeṣika-sūtras) 中，就說到了這點。

《勝論經》(《吠世史迦經》)，相信是迦那陀 (Kaṇāda) 所作，他是一個西元前的人物。但是，《勝論經》目前的形式和內容，至少應該晚至西元後五十到一百五十年才完成㊼。這部經，後來成了勝論學派（吠世學派，Vaiśeṣika）的代表作。勝論學派常常被視為正理學派的姊妹派，而合稱為「正理——勝論學派」(Nyāya-Vaiśeṣika)；因為這兩個學派的學者，常常援用另一學派的思想，來說明本派的主張㊽。因此，這雖然是兩個學派，其實也可以看成同一學派。

迦那陀的《勝論經》，說到了六種「範疇」(句義，

Metaphysics and Epistemology, theTradition of Nyāya-Vaiśeṣikaup to Gaṅgeśa) 乙書，p. 227。

㊺ 參見瓦沙耶那 (Vātsyāyana) 的《正理經註》(*Nyāya-bhāṣya*)，分 1、部 1、論題 1。又見㊹中，波特的著作，p. 240。

㊻ 參見史卻巴特斯基 (F. Th Stcherbatsky) 的《佛教邏輯》(*Buddhist Logic*) 乙書，卷 1，pp. 387–388。

㊼ 參見㊹所引波特之著作，pp. 211–212。

㊽ 同前書，pp. 12–13。

padārtha）㊾，它們都是知識的對象，亦即我人所要認知的對象；這六種範疇（六句義）是：實體（實句，dravya）、性質（德句，guṇa）、運動（業句，karma）、類別（同句，sāmānya）、差異（異句，viśeṣa）、內在性（和合句，samavāya）㊿。在這六種範疇（句義）當中，並沒有「不存在」（非實，asat）。但是，後代對於《勝論經》的註釋者，卻往往把「不存在」（非實），列入「範疇」（句義）當中，而成七種範疇（七句義）；原因是，《勝論經》在許多地方，都說到「不存在」（非實），可以經由我人的感官而知覺得到[51]。例如，《勝論經》第9分，1. 6. 10，就說到了「不存在」（非實，asat），可以經由「對比」(contrast) 而認知其存在：首先，原先存在，後來消失了的「不存在」（非實）[52]，可以經由過去知覺的消失，以及過去的記憶，而認知其存在。其次，目前存在，而以前不存在的那種「不存在」（非實）[53]，可以經由目前存在的知覺，以及以前不存在的知覺，認知其存在。另外，一物不存在於

㊾ 「範疇」(padārtha) 一詞，梵文原義有：句子的意義（所以古代中國譯成「句義」）、事物、物體、範疇、狀態等意義。〔參見莫尼爾・威廉 (Sir Monier Monier-Williams, M. A., K. C. I. E.) 的《梵英字典》(*A Sanskrit-English Dictionary*)，p. 5830。〕

㊿ 參見㊹所引波特之著作，p. 212。

[51] 參見沙帝仙德拉・恰特吉 (Satischandra Chatterjee) 以及迪蘭德拉莫漢・達他 (Dhirendramohan Datta) 合著的《印度哲學導論》(*An Introduction to Indian Philosophy*) 乙書，p. 240。

[52] 稱為「已滅無」(dhvaṁsābhāva)，乃三種「相合無」(saṁsargābhāva) 之一。參見[51]所引文獻，p. 241。

[53] 稱為「未生無」(prāgabhāva)，也是三種「相合無」之一。參見[52]。

另一物中的那種「不存在」(非實)，例如牛不存在於馬中的那種「不存在」(非實)[54]，也同樣可以經由感官知覺其存在。而那些從來就沒有產生過的，是絕對的「不存在」(非實)[55]，也可以知覺其存在[56]。

從以上的說明，我人知道，在印度，特別是正理學派及其互通聲氣的勝論學派，往往把不存在的事物，當做是某種意義的存在，可以經由我人的感官，知覺其存在。了解了以上印度哲學史上的背景，對於底下我人所要論及的龍樹思想，將可幫助我人的體認。

《迴諍論》一開頭，就提出正理學派的一個問題，它和「不存在」(非實)有關：

> 偈言：「若一切無體，言語是一切，言語自無體，何能遮彼體？」此偈明何義？……若一切法皆悉空者，則無言語；若無言語，則不能遮一切諸法。若汝意謂言語不空，言語所說一切法空，是義不然；何以故？汝言一切諸法皆空，則語亦空。……若此言語無自體者，唯有遮名，不能遮法。譬如無火則不能燒，亦如無刀則不能割，又如無水則不能

---

[54] 稱為「相合無」(saṁsargābhāva)。參見[51]所引文獻，pp. 241–243。

[55] 也許可以稱之為「畢竟無」(atyantābhāva)，它也是三種「相合無」之一。參見[51]所引文獻，p. 241。

[56] 以上有關《勝論經》中的四種「不存在」(非實)，請參見瓦拉．般沙德 (Jwala Prasad) 的《印度知識論史》(*History of Indian Epistemology*) 乙書，p. 146。

> 瀾；如是，無語云何能遮諸法自體？既不能遮諸法自體，而心憧念遮一切法自體迴者，義不相應。[57]

在這段《迴諍論》的論文當中，龍樹以正理學派的口吻說：如果一切事物都是「無體」（無自性，asvabhāva）[58]的，亦即，如果一切事物都沒有真實的內在本質，那麼，語言也是「無體」的，因為語言也是事物之一。語言既然是無體的，亦即沒有真實、內在的本質，等於是一種空幻不實的東西；既然是空幻不實的東西，就不能「遮」（否定）任何東西。因此，用語言說「一切事物都是空的」，是不對的，因為這一語言（這一句話）是「無體」的，並不能把一切事物的存在「否定」（遮）掉。

緊接著，龍樹繼續以正理學派的口吻說：

> 又復有義，偈言：「若語有自體，前所立自壞，如是則有過，應更說勝因。」此偈明何義？若此言語有自體者，汝前所立義宗自壞，是則有過。若爾，便應更說勝因。若汝意謂語有自體，餘法空者，如是則違諸法空語，汝宗亦壞。[59]

---

[57] 〈釋初分〉第 3，《迴諍論》；引見《大正藏》卷 32，頁 15 上～中。

[58] 「體」(svabhāva)，有時又被譯成「自性」，亦即事物的內在、真實的本質。目前，加一「無」(a) 字，而成「無體」(無自性，asvabhāva)，是指事物內在、真實本質的不存在。

[59] 〈釋初分〉第 3，《迴諍論》；引見《大正藏》卷 32，頁 15 中～下。

由這段引文我人知道，正理學派繼續責問龍樹：如果一切事物都是空的，而「一切事物都是空的」這一句話本身卻不是空的，亦即不是「無體」而是「有自體」（有自性，sasvabhāva）的，那麼，這表示並不是「一切」事物都空，至少有一個反例——即這一語句本身不空。這樣，就違背前面所立下的主張（宗），亦即違背了「一切事物都空」的主張。

從以上這兩段《迴諍論》的論文，我人知道正理學派採用「兩難式」(dilemma)[60]，來攻擊龍樹「一切事物都是空」的主張；其論證形式是這樣的：

㈠「一切皆空」這一語句，要嘛是空的，要嘛是不空的。

㈡如果「一切皆空」這一語句是空的，那麼，並不是一切皆空。（因為，一個空幻不實的東西，並不能否定任何其他的東西。）

㈢如果「一切皆空」這一語句不是空的，那麼並不是一切皆空。（因為，至少有一個東西，即「一切皆空」這一語句，是不空的。）

㈣所以，並不是一切皆空。

對於以上正理學派所提出來的這個兩難式，龍樹先回答了第二難——「如果語言不空，則並不是一切皆空」；龍樹說：

---

[60] 所謂「兩難式」(dilemma)，亦即最簡單的「窮舉證法」(proof by cases)。其論證形式是：A 或 B；如果 A，則 C；如果 B，則 C；所以 C。

偈言：「我語言若離，因緣和合法，是則空義成，諸法無自體。」此偈明何義？若彼言語，因中、大中、和合中無，離散中無，咽、喉、脣、舌、齒、根、齗、鼻、頂等諸處，皆各有力，如是二處和合中無，若離如是因緣和合，更無別法，以如是故，無有自體。無自體故，我言一切皆無自體；空義則成。如此，言語無自體、空；諸法如是，無自體、空。是故汝言，汝語空故不能說空，是義不然。61

龍樹認為，不但一切事物都是空的，甚至連「一切事物都是空的」這一語句也是空的；因為一個語句，是由咽、喉等「因」(hetu) 或「大」（條件，pratyaya）62所組成的，離開這些「因」或「大」(條件)，絕沒有所謂「語句」可言。可見，語句也是空的。語句既然也是空的，正理學派的第二難，亦即上述兩難式中的第㈢個前提，就不會觸犯了。

龍樹雖然避過了正理學派的第二難，但是，他能避過第一難嗎？第一難，亦即上述兩難式的第㈡個前提，是：空的語句，不能否定任何東西。對於這個問題，龍樹做了精彩的回答；首先，他說，一切都是「因緣生」(pratītyasamutpanna)，因此，包括語言本身的一切事物，當然也都是「無自體」的、「空」的。緊接著，龍樹又說：就像世間的車子、瓶子、衣服等等事物，雖然都是因

---

61 〈釋上分〉第 4，《迴諍論》；引見《大正藏》卷 32，頁 17 下。

62 漢譯本《迴諍論》此處作「大」；但是英譯本《迴諍論》則指出其梵文原本是 “pratyaya”〔中國古代譯為「緣」，亦即「條件」(condition)〕。參見16所引文獻，p. 5, 17。

緣生，因此也是無自體、空的，但是卻仍然有它們各自的功用一樣，同樣地，「一切皆空」這一語句，雖然也因為是因緣生而無自體、空的，但是卻仍然有它的功用——它的功用就在「告訴我人」(jñāpayati) 一切事物都是空的。龍樹說：

> 又復有義，偈言：「若因緣法空，我今說此義，何人有因緣，彼因緣無體。」此偈明何義？汝不能解一切法空，不知空義，何能咎我？如汝所言，汝語言空，語無自體；無自體，故不能遮法。此法若是因緣生者，生故，得言一切法空，得言一切皆無自體。以何義故，知因緣生法無自體？若法一切皆因緣生，則一切法皆無自體。法無自體，則須因緣；若有自體，何用因緣？若離因緣，則無諸法。若因緣生，則無自體；以無自體，故得言空。如是，我語亦因緣生；若因緣生，則無自體；以無自體，故得言空；以一切法因緣生者，自體皆空。如輿、瓶、衣蕃等諸物，彼法各各自有因緣，世間薪、草、土所作器、水、蜜、乳等，將來將去，及舉掌等，又復寒、熱、風等障中，諸受用法，因緣生故，皆無自體。如是，我語因緣和合而生，如是得言無有自體。若無自體，如是得言無自體成。如是空語世間受用。是故汝言，無自體故，汝語亦空，則不能遮諸法自體，是義不然。[63]

---

[63] 〈釋上分〉第 4，《迴諍論》；引見《大正藏》卷 32，頁 17 下～18 上。

在這段冗長的《迴諍論》文中，從「此偈明何義」到「故不能遮法」為止，是龍樹總答正理學派的問難，大意是說正理學派不了解「空」的道理，以致才會有「語言空無自體，故不能否定事物（遮法）」的問難。其次，從「此法若是因緣生者」到「以無自體，故得言空」為止，是說明因緣生的諸法，必定都是空無自體的。基本上，這是龍樹的哲學預設，也是他最重要的主張。他在《中觀論頌》說得非常清楚：「眾因緣生法，我說即是無(śūnyatā)。」[64]又說：「未曾有一法，不從因緣生，是故一切法，無不是空者。」[65]也就是說，龍樹把「空」（無，śūnyatā）定義為「因緣生」(pratītyasamutpanna)，亦即「由各種條件所組合而成的」。而由於世間的一切事物，都是「因緣生」的，因此，依定義，世間的一切事物都是「空」的。

從「如是，我語亦因緣生」到「以一切法因緣生者，自體皆空」為止，是說「一切皆空」這一語句本身，也是因緣生的，因此也是空的。從「如輿、瓶、衣蕃等諸物」到「因緣生故，皆無自體」為止，是說車子（輿）、瓶子、衣服（衣蕃）等物，雖然都是因緣生，以致空無自性，但仍然有裝載薪柴、青草、或泥土，盛裝水、蜜、乳，乃至避免寒、熱、風等等的功能。其次，從「如是，如是，我語因緣和合而生」到「如是空語世間受用」為止，是說明「一切皆空」這一語句，雖然因為是因緣生，以致空無自體，但是和車子乃至衣服仍有功用一樣，空的語句也仍然有它的

---

[64] 〈觀四諦品〉第 24，《中論》卷 4；引見《大正藏》卷 30，頁 33 中。

[65] 同[64]。

功用。而最後幾句是結論，大意是說正理學派以為空的語言不能否定事物（不能遮諸法自體）的說法，是錯誤的。

在以上這一長段的引文當中，從「如輿、瓶、衣蓄等諸物」到「如是空語世間受用」為止，是晦澀難懂的。依據英譯本《迴諍論》，我人可以確定上述的解析是正確的；底下是英譯本相關論文的重譯：

> 但是，諸如車子、瓶子、衣服等事物，雖然由於是因緣所生，以致沒有內在、真實的本質 (svabhāvaśūnya)[66]，但卻具有它們各自的功用，例如載運木頭、青草和泥土，盛裝蜂蜜、淨水和牛乳，以及避免寒冷、風吹和熱氣。同樣地，我所說的話[67]，雖然由於是因緣所生，以致沒有內在、真實的本質，但卻能夠說明事物沒有內在、真實的本質 (niḥsvabhāvatvaprasādhane bhāvānāṃ vartate)。[68]

在英譯本中，最值得注意的地方是最後一句：「同樣地，我所說的話，雖然由於是因緣所生，以致沒有內在、真實的本質，但卻能夠說明事物沒有內在、真實的本質」。這句話的意思是，空幻的語言，仍然具有「說明一切事物皆空」的功用。有關這點，我人在下文當中，將更詳細地討論。現在，讓我人先來看看龍樹對

---

[66] 所謂「沒有內在、真實的本質」(svabhāvaśūnya)，通常譯成「無自性」或「自性空」；而漢譯本《迴諍論》則譯成「無自體」。

[67] 指「一切事物都是空的」這一句話。

[68] 譯自[16]所引文獻，p. 18。

這種語言的兩個比喻：

> 又復有義，偈言：「化人於化人，幻人於幻人，如是遮所遮，其義亦如是。」此偈明何義？如化丈夫於異化人，見有去來種種所作，而便遮之。如幻丈夫於異幻人，見有去來種種所作，而便遮之。能遮化人彼則是空。若彼能遮化人是空，所遮化人則亦是空。若所遮空，遮人亦空。能遮幻人彼則是空。若彼能遮幻人是空，所遮幻人則亦是空。若所遮空，遮人亦空。如是，如是，我語言空，如幻、化空。如是空語能遮一切諸法自體。是故汝言汝語空故，則不能遮一切諸法有自體者，汝彼語言則不相應。[69]

在這段《迴諍論》的論文當中，龍樹為了說明空幻的語言仍有它的功能，因此舉了兩個例子，第一個例子是「化人」(nirmitaka)，亦即諸佛菩薩依其神通力所變化出來的人物。在這個例子當中，龍樹說，化人某甲阻止化人某乙做某件事情，這時候的某甲是假的，某乙也是假的；換句話說，「能阻止」（能否定、能遮，pratiṣeddhṛ）的化人某甲是空的，而「被阻止」（被否定、所遮，pratiṣedhya）的化人某乙也是空的；「能遮」、「所遮」雖然都是空的，但是，「阻止」（遮，pratiṣedha）這件功用，卻依然成立於「能遮」與「所遮」二者之間。〔注意：「阻止」（遮）這一事物的「自體」(svabhāva) 依龍樹的主張，當然不存在，但這一事

---

[69] 〈釋上分〉第 4，《迴諍論》；引見《大正藏》卷 32，頁 18 上～中。

物的「功用」卻宛然存在。〕

龍樹的第二個例子是「幻人」(māyāpuruṣa)，亦即魔術師所變幻出來的人物。這個例子大同於第一個例子，因此，在此省略不討論。

從化人、幻人這兩個例子，龍樹下結論說：相當於「能否定」（能遮）的語言是空的，相當於「被否定」（所遮）的一切事物也是空的；雖然這樣，但是一切事物的「自體」被否定這件事情，亦即「否定」（遮）這件事情，仍然可以成立。換句話說，空的語言也具有「否定」事物之自體的功用。

事實上，站在素樸實在論 (naive realism) 的立場，正理學派主張世間的一切事物都是真實而不空的，甚至連「能否定」（能遮）、「被否定」（所遮），以及「否定」（遮）這三者，也都必須是不空的。在正理學派的實在論立場看來，這三者和「能取」（能知覺者，tadgrahītṛ）、「所取」（被知覺物，grāhya）、以及「取」（知覺，grāha）這三者一樣，都是真實而不空的。因此，正理學派的學者說：

> 偈言：「取所取能取，遮所遮能遮，如是六種義，皆悉是有法。」此偈明何義？若當如是，有眾生者，有取、所取，有能取者，得言虛妄遮、所遮等，如是六義成。若六義成，而說諸法一切空者，是義不然。[70]

---

[70] 同前書，〈釋初分〉第 3；引見《大正藏》卷 32，頁 17 中。

依據英譯本《迴諍論》，上引論文，從「若當如是」到「如是六義成」為止，應該是：「如果是這樣，那麼，我人的知覺、被知覺的事物、能知覺的人、錯誤知覺的否定、被否定的事物、亦即錯誤的知覺、以及像你這樣否定知覺的人 (pratiṣeddhāro yuṣmadādayo' sya grāhasya)——所有這些，都是存在的。因此，這六種都是確定的 (siddhaṃ ṣaṭkam)。」(71)從這段英譯本《迴諍論》文的重譯，我人知道正理學派主張「能否定」、「所否定」、以及「否定」本身，這三者都必須是真實不空的。因此，就「一切皆空」這一語句來說，做為能否定事物之「自體」的「能否定」（能遮）而言，這一語句必須是實有；而且，被這一語句所否定的諸法之「自體」，也必須是實有的。如此一來，所謂「一切皆空」就成了錯誤的說法；因為能否定的語句不空，被否定的諸法自體也不空，怎麼可以說「一切皆空」呢？

正理學派的這種素樸實在論，最值得注意的是：被否定的事物——「所遮」(pratiṣedhya)，必須是實有而不空的這一主張。這當然跟前述正理學派以為「不存在」（非實，asat）是某種意義的「存在」（實，sat），可以經由我人的感官而認知到的主張有關。正理學派的這一主張，顯然是違背常識的。在一般人的看法裏，一個「被否定」的「不存在」（非實），例如瓶子的不存在，並不是一種實有的「存在」（實），相反地，正因為它確實不存在，我人才否定它的存在。

龍樹在這一問題上，也同樣站在常識的立場，來反駁正理學

(71) 譯自⑯所引文獻，p. 14。

派的這一主張。龍樹認為，當一個人用「一切皆空」這一語句來「否定」事物的自體時，並沒有「否定」任何一個原本「存在」的「不存在」（非實）——事物的「自體」；因為，事實上，從本以來，所謂事物的「自體」(svabhāva)，就不存在。把一個從本以來就不存在的東西——事物的「自體」，說成「空」的、「不存在」的，只在「告訴我人」(jñāpayati) 事物的「自體」確定是空的、不存在的，並不在「否定」一個原本「存在」的「不存在」（非實）。龍樹說：

> 又復汝說偈言：「若法無自體，言語何所遮？若無法得遮，無語亦成遮。」此偈我今答，偈言：「汝言語法別，此義我今說，無法得說語，而我則無過。」此偈明何義？若汝說言，無有言語亦成遮者，隨何等法，彼一切法皆無自體？說彼諸法無自體語，非此言語作無自體；此我今答。若說諸法無自體語，此語非作無自體法。又復有義，以無法體，知無法體；以有法體，知有法體。譬如屋中實無天得，有人問言，有天得否？答者言有，復有言無。答言無者語言，不能於彼屋中作天得無，但知屋中空無天得。如是，若說一切諸法無自體者，此語不能作一切法無自體無，但知諸法自體無體。若汝說言，若無物則不得言法無自體，以無語故，不得成法無自體者，義不相應。[72]

[72] 〈釋上分〉第 4，《迴諍論》；引見《大正藏》卷 32，頁 22 上～中。

在這一長段《迴諍論》的論文當中，開頭的四句偈，是重述正理學派的問難，大義是：如果一切事物的「自體」是空的，那麼，「一切皆空」這一語句怎麼可能否定事物的「自體」呢？換句話說，正理學派以為，被否定的事物——「所遮」，必須是存在的，否則就沒有否定的對象了。

其次的第二首偈頌，是龍樹的回答。緊接著，從「若汝說言」到「彼一切法皆無自體」這一句話，是重述正理學派的問難，大意是：我們正理學派主張——「不存在的就不能用言語來否定它」[73]，因此，如果你們中觀學派以為事物的「自體」都不存在，那麼，請問「一切皆空」這一語句，把什麼東西否定了呢？

從「說彼諸法無自體語」到「此語非作無自體法」為止，為龍樹對上述這一問難的總答；大意是：當一個人說「一切皆空」這一語句時，他並不在製造事物的「無自體」，換句話說，他並不在製造事物之自體的「無」（不存在）。龍樹的意思是：當一個人用「空」這個字來說明事物沒有自體時，他並不在否定一個原本存在的「自體」，因為所謂事物的「自體」本來就不存在；換句話說，一個人用「空」這一字來說明「自體」的「不存在」，他並沒

---

[73] 正理學派曾用一首偈頌來說明這個主張：「若法無自體，言語何所遮，若無法得遮，無語亦成遮。」在這首偈頌當中，前兩句是易讀的；而後兩句，龍樹自己的註釋是：「若如是遮，不說言語亦得成遮。若如是者，火冷、水堅，如是等過。」（以上所引俱見〈釋初分〉第3，《迴諍論》；引見《大正藏》卷32，頁17上。）漢譯本的這幾句話並不好懂。英譯本《迴諍論》則說：「（如果不存在的事物能被某一語句所否定，那麼，）不存在的事物的否定，例如火的冷 (agnehśaityasya) 或水的熱 (apām auṣṇasya)，就不需要語言（來否定它們）了。」（譯自[16]所引文獻，p. 13。）

有認為這個「不存在」原先是存在，然後把這個「存在」否定掉。總之，龍樹認為，不但「能遮」（能否定）的「空」這一語言是不存在的，而且，「所遮」（被否定）的「（事物之）自體」，也是不存在的。

從「又復有義」到「以有法體，知有法體」為止，是上引這一段論文中最重要的兩句。依據英譯本《迴諍論》，它們是底下的意思：

> 但是，由於沒有自體（沒有內在的真實本質，asati svabhāve），因此，它（「一切皆空」這一語句）告訴我人(jñāpayati) 事物都是沒有自體的 (bhāvā niḥsvabhāva iti)。[74]

這簡單的幾句話，告訴我人有關龍樹最重要的思想之一；那就是：「空」這一個字的功用，並不在「否定」任何（原本「存在」的）「不存在」，例如事物的「自體」；相反地，「空」這一個字，只如實地「告訴我人」(jñāpayati) 原本「不存在」的事物，例如事物的「自體」，確實是不存在的。

其次，從「譬如屋中實無天得」到「但知屋中空無天得」為止，是龍樹的一個比喻。龍樹說，就像屋子裏沒有天得 (Devadatta) 這個人，當我人說：「屋中沒有天得」時，並不在製造一個「沒有天得」；換句話說，天得的「沒有」（不存在），是原本就沒有，並不是原本有一個「沒有」，然後我們才用「沒有」這一

---

[74] 譯自[16]所引文獻，p. 42。

語言來否定它。

從「如是」到「但知諸法自體無體」為止，是針對「天得」的比喻而下的結論。龍樹說：當我人說「一切諸法無自體」時，這一語句並不能製造「一切諸法無自體」的「無」，它只告訴我人知道，諸法的自體是不存在的。

最後一段話是總結，大意是：正理學派主張，當事物沒有自體時，就不能說「一切皆空」這一語句，是錯誤的主張。

由以上的分析，我人知道，正理學派以為能否定的「能遮」(pratiṣeddhṛ)，例如「一切皆空」這一語句，被否定的「所遮」(pratiṣedhya)，以及「否定」的功用——「遮」(pratiṣedha)，這三者都必須是真實而不空的。但是，龍樹卻正好相反；他認為：㈠能否定的「能遮」，例如「一切皆空」這一語句，是空而不實的。能遮的語言雖然空而不實，但依然有它的功用。它的功用並不在「否定」事物（的自體），並不在製造一個「無」或「不存在」；它的功用乃在「告訴我人」(jñāpayati) 事物的自體是空的。㈡被否定的「所遮」也是空而不實的。例如，事物的「自體」(svabhāva) 原本就是空而不實的；此時，當一個人說「一切事物（的自體）都是空的」這句話時，它並不在製造一個「空」（不存在、無），因此，他也並沒有把一個原本「存在」的「不存在」（空、無）否定掉。㈢否定的功能——「遮」這件事情，也和「能遮」、「所遮」一樣，是空而不實的。也就是說，「空」這一語言的功能，並不在「否定」（遮）某些事物，它只在「告訴我人」(jñāpayati) 事實的真相是：一切事物（的自體）都是空的。

對於正理學派所主張的——能遮、所遮、遮三者都真實不空的主張，龍樹構作了一個論證，來反駁它。龍樹說：如果這三者（簡化而成一個「遮」）都是不空的，那麼，我所主張的「空」不等於成立了嗎？為什麼？因為你們正理學派以為「否定」是不空的，而你們又確實否定了我所主張的「空」，換句話說，「空」是你們所要否定的對象——「所遮」，因此，屬於「所遮」的「空」，不就成了不空了嗎？既然「空」是真實而不空的，不就證明了「空」是成立的嗎？所以，如果「遮」（以及能遮、所遮）是不空的，那麼，等於證明了「空」是成立的。龍樹說：

> 偈言：「若有體得遮，若空得言成；若無體無空，云何得遮成？」此偈明何義？法若有者，則可得遮法；若無者，則不得遮。汝難我言，一切諸法皆無自體。實如汝言，一切諸法皆無自體；何以知之？以汝遮法無自體成。若遮諸法無自體成，得言一切諸法皆空。[75]

這是不太好了解的一段《迴諍論》文。透過底下英譯本《迴諍論》文的重譯，我人將可以比較清楚地了解龍樹的意思：

> 六十一、如果否定〔確實〕存在，那麼空就被證明了(śūnyatvaṃnanu prasiddham idam)，——因為，你們否定了事物的空無自體 (pratiṣedhyate hi bhavān bhāvānāṃ niḥsvabhāvatvam)。如果否定確實存在，不是不存在 (yadi

---

[75] 〈釋上分〉第 4，《迴諍論》；引見《大正藏》卷 32，頁 21 下～22 上。

sata eva pratisedho bhavati nāsataḥ)，而且，如果你們否定了所有事物的空無自體 (bhavāmś ca sarvabhāvānāṃ niḥsvabhāvatvam pratiṣedhayati)，那麼，所有事物的空無自體就被證明了 (nanu prasiddham sarvabhāvānāṃ niḥsvabhāvatvaṃ)。因為，依據你們的主張 (tvadvacanena)，否定是存在的 (pratiṣedhasadbhāvāt)，而且，因為所有事物的空無自體，也被否定了 (niḥsvabhāvatvasya ca sarvabhāvā-nāṃ pratiṣiddhatvāt)，因此，空性就被證明了 (prasiddhā sūnyatā)。(76)

從這段英譯本《迴諍論》的重譯，我人可以肯定，前述的分析是正確的；那就是：如果正理學派堅持主張被「空」這一語言所否定的諸法自體是不空的，亦即，如果正理學派堅持主張「所遮」是不空的，那麼，這等於說「空」已經被證明成立了。為什麼？因為「空」也是正理學派所極力否定的。也就是說，「空」這一主張是正理學派的「所遮」；而「所遮」不空，「空」自然就是真實不空的了。

龍樹在《迴諍論》中，更進一步指出，如果正理學派把「空」的理論否定掉，換句話說，如果正理學派以為「空」的理論是空的，那麼等於是自毀立場；因為，正理學派主張被否定的「所遮」，亦即「空」，是真實存在的。龍樹說：

---

(76) 譯自⑯所引文獻，pp. 40–41。

偈言：「汝為何所遮？汝所遮則空；法空而有遮，如是汝諍失。」此偈明何義？若一切法遮有自體，若無自體彼得言空，彼空亦空。是故汝言有物得遮，無物不遮，義不相應。(77)

這是晦澀難讀的一段漢譯《迴諍論》文。也許透過英譯本《迴諍論》文的重新翻譯，我人即可比較清楚地了解這一段論文的本意。底下是英譯本的重譯：

六十二、現在，如果你們否定了空性，而且，如果空性不存在 (pratiṣedhyase 'tha tvaṃ śūnyatvaṃ tac ca nāsti śūnyatvam)，那麼，你們主張否定是一種存在的立場，就捨棄了 (pratiṣedhaḥsata iti te nanv eṣa vihīyate vādaḥ)。

現在，如果你們否定了所有事物的空無自體，亦即否定了事物的空性，而且，如果空性不存在，那麼，你們的主張 (pratijñā)——否定是一種存在而不是不存在，就捨棄了。(78)

從這段《迴諍論》文的重譯，我人清楚地了解到，龍樹反駁正理學派的主張說：如果能否定的「能遮」、被否定的「所遮」、以及否定「遮」這三者是不空的，那麼，等於間接證明了「空」的成立；因為，「空」是屬於正理學派所否定的「所遮」當中。這

---

(77) 〈釋上分〉第 4，《迴諍論》；引見《大正藏》卷 32，頁 22 上。

(78) 譯自⑯所引文獻，p. 41。

個結果當然不是正理學派所樂見的。因此，龍樹用這種間接法，企圖說服正理學派放棄主張能遮、所遮、以及遮這三者的真實性。

龍樹之所以花了那麼多力氣，來證明能遮、所遮、以及遮這三者為空，特別是花了力氣證明所遮為空，是因為正理學派曾經質問龍樹說：如果一切事物都是空的，那麼「一切皆空」這一句話，到底要否定什麼呢？正理學派的質問，等於是指責龍樹「無的放矢」，因為要否定或消滅某一事物，總要有一個真實存在的對象——「所遮」，才能否定它或消滅它呀！龍樹為了迴避正理學派的這一質問，所以致力於證明能遮、所遮、以及遮這三者的空幻不實。龍樹既然證明了這三者是空幻不實的，那麼，他的結論就變得非常明顯了。他的結論是：他並不「否定」（遮）任何事物；他只「告訴我人」(jñāpayati) 一切事物的「自體」都是空幻不實的。因此，他在《迴諍論》中說：

> 又復有義，偈言：「我無有少物，是故我不遮，如是汝無理，枉橫而難我。」此偈明何義？若我如是少有物遮，汝得難我；我無物遮，如是無物我無所遮。如是無遮，一切法空。如是無物遮與所遮。是故汝向如是難言何所遮者，此汝無理，枉橫難我。[79]

這也是難懂的一段論文。依據巴達恰亞的英譯本《迴諍論》，這段論文可以重新翻譯成為底下：

---

[79] 〈釋上分〉第 4，《迴諍論》；引見《大正藏》卷 32，頁 22 上。

另外：

六十三、我並沒有否定任何事物，也沒有任何事物被否定 (pratiṣedhayāmi nāhaṃ kiṃcit pratiṣedhyam asti na ca kiṃcit)。因此，當你說：「你有所否定」時，你是在中傷我 (tasmāt prati-ṣedhayasīty adhilaya eṣa tvayā kriyate)。

你確實可以正確地那樣說，如果我否定了某些事物的話。但是，我並沒有否定任何事物，因為並沒有任何事物可以被否定 (na caivāhaṃ kiṃcit pratiseḍhayāmi, yasmān na kiṃcit pratiseḍdhavyam asti)。因此，當所有事物都是空的時候，既沒有任何事物被否定 (pratiṣedhya)，也沒有任何否定 (pratiṣedha) 可言。當你說「你有所否定」時，你做了無理的中傷 (aprastuto 'dhilayaḥ)。[80]

從以上這段重譯的《迴諍論》文，我人清楚地看出，龍樹認為他並沒有「否定」任何事物。也就是說，當一個人宣稱「一切事物都是空」的時候，他只是在「告訴我人」(jñāpayati) 事實的真相是：一切事物都是空無自體的；他並不在把一個原本存在的「(事物之) 自體」否定掉，他也不在製造一個 (事物之)「自體」的「不存在」(非實，asat)。為什麼？因為所謂「(事物之) 自體」，原本就是空的。

龍樹的這一觀點，顯然是來自《般若經》中「不壞相」的說法。《大品般若經》說：

---

[80] 譯自[16]所引文獻，p. 41。

佛言：「於汝意云何，是菩薩摩訶薩壞相不？」

須菩提言：「不也，世尊！」

佛告須菩提：「云何名不壞相？」

須菩提言：「世尊！是菩薩摩訶薩行般若波羅蜜，不作是念，我當壞諸法相。……世尊！菩薩摩訶薩以方便力故，於諸法亦不取相，亦不壞相。何以故？世尊！是菩薩摩訶薩知一切諸法自相空故。」[81]

《大品般若經》的意思是：一切事物的「自相」（自體）都是空的，因此沒有真實的本質；既然沒有真實的本質，也就一方面不可執著（不取相），二方面不可破壞（不壞相），因為只有真實不空的事物，才可以執著它或破壞、否定它。因此，當我人說：「一切皆空」時，我人並沒有破壞或否定事物的「自體」（自相），因為事物的「自體」（自相），本來就是空而不存在的。《大品般若經》是龍樹所熟知的，他曾為它註釋而寫成《大智度論》乙書；因此，這種「不壞相」的思想，一定深深地影響他，以致他才有能遮、所遮、以及遮這三者皆空的主張。

三、結　論

正理學派是一個單純的、素樸的實在論者。它一方面認為世

[81] 〈深奧品〉第 57，《摩訶般若波羅蜜經》卷 17；引見《大正藏》卷 8，頁 346 下。

間的一切事物——「被知覺物」（所取，grāhya）是真實的；二方面又認為能認識事物的「能知覺者」（能取，tadgrahītṛ），亦即現量、比量、阿含量、譬喻量等四種「量」(pramāṇa)，也都是真實的；第三、正理學派又認為，能取與所取之間的「知覺」（取，grāha）關係，也同樣是真實的。在這種情形下，「一切皆空」這句話是錯誤的；因為事實上有很多真實不空的事物存在。另外，從「否定」一事來說，能否定的「能遮」(pratiṣeddhṛ) 是真實的；被否定的「所遮」(pratiṣedhya) 是真實的；而能遮與所遮之間的「否定」（遮，pratiṣedha）關係，也是真實的。因此，就「一切皆空」這一能否定的語句而言，是真實的；就被這一語句所否定的事物之「自體」而言，也是真實的；而「一切皆空」這一語句「否定」了事物之「自體」這件事情，也同樣是真實的。就這個意義來說，龍樹的「一切皆空」是錯誤的；因為能否定的「空」是不空的，所否定的事物之「自體」是不空的，而「否定」這一關係也是不空的。因此，「一切皆空」的說法是錯誤的。

正理學派認為被否定的事物——「所遮」不空，應該是印度許多思想家的共同看法。《勝論經》把被否定的「非實」(不存在，asat)，當做是某種意義的存在，可以經由我人的感官知覺得到的說法，即是一例（詳前文）。另外，龍樹的弟子——提婆(Āryadeva)，在他的《百論》乙書中，也曾舉了一個例子，來說明這種說法，可見這種說法在當時的流行；提婆說：

> 外曰：「汝無成，是成。如言室空無馬，則有無馬。如是，汝雖言諸法空、無相，而能生種種心故，應有無。是則無

成是成。」

內曰：「不然！有、無一切無故。我實相中，種種法門，說有、無皆空。是故有、無一切無。」[82]

提婆用外人的口吻說：你們中觀學派的「一切皆空（無）」的主張，本身就是一種「有」（成）。就如一個人說「房子裏沒有馬」的時候，已經「有」一個「沒有馬」一樣，當一個人說「一切皆空（無）」時，也「有」一個「空（無）」。提婆對外人的這個問難，反駁說：不對！因為事實的真相是：「有」也空，「沒有（無）」也空。

從提婆的這段話，我人可以肯定，把「所遮」的「不存在」（非實，asat），視為某種意義的一種「存在」（實，sat），確實是當時印度思想界的一種看法。而龍樹的《迴諍論》，卻針對這種看法，提出針砭。他以為，不但被認識的事物──「所知覺」（所取）、能認識的四量──「能知覺」（能取）、以及「認識」（取）這三者是空的，而且，連能否定的「空」──亦即「能遮」、被否定的事物之「自體」──亦即「所遮」，還有「否定」這一關係──「遮」，也都是空的。因此，一切事物都是空的。

龍樹的這種「空（性）」(śūnyatā)，最容易被誤解成為「虛無主義」(nihilism)；例如屬於唯識學派的《解深密經》，就說這種「空」是「誹撥三相」[83]，意思是說「空」破壞了某些原本不空

[82] 〈破空品〉第10，《百論》卷下；引見《大正藏》卷30，頁181下。

[83] 詳見《解深密經》卷2；引見《大正藏》卷16，頁695～696。

的事物。另外，龍樹的「空」，也容易被誤解成為一種黑格爾(Hegel) 式的「辯證法」(dialectic method)；例如今人李查．羅賓生 (Richard H. Robinson)，就以為龍樹的否定哲學，是一種「辯證的高升」[84]。對於這些說法，筆者已曾為文反駁過[85]。但是，從《迴諍論》中龍樹所闡述的「空」，筆者更肯定拙見的正確性。首先，就「空」是一種「虛無主義」而言，那是錯誤的說法，因為龍樹的「空」並沒有「否定」(誹撥) 任何事物；這是龍樹在《迴諍論》中一再明言的。龍樹說：他的「空」只「告訴我人」(jñāpayati) 事實的真相是一切皆空。他在《迴諍論》的最後，甚至還說，一個相信「空」的人，才能真正相信四諦、三寶、因果等道理；反之，一個不相信「空」的人，一定不能真正相信四諦乃至因果的道理[86]。這種意義的「空」，怎麼可以說是「虛無主義」呢？

---

[84] 詳見其《印度與中國的早期中觀學》(*Early Mādhyamika in India and China*) 乙書，頁 56。

[85] 參見楊惠南的〈龍樹的中論用了辯證法嗎？〉，《哲學論評》第 5 期，國立臺灣大學哲學系，民國 71 年，臺北。又見楊惠南的〈中論裏的四句之研究〉，《華岡佛學學報》第 6 期，中華學術院佛學研究所，民國 72 年，臺北。

[86] 〈釋上分〉第 4，《迴諍論》說：「偈言：『若人信於空，彼人信一切；若人不信空，彼不信一切。』此偈明何義？若人信空，彼人則信一切世間、出世間法。何以故？若人信空，則信因緣和合而生。若信因緣和合而生，則信四諦。若信四諦，彼人則信一切勝證。若人能信一切勝證，則信三寶，謂佛、法、僧。若信因緣和合而生，彼人則信法因、法果。若人能信法因、法果，彼人則信非法因果……如是無量，不可說盡。」(引見《大正藏》卷 32，頁 23 上。) 從以上所引，我人可以肯定，龍樹並沒有否定四諦乃至因果等等事物，相反地，他以為只有在「空」(因緣和合而生) 的預設下，四諦乃至因果的信仰，才能建立起來。這種說法，基本上和他的另一重要作品——

其次，再就第二個誤解——龍樹的「空」是一種黑格爾式的「辯證法」來說。所謂黑格爾式的「辯證法」，是指底下一種獲得「最高真實」的方法：從一對語句或概念，導出矛盾，以得到另一個更高層次，亦即更加真實的語句或概念；而這一個新語句或新概念，可以包含原先的舊語句或概念，及其否定。依黑格爾，被超越的那個舊語句或概念，叫做「正」(thesis)；它的否定語句或否定概念，叫做「反」(antithesis)。而超越後所得到的更高、更真實的語句或概念，則稱為「合」(synthesis)。從龍樹的《迴諍論》看來，我人可以更加肯定地說，龍樹的「空」，決不是這種意義的「辯證法」。如果龍樹的「空」是這種意義的「辯證法」，那麼，當能否定（能遮）的「空」，把事物的「自體」——「所遮」，否定了之後，應該會得到一個「更高層次」、「更加真實」的東西。但事實並不是這樣，因為當能遮的「空」，把所遮的諸法自體否定掉之後，並沒有什麼東西存在，也沒有什麼東西產生；「空」只「告訴我人」(jñāpayati) 事實的真相（是一切皆空），它並不製造「沒有」，更不製造任何「有」（所謂「更高層次」、「更高真實」的「有」）。因此，把「空」視為具有黑格爾意義之「辯證法」，無疑地，是一種錯誤。

《中觀論頌》所說，沒有兩樣。〈觀四諦品〉第 24，《中觀論頌》卷 4 說：「以有空義故，一切法得成；若無空義者，一切則不成。」（引見《大正藏》卷 30，頁 33 上。）緊接著又說，「空」是為了建立四諦、三寶、罪福、果報等道理而施設的。（參見《大正藏》卷 30，頁 33 中～34 下。）可見，龍樹的「空」，決不是「虛無主義」。

總之，《迴諍論》中所闡述的「空」，是無所不空的「空」。首先，可以被我人認知的一切事物——「所取」，都是空的；其次，能認知事物的方法——「四量」，亦即「能取」，也是空的。另外，不但被「空」所否定（所遮）的事物是空的，連能否定（能遮）的「空」也是空的。這種意義下的「空」，不是「虛無主義」，因為連「空」也是空的；也不是黑格爾式的「辯證法」，因為「空」並沒有製造任何「沒有」或「有」。那麼，這種意義的「空」是什麼？依龍樹，這種意義的「空」乃在「告訴我人」(jñāpayati)：世界的真相是空。

（本文原刊於《華岡佛學學報》第 8 期，臺北：中華學術院佛學研究所，1985 年，頁 193～236。並口頭發表於 1985 年 11 月臺灣大學哲學系所主辦的國立臺灣大學創校四十周年國際中國哲學研討會上。）

主要參考書目

1. 《迴諍論》，龍樹菩薩造，後魏・毘目智仙共瞿曇流支譯；《大正藏》卷 32，頁 13～23。
2. 《中論》，龍樹菩薩造，梵志青目釋，姚秦・鳩摩羅什譯；《大正藏》卷 30，頁 1～39。
3. Bhattacharya, Kamaleswar, *The Dialectical Method of Nāgārjuna* (*Vigrahavyāvartanī*), Motilal Banarsidass, Delhi, Varanasi, Patna, 1978.
4. Potter, Karl H., *Indian Metaphysics and Epistemology, the*

Tradition of Nyāya-Vaiśeṣika up to Gaṅgeśa, Princeton Univ. Press, Princeton, New Jersey, 1977.

5. Prasad, Jwala, *History of Indian Epistemology*, Munshi Ram Manohar Lal, Delhi–6, 1958 (2nd ed.).
6. Chatterjee, Satischandra & Dhirendramohan Datta, *An Introduction to Indian Philosophy* (6th ed.), Calcutta: Univ. of Calcutta, 1948.

龍樹《迴諍論》中「量」之理論的研究

一、引　論

《迴諍論》(*Vigraha-vyāvartanī*) 是印度中觀學派 (Mādhyamika) 學者——龍樹 (Nāgārjuna; A.D. 150–250) 的主要著作之一。由於論中用了許多篇幅，批判了四種獲得正確知識的方法——量 (pramāṇa)❶，因此，學界咸認這是一部針對印度正理學

❶ 量 (pramāṇa)，有測量 (measure)、尺度 (scale)、準則 (standard)、權威 (authority) 等意思；引申而成獲得正確知識的方法。(參見 Sir Monier Monier-Williams, M. A., K. C. I. E., *A Sanskrit-English Dictionary*, Delhi: Motilal Banarsidass, 1970, p. 685 c.) 量，是外在世界之「所量」(prameya) 與認識外在世界之個人——「量者」(pramātā) 之間的媒介或橋樑。也就是說，「量者」應用了「量」，來正確地認識「所量」。印度哲學中，由於學派的不同，對於「量」的數目到底多少，有很大的歧見。唯物學派 (Cārvāka) 只承認一種「量」，即「現量」(pratyakṣa)，亦即感官知覺。佛教和勝論學派 (Vaiśeṣika) 承認有「現量」與「比量」(anumāna) 二種「量」；其中，「比量」是指邏輯上的推論。數論學派 (Sāṃkhya) 則在兩量之外，又進一步承認了第三量——「阿含量」(āgama 或 śabda)，亦即權威人士所說的道理。而正理學派則主張有四量，新加的一量是「譬喻量」(upamāna)，亦即類比。另外，彌曼沙學派 (Mīmāṃsā) 的學者——婆巴卡拉斯 (Prābhākaras)，主張在四量之外，應該增加「義準量」(arthāpatti)，亦即預設。而同屬彌曼沙學派的學

派 (Nyāya) 而發的作品；因為，四種「量」正是這一學派的主張。

依據正理學派的主要代表作之一——瞿曇 (Gautama; A.D. 50–150) 所著的《正理經》(*Nyāya-sūtra*) 中，所列舉的四種「量」是❷：(1)現量 (pratyakṣa)，即感官知覺；(2)比量 (anumāna)，即邏輯上的推論；(3)譬喻量 (upamāna)，即比較❸；(4)阿含量（āgama 或 śabda），即權威人士所說的話❹。《正理經》的作者以為，透過

者——巴達斯 (Bhāṭṭas) 以及吠檀多學派 (Vedānta)，則主張有六量，新增加的一量是「無體量」(abhāva 或 anupalabdhi)。另外，《古史傳》(Paurāṇikas) 則認為應有七種或八種量；新增加的是：可能性 (sambhava) 與傳說 (aitihya)。〔以上參見 *The Nyāya-sūtra of Gotama*, (tr. by M. S. C. Vidyābhuṣana,) New Delhi: Oriental Books Reprint Co., p. 2.〕

❷ 參見 *The Nyāya-sūtra of Gotama*, p. 2. 其中，四種「量」的中譯，都是依據後魏‧毘目智仙共瞿曇流支所譯之《迴諍論》的譯名。（參見《大正藏》卷 32，頁 13 下。）

❸ 譬喻量 (upamāna)，即是比較 (comparison) 的一種。《正理經》I. I. 6. 曾有定義說：「譬喻是經由已知事物與某物之相似性，而獲知該物的知識。」（參見❶末所引書，p. 3.）在註釋中並舉了一個例子說明：某人從林居者口中，聽說 bos gavaeus 是一種像牛的林中動物。一次，當他到了森林裏時，看到了一種像牛的動物，於是，他知道此一動物即是 bos gavaeus。他之所以知道此一事實，依《正理經》所說，乃是透過「譬喻量」而得知。在此，牛是已知的事物，bos gavaeus 是未知的事物，但二者之間存在著某種相似性。認識者——量者 (pramātā) 透過所觀察到的這種相似性，而認知到一個原本未知的事物——bos gavaeus。所以《正理經》才會說：「譬喻是經由已知事物（牛）與某物 (bos gavaeus) 之相似性，而獲知該物 (bos gavaeus) 的知識。」

❹ 阿含量 (āgama) 又名「聖言量」(śabda)。阿含 (āgama) 的字義是（水流的）過程、（血液等的）流出、源頭等意思；引申為傳統的教義或訓示（如佛經中的《阿含經》）。（參見 Monier-Williams, *A Sanskrit-English Dictionary*, p.

這四種「量」，使我人從外在的世界，獲得了正確的知識。另一方面，龍樹的《迴諍論》中也提到了這四種「量」，並且做了詳細的批判❺；因此，無疑地，《迴諍論》中有關四種「量」的理論，乃是針對正理學派而提出的❻。

龍樹的《迴諍論》，站在「一切法皆悉空」❼的立場，否定了四種「量」的真實存在性；其中自然包括邏輯推論上的「比量」。但是，我們發現，《迴諍論》中用了大量的邏輯推論；而在龍樹的其他作品裏，例如《中論》(*Madhyamaka-kārikā*)，也用了大量的

---

129 c.）而聖言 (śabda) 的字義則是聲音，自然是指傳統歷史中有權威之聖者所說過的道理而言。《正理經》 I. I. 7. 的註解中，列舉了三種「可信任的人」：大仙 (ṛṣi)、聖者 (ārya) 和彌離車（mleccha，即外地人）。（參見 M. S. C. Vidyābhuṣana, *The Nyāya-sūtra of Gotama*, p. 4.）

❺ 參見《大正藏》卷 32，頁 13 下；頁 14 中～下；頁 16 上；頁 19 上～20 下。

❻ 《正理經》目前的版本，並不是瞿曇所著的原貌，而是西元後 250–350 年間的作品。理由是：《正理經》 II. I. 及 IV. I. 中，對於龍樹和其弟子提婆 (Āryadeva; 175–275) 的主張，做了許多批判。（參見 M. S. C. Vidyābhuṣana, *The Nyāya-sūtra of Gotama*, pp. X, 22–42, 117, 120.） 因此這些部分不可能是瞿曇的思想。威迪亞布沙那 (S. C. Vidyābhuṣana) 甚至以為，《正理經》只有第 I 篇是瞿曇的作品，其他 II～IV 篇由於討論了勝論 (Vaiśeṣika)、瑜伽 (Yoga)、彌曼沙 (Mīmāṃsā)、吠檀多 (Vedānta) 和佛教等學派的教義，不可能出自瞿曇的手筆。而第 V 章是一些詳細而瑣碎的問答、回辯，也不是出自慣於粗略回答之瞿曇的手筆。（參見前書，頁 X.）儘管《正理經》並非瞿曇原著之本來面貌，但是，至少它的第 I 篇，出自瞿曇的手筆。而四量說正好出現在第 I 篇中（詳❷），因此，可以肯定的是：龍樹《迴諍論》所批判的四量，正是正理學派或甚至是《正理經》（第 I 篇）中的四量。

❼ 《迴諍論》；引見《大正藏》卷 32，頁 15 中。

邏輯推論❽。這樣看來，龍樹一方面否定了邏輯推論的真實可靠

---

❽ 《中論》中用到了邏輯推論——比量，最明顯的例子是卷 1，〈觀去來品〉第 2 中的證明沒有「去（法）」（亦即運動）。龍樹首先把「去」（運動）之可能存在的地方，分成了三類：已去、未去、以及去時，亦即運動後、運動前、與正在運動時。他說，如果有「去」，那麼，「去」必定存在於已去、未去、去時三者之中。然後他說：「已去無有去，未去亦無去。」（引見《大正藏》卷 30，頁 3 下。）他的意思是，在運動結束以後（已去）和在運動尚未開始以前（未去），都沒有運動（去）的存在。這是很明顯的事實。因此，唯一可能有運動（去）存在的地方是正在運動時的「去時」。但是，龍樹卻接著否定說：「去時亦無去。」（同前引。）為什麼正在運動時也沒有運動的存在呢？他回答說：「若言去時（有）去，是人則有咎，離去有去時，去時獨去故。若去時有去，則有二種去，一謂為去時，二謂去時（中之）去。」（同前書，頁 4 上。）龍樹的意思是，如果承認正在運動時有運動的存在，那麼就有兩種運動（去），一是正在運動的時間（去時），另一則是時間之流當中的運動者（去時去）。前者是指時間的存在，後者則是附著在運動物體（如車輛或行人等）之上的運動狀態。而在龍樹一切事物都是「因緣生」(pratītyasamutpanna) 的哲學預設之下，有獨立自存的時間（去時）和獨立自存的運動狀態（去時去），是矛盾而不可理喻的。因此，他總結地說：「去時亦無去。」在這一長段證明沒有「去」的論證當中，龍樹把「去」的可能存在之處，分類而成已去、未去和去時；這明顯地採用了窮舉證法（proof by cases，又名「分類證法」）。而在證明沒有「去時去」時，龍樹從「去時（有）去」的假設，推論到有兩種「去」（去時與去時去）的矛盾，然後否定了「去時（有）去」的假設，得到沒有「去時去」的結論；這是歸謬證法 (reductio ad absurdum) 的應用。龍樹的作品當中（不限於《中論》），常是這兩種邏輯推論的交互應用；而其中的歸謬證法，被後代的中觀學派的學者們，例如第七世紀前半的月稱 (Candrakīrti)；稱為「應成法」(prāsaṅgika)。（參見 T. R. V. Murti, *The Central Philosophy of Buddhism*, George Allen and Unwin, 1955, p. 87.）

性，二方面卻又不斷地應用邏輯推論；這二者之間似乎存在著不可解消的矛盾。

本文希望透過《迴諍論》中有關四種「量」的理論之探究，試圖解消上述所說的矛盾。

二、《迴諍論》對於「量」的批判

㈠第一批判

為了解消上述所說的矛盾，我們有必要先來看看《迴諍論》中如何批判正理學派的四量說。

首先，正理學派針對龍樹「一切諸法空」(śūnyāḥ sarvabhāvāḥ)❾的主張，提出了他們的反駁：

> 若彼現是有，汝何（可？❿）得有迴，彼現亦是無，云何得取迴？說現、比、阿含、譬喻等四量，現、比、阿含成，譬喻亦能成。⓫

❾ 《迴諍論》；引見《大正藏》卷32，頁16上。又見E. H. Johnston and A. Kunst, *The Vigraha-vyāvartanī of Nāgārjuna*, in K. Bhattacharya, *The Dialectical Method of Nāgārjuna* (*Vigraha-vyāvartanī*), Delhi: Motilal Banarsidass, 1978, p. 14.

❿ 原註，「何」乃「可」字之誤。（參見《大正藏》卷32，頁16❶。）另外，同一首詩偈，重複出現在《大正藏》卷32，頁19上時，「何」亦做「可」字，可見應是「可」字才對。

⓫ 《迴諍論》；引見《大正藏》卷32，頁16上。

這是難懂的兩首偈頌。依照巴達恰亞 (K. Bhattacharya) 的英譯本《迴諍論》⓬，前四句應該是下面的意思：

> 如果你經由現量 (pratyakṣa) 而認識事物之後，才否定了事物的存在，那麼，用來認知事物的現量也同樣不存在 (tan nāsti pratyakṣaṃ bhāvā yenopalabhyante)。⓭

正理學派的意思是：如果像龍樹那樣，主張一切皆空，而否定了所有事物的存在性，那麼，現量（感官知覺）也必定在否定之列。如此一來，我人即無法透過現量，認識外界的事物。(因為現量也是不存在的。) 而一個未被認知的事物，要否定它的存在性，是不可能的。所以《迴諍論》的註釋說：

> 如此，經由現量這種認知方法而認識事物是不可能的。(tasmāt pratyakṣeṇa pramāṇena nopalambhahhāvaḥ.) 而且，否定一個未被認知的事物，也是邏輯上的不可能。(anupalabdhasyaca pratiṣedhānupapattiḥ.) 在這種情形下，你說一切事物皆空，這並不正確。⓮

⓬ 巴達恰亞的英譯本《迴諍論》，名為《龍樹的辯證法（迴諍論）》(*The Dialectical Method of Nāgārjuna (Vigraha-vyāvartanī)*)。由德里 (Delhi) 的莫提拉・班那西達斯公司 (Motilal Banarsidass) 在 1978 年出版。書末並附有強士通 (E. H. Johnston) 和庫思特 (A. Kunst) 所合編的《迴諍論》梵本原典。

⓭ K. Bhattacharya, *The Dialectical Method of Nāgārjuna* (*Vigraha-vyāvartanī*), p. 9.

⓮ Ibid.

前引《迴諍論》文的後四句，依據巴達恰亞的英譯本，應該是下面的意思：

> 在我們對於現量的駁斥中，我們已經駁斥了比量、阿含量和譬喻量；同時，我們也駁斥了經由比量、阿含量和譬喻量而被認知的事物。(anumānāgamasādhyā ye' rthā dṛṣṭāntasādhyāś ca.)⓯

顯然，這是前一頌的推廣。前一頌只說到了現量，這一頌則更普遍地推廣到其他三量。也就是說，正理學派認為，如果像龍樹那樣主張一切皆空，那麼，不但現量不存在，其他的比量、阿含量和譬喻量也不存在。這四量乃是認識外在事物的工具，沒有四量，認識事物也成了不可能的一件事情。而認識事物既然不可能，想把事物否定掉自然也就不可能；因為，依照正理學派的哲學看來，我們不可能否定一個不存在的東西。所以《迴諍論》的註釋說：

> 比、（譬）喻、阿含、現等四量，若現能成，比、阿含等皆亦能成。如一切法皆悉是空，現量亦空，如是比、（譬）喻亦空。彼量所成一切諸法皆悉是空；以四種量在一切故，隨何等法？……若如是者，法不可得，量、所量無，是故無遮。如是若說一切法空無自體者，義不相應。⓰

⓯ Ibid. 另外，原註說，偈頌最後說到的 dṛṣṭānta，是指譬喻量 (upamāna) 的意思，因為在《迴諍論》的註釋當中，一直都用「譬喻量」一詞。

⓰ 《迴諍論》；引見《大正藏》卷 32，頁 16 上。

從以上兩首《迴諍論》的偈頌及其註釋看來，正理學派對於龍樹一切皆空的反駁，有三點特別值得注意：

⑴外在的事物是真實存在而不空的；
⑵認識外在事物的工具——四種量是真實存在而不空的；
⑶未被認知的事物是不可能被否定的。

三點中的⑴與⑵是正理學派站在實在論 (Realism) 的立場下，所必然的主張。而第⑶點是值得深論的。依照正理學派徹底實在論的立場來看，不但第⑴點所說的外在事物——「所取」(grāhya) 和第⑵點所說的四種認知工具（四量）——亦即「能取」(grāha) 是真實存在的，而且，認知作用——「取」(tadgrahītṛ) 也是真實存在的。其次，不但認知作用（取）是真實存在的，而且，當我人否定某物之存在時，能否定的語言⓱——「能遮」(pratiṣeddhṛ)、被否定的事物——「所遮」(pratiṣedhya)，以及否定作用本身——「遮」(pratiṣedha) 等三者，也都是真實存在的。所以，《迴諍論》說：

> 取、所取、能取，遮、所遮、能遮，如是六種義，皆悉是有法。⓲

⓱ 所謂「能否定的語言」，可以從下面的實例得到進一步的了解：當我們說「一切皆空」這句話時，這句話即是「能否定的語言」——「能遮」。同樣地，當我們說「室空無馬」這句話時，這句話即是「能遮」。〔有關「室空無馬」一句，出自提婆 (Āryadeva)，《百論》卷下；引見《大正藏》卷 30，頁 181 下。〕

遮、所遮、以及能遮等三者的真實存在，龍樹的弟子——提婆 (Āryadeva)，曾經在他的《百論》卷下當中，舉了一個實例；相信這個實例是正理學派所提出來的⑲：

> **外曰：汝無成是成；如言室空無馬，則有無馬。如是，汝雖言諸法空無相，而能生種種心故，應有無。是則，無成是成⑳。**

引文中的「無成」即是中觀學派「諸法空無相」的主張，亦是《迴諍論》中所說的「遮」、「所遮」和「能遮」。文中一開頭的「外」，即正理學派等實在論的「外道」；他們一致主張「無成」本身也是一種「成」（真實存在性）。這就像當一個人用「室空無馬」這一語句，來否定馬的存在時，不但這種否定作用（遮）存在，而且能否定的這句話本身（能遮），以及被否定的馬（所遮）都是存在

---

⑱ 引見《大正藏》卷 32，頁 17 中。

⑲ 《正理經》II. I. 12. 說：「如果現量和其他各量是不可能的，那麼，否定 (prati-ṣedha) 它們也是不可能的。」II. I. 13. 又說：「其次，如果你否定 (pratiṣedha) 了所有的量，那麼，否定 (pratiṣedha) 本身也是不可能的。」在註釋中又說：「如果你想證明任何事情（例如否定），你只能經由現、比、譬喻等量才有可能。如果你否定了它們，你就無法證明事物的存在。因此，你無法證明否定本身的真實性。」（以上見 M. S. C. Vidyābhuṣana, *The Nyāya-sūtra of Gotama*, New Delhi: Oriental Books Reprint Corporation, 1975, p. 26.）從《正理經》的偈頌及註釋看來，正理學派確實主張否定（遮，pratiṣedha）的真實存在性。

⑳ 引見《大正藏》卷 30，頁 181 下。

的。所以，引文說「有無馬」(「無馬」是存在的)、「有無」(「無」是存在的)。

「無」或「無馬」是一種存在，是正理學派和印度其他許多教派的共同主張㉑，也是了解龍樹和正理學派間之所以互有爭論產生的關鍵。龍樹站在一切皆空的立場，自然不會同意這種主張。因此，龍樹用他慣用的歸謬證法 (reductio ad absurdum)，亦即「應成法」(prāsaṅgika-anumāna)㉒，證明正理學派的主張有實存的「遮」乃至「能遮」，是自相矛盾的說法：

> 若有體得遮，若空得言成；若無體無空，云何得遮成？汝為何所遮？汝所遮則空；法空而有遮，如是汝諍失。我無有少物，是故我不遮；如是汝無理，枉橫而難我。㉓

㉑ 拙文〈龍樹迴諍論中的空之研究〉(刊於《華岡佛學學報》第 8 期，臺北：中華學術院佛學研究所，民國 74 年)，曾論及《正理經》的註釋者——瓦沙耶那 (Vātsyāyana; A.D. 450–500)，以為不存在的「非實有」(asadbhāva) 是一種存有 (bhāva)，名為「能分別之於所分別的存有」(viśeṣyā-višeṣaṇabhāva)。這種「存有」，可以經由一種叫做「無體量」(anupalabdhi-pramāṇa) 的認知工具，而認知其真實存在性。而成立於西元 50–150 年間的《勝論經》(*Vaiśeṣika-sūtras*)，在其註釋當中，也把「不存在」(asat)，列入七種真實存在的範疇——「句義」(padārtha) 當中，並且可以經由「對比」(contrast) 而認知其存在性。可見，把不存在的「無」或「無馬」視為一種存有，是印度許多學派的共同主張。

㉒ 參見❽。

㉓ 《迴諍論》；引見《大正藏》卷 32，頁 21 下～22 上。其中，最後一句的「枉」原作「狂」，但原註則說，在宋、元、明三本，以及宮內省圖書寮本（舊宋本）當中，「狂」皆作「枉」。因此，本文改正成「枉」。另外，同句

依據巴達恰亞的英譯本《迴諍論》，這三首晦澀的偈頌，意思是：

> 如果否定（遮）確是存有，那麼，空性即被證明了(śūnyatvaṃnanu prasiddham idam)。因為，你們否定了事物的自性是空的(pratiṣedhayate hi bhavān bhāvānāṃ niḥsvabhāvatvaṃ)。（以上是第一首偈頌）
>
> 如果你否定了空性，而且空性是不存在的(pratiṣedhayase ´tha tvaṃ śūnyatvaṃ tac ca nāsti śūnyatvam)，那麼，你那有關否定（遮）是存有的立場，就喪失了(pratiṣedhaḥ sata iti te nanv eṣa vihīyate vādaḥ)。（以上是第二首偈頌）
>
> 我並不否定（遮）任何事物，也沒有任何事物被否定(pratiṣ- edhayāmi nāhaṃ kiṃcit pratiṣedhyam asti na ca kiṃcit)。因此，當你說「你有所否定」時，你毀謗了我。㉔

引文中，龍樹首先在第一首偈頌當中，採用了歸謬證法（應成法），證明否定（遮）的不真實性。他說：如果真有否定（遮）的存在，那麼我所主張的「一切皆空」就被證明了；因為，你否定

最後一字原本做「成」。但原註說，明本作「我」。（以上皆見《大正藏》卷32，頁22❶、❷。）對校K. Bhattacharya英譯本《迴諍論》，亦作「我」(me)，因此改正如文。〔參見K. Bhattacharya, *The Dialectical Method of Nāgārjuna* (*Vigraha-vyāvartanī*), p. 41.〕

㉔ 引見K. Bhattacharya, *The Dialectical Method of Nāgārjuna* (*Vigraha-vyāvartanī*), pp. 40–41.

了「一切皆空」的成立。前文說過，依照正理學派的說法，被否定的事物——所遮，必須是存在而成立的。現在，「一切皆空」既然被正理學派所否定了，那麼，「一切皆空」即已被證明成立了。

其次，龍樹又在第二首偈頌當中，採用同樣的歸謬證法（應成法），證明「空性」(śūnyatva) 的真實性。他說：假設你所否定的「空性」不成立，那麼，你的主張——「所遮是真實的存有」即不成立；因為「空性」是你的「所遮」。

龍樹在第一、二首偈頌當中，一方面證明了否定（遮）的不真實性，二方面又證明了「空性」（一切皆空）的真實性之後，緊接著在第三首偈頌當中，下結論說：我不否定任何事物，也沒有任何事物被我否定。也就是說，「一切皆空」或「空性」這一語詞，只在「告訴我人」(jñāpayati)㉕世界的真象是空；這一語詞的作用並不在否定任何事物的真實性。

總之，正理學派站在徹底實在論的立場，主張：⑴外在事物

㉕ 有關「告訴我人」(jñāpayati) 一詞，出自《迴諍論》：「以無法體，知無法體；以有法體，知有法體。」（引見《大正藏》卷 32，頁 32 上。）其中的「知」字，即梵文 jñāpayati 的漢譯。K. Bhattacharya 的英譯本《迴諍論》，把這兩句譯成下面：「由於沒有自體 (asati svabhāve)，因此，語言（指「一切皆空」一句）告訴我人 (jñāpayati) 事物都是沒有自體的 (bhāvā niḥsvabhāvā iti)。」（見 *The Dialectical Method of Nāgārjuna* (*Vigraha-vyāvartanī*), p. 42.）依此看來，所謂的「空」，並不是把一個原本存在的事物之「自體」（svabhāva，又譯「自性」）否定掉，它的作用只在糾正我人把不存在的「自體」誤為存在的這一錯誤而已。也許，這就是《維摩詰所說經》卷中（〈文殊師利問疾品〉第 5）所說的「但除其病，而不除法」吧？（引見《大正藏》卷 14，頁 545 上。）

真實不空；⑵認識外在事物的四種工具（四量）真實不空；⑶未被認知的事物不可能被否定（亦即，被否定的——「所遮」必須是真實不空的）。（詳前文。）另一方面，龍樹卻站在「一切皆空」的立場，否定了外在事物與四量，以及「所遮」乃至「能遮」、「遮」的真實性。所以，他說：

> 若我取轉迴，則須用現等：取轉迴有過，不爾云何過？此偈明何義？我若如是少有法物，則須現、比、阿含、譬喻如是四量，復有四量。我若如是取轉迴者，我則有過。我既不取少法轉迴，若我如是不轉不迴，汝若如是與我過者，是義不然。㉖

引文中的前四句是偈頌，其後各句則是註釋。文中所謂「取轉迴」，在巴達恰亞的英譯本《迴諍論》中，作「認知事物並肯定或否定其存在」㉗。註釋中的譯文相當晦隱難解，巴達恰亞的英譯卻很清晰：

㉖ 《迴諍論》；引見《大正藏》卷 32，頁 19 上。

㉗ 引文中的第一句偈頌，K. Bhattacharya 譯作：「如果我經由現量等量，而後認知某物，那麼，我將有所肯定或否定 (pravartayeyaṃ nivarta-yeyaṃ vā)。（但是，）由於事物並不存在，我並沒有過錯 (tadabhāvān me ’nupālambhaḥ)。」〔見 *The Dialectical Method of Nāgārjuna* (*Vigraha-vyāvartanī*), p. 24.〕因此，中譯本的「取」應是「認知某物」(apprehended something) 的翻譯；「轉迴」則應是「肯定或否定」(either affirm or deny) 的翻譯。

> 如果我經由現、比、譬喻和阿含等四量，或經由其中之一而認知某物，那麼，我將確實有所肯定或否定。(但是，）由於我甚至並不認知任何種類的事物 (yathārtham evāhaṃ kaṃcin nopalabhe)，我既無所肯定也無所否定 (tasmān na pravartayāmi na nivartayāmi)。在這種情形下，你的批評 (yobhavatopālambha uktaḥ)——「如果你經由現量等（四）量之一而認知事物，然後，否定了該物，那麼，那些量並不存在，而經由它們才被認知的事物也並不存在 (taiś ca pramāṇair api gamyāarthāḥ)」——（這種批評）與我完全無關 (sa me bhavaty evānupālambhaḥ)。[28]

顯然，龍樹以為，由於被認知的外在事物，以及能認知的四種工具——四量，都是空而不實的，因此，當他「告訴我人」(jñāpayate)「一切皆空」時，他並沒有肯定（「空性」的存在），也沒有否定（外在事物或四量的「自體」)。他的目的只在幫助我人去除錯誤的認知作用，使我人從「實有」的錯誤認知，轉向「空性」的正知。所以他說：「我宗無物」（我沒有任何主張，nāsti ca mama pratijñā）[29]。

---

[28] K. Bhattacharya, *The Dialectical Method of Nāgārjuna* (*Vigraha-vyāvartanī*), pp. 24–25.

[29] 「我宗無物」一句是漢譯《迴諍論》的論文。(引見《大正藏》卷 32，頁 19 上。）英譯本請見：K. Bhattacharya, *The Dialectical Method of Nāgārjuna* (*Vigraha-vyāvartanī*), p. 23. 其中，「宗」(pratijñā) 是主張、結論的意思。

㈡第二批判

以上是龍樹對「量」的第一個批判，也是最重要的批判。在這一批判當中，龍樹不但否定了「量」的真實存在性，而且（雖然他強調「我沒有任何主張」，但卻也）提出了他的一貫主張——「一切皆空」。

在下面的幾個批判當中，龍樹用了他那有名的歸謬證法（應成法），進一步指出「量」之內在矛盾，以便否定它們的真實可靠性。首先，他說：

> 若量能成法，彼復有量成；汝說何處量，而能成此量？此偈明何義？若汝意謂量能成物，如量、所量，現、比、阿含、喻等四量，復以何量成此四量？若此四量更無量成，量自不成。若自不成，能成物者，汝宗則壞。[30]

引文的前四句是《迴諍論》的偈頌，其餘則是註釋。龍樹的意思是：四量到底需不需要其他的量，來證明其成立？⑴如果四量需要其他量才能證明其可靠性，那麼，試問，所謂其他量，是指什麼？⑵反之，如果四量不需要其他量就可成立，那麼，你們正理學派所主張的——一切事物都必須經由量才能證知，即成了錯誤的說法。顯然，龍樹採用了窮舉證法 (proof by cases) 中最簡單的形式——兩難式 (dilemma)[31]來證明正理學派的主張是錯誤的。

---

[30] 《迴諍論》；引見《大正藏》卷 32，頁 19 上。

在⑴與⑵的兩難當中，正理學派的學者自然不會掉入第⑵難當中，因為那和他們的主張——一切事物都必須經由量才能證知，相違背。而第⑴難呢？正理學派有什麼反駁嗎？《迴諍論》說：

> 如有人言，我所說量自、他能成。而說偈言：「猶如火明故，能自照、照他；彼量亦如是，自、他二俱成。」此偈明何義？如火自照，亦能照他；量亦如是，自成、成他。32

正理學派所提出來的這一反駁，幾乎一字不差地出現在《正理經》當中33。《正理經》II.I.17～19. 說：

> 反對者（指龍樹等中觀學派）接著說：如果正知的對象必須經由量才能證明其真實性，那麼，後者（指量）也必須經由其他量才能證明其可靠性。（以上第 17 頌）
>
> 他（指反對者）繼續說：或者，如果量不必經由其他量即能證明其可靠性，那麼，就讓正知的對象也不必經由量而獲得證明其真實性吧！（以上第 18 頌）
>
> 並非如此。量像燈火的照明一樣地被證明其可靠性。34

---

31 有關龍樹所慣用的論證之一——窮舉證法，請見8。

32 引見《大正藏》卷 32，頁 19 中。

33 這也是為什麼許多學者認為《正理經》的第 II 篇成立於龍樹之後的原因。參見中村元主編，葉阿月譯，《印度思想》，臺北：幼獅文化事業公司，民國 73 年，頁 163～164。

顯然，正理學派用燈火的照明做為例子，來說明量的可靠性。龍樹以為，能正確認知外在事物的量，和外在事物（亦即引文中的「正知的對象」），二者都是立於同等的品類——範疇 (category)，因此，如果外在事物——「正知的對象」必須用量才能認知，那麼，能認知的量本身，也必須用其他量來認知；如此，即有無窮的量，這顯然是一種缺憾。反之，如果四量不必其他的量就能自己成立，那麼，為什麼與它們立於同一範疇的外在事物，卻必須經由量才能證知呢？《正理經》II. I. 在註釋第 18 頌時，曾把中觀學派的這些理由，清楚地重述出來：

> 如果你想證明量或正知的對象，那麼，二者屬於同一範疇 (category)。依照反對者看來，如果量被視為自明的 (self-established)，那麼，正知的對象也必須視為自明的。在這種情形下，現、比等量將是多餘的。㉟

《正理經》II. I. 19. 及其註釋對於中觀學派的這一問難，集中在量與正知對象的不同性的說明。在註釋中說，量與其證知的事物——正知對象，儘管有其相似之處，但卻不屬同一範疇。它說：

> 一盞燈火照明了一隻瓶子，而我們的眼睛則照明（即看見）了那盞燈火。雖然有時是燈火，有時是眼睛，那種照明

㉞ M. S. C. Vidyābhuṣana, *The Nyāya-sūtra of Gotama*, pp. 27–28.

㉟ Ibid., p. 28.

> (illumines)，你必須承認是照明者 (illuminator) 的一種普遍觀念 (general notion)。同樣地，你必須承認量是獲得正知之方法的一種普遍觀念，有別於正知的對象。當然，方法 (means) 與對象 (object) 不可視為同一範疇。[36]

依照引文看來，正理學派以為，四量屬於「方法」(means) 的範疇，而其所要證知的對象——外在事物，則屬於「對象」(object) 的範疇，二者有本質上有差異，所以不能像中觀學派那樣，以為外在事物既然需要用四量來證知，就推論到四量也必須用其他量來證知。

事實上，上面那段《正理經》II. I. 19. 的偈頌，也有不同於前面引文的註釋：

> 就像燈火照明它自己和其它事物一樣，量證明了它們自己和正知對象的真實性。因此，現量證明了它自己和感官對象的真實性。[37]

這段《正理經》II. I. 19. 的註釋，和上引《迴諍論》文的意思比較接近。而《迴諍論》的反駁是：

> 汝語言有過，非是火自照；以彼不相應，如見闇中瓶。此

---

[36] Vidyābhuṣana, *The Nyāya-sūtra of Gotama*, pp. 27–28.

[37] Ibid.

> 偈明何義？彼量如火，自、他能成難，不相應。何以故？非火自照。如初，未照闇中瓶等，不可得見；以火照已，然後得見。如是，如是，若火自照，初火應闇，後時乃明。如是得言火能自照。若初火明，則不得言火能自照。如是分別火自、他照，義不相應。[38]

龍樹的反駁，明顯地以為，正理學派有關燈火的比喻，是不恰當的比喻；因為，龍樹以為燈火只能照明他物，無法自照。他透過「照（明）」一詞的語義分析，來達到否定燈火自照的結論。他分析說：所謂的「照（明）」，必須由原先的黑闇，到照明後的光亮；就像燈火把黑闇中的瓶子，照明而成光亮中的瓶子一樣。他又說：如果燈火能自己照明，那麼，依據「照（明）」的這一定義，它必須原先是黑闇的，後來才變成光亮的。而事實不然，燈火打從被點亮時，就一直是光亮的。所以，龍樹又說：

> 於火中無闇，何處自他住？彼闇能殺明，火云何有明？此偈明何義？火中無闇，火處無闇，云何名為明能破闇？若彼火中如是無闇，何處有闇，火能破闇？若當無闇可破滅者，云何而得自他俱照？[39]

引文中，龍樹說到火中或火處並沒有黑闇存在，因此燈火並沒有

---

[38] 引見《大正藏》卷 32，頁 19 中。

[39] 《迴諍論》；引見前書，頁 19 下。

把火中或火處之黑闇照明成光亮，可見不合乎「照（明）」的字義。

但是，正理學派的學者也許會說：並不是點燃了燈火之後，火中或火處存在著黑闇，然後燈火才把該一黑闇「照明」而成光亮。事實上，當燈火剛被點燃的一開始，它就「照明」了它自己[40]。顯然，正理學派並不承認龍樹對於「照（明）」一詞所下的定義。對於正理學派的這一反駁，龍樹回辯說：

> 如是火生時，即生時能照，火生即到闇，義則不相應。此偈明何義？若火生時能自他照，義不相應。何以知之？如是初火不能到闇。何以知之？若未到闇，不能破闇。若不破闇，不得有明。[41]

龍樹的意思是：燈火剛被點燃時，無法「到闇」。既然無法「到闇」，就無法把黑闇破除而成光明。問題是：什麼叫做「到闇」？巴達恰亞的英譯本《迴諍論》，把「到闇」一詞，譯成：「與黑闇接觸」(come in contact with darkness)[42]。而在龍樹的另一作品《中

---

[40] 這一正理學派的反駁，被《迴諍論》寫成了下面數句：「若如是者，非火中闇，非火處闇。如是，如是，火自他照。彼火生時，即能破闇。如是火中無闇，火處無闇。如是火（初）生能照自他。」（引見《大正藏》卷 32，頁 19 下。）

[41] 引見《大正藏》卷 32，頁 19 下。

[42] 參見 K. Bhattacharya, *The Dialectical Method of Nāgārjuna (Vigraha-vyāvartanī)*, p. 29.

論》當中，有相似的偈頌；其中，「到闇」一詞譯成了「及於闇」❸。事實上，它們都是梵文 prāpnoti tamo 的翻譯❹。其中，prāpnoti 乃「到」的原文，由動詞 pra-√āp 變化而來。而 pra-√āp 則有達到、抵達、遇到等意思❺。依此看來，龍樹把站在實在論立場之正理學派所主張的燈火與黑闇，當做兩個實體的存在物，就像一個橘子與一根香蕉一樣，可以彼此接近而緊密地接觸在一起。這種接觸在一起的狀態，就叫做「到」。龍樹以為，如果像正理學派所說的那樣，火中或火處根本沒有黑闇的存在，燈火打從一開始就能自己照明，不必與黑闇接觸（到）之後，才把黑闇破除了，那麼，就有下面的困難產生：

> 若火不到闇，而能破闇者，火在此處住，應破一切闇。此偈明何義？若汝意謂火不到闇能破闇者，火此處住，則應能破一切世間所有處闇。何以故？俱不到故。而實不見有如是事。若俱不到，云何唯能破此處闇，不破世間一切處闇？若汝意謂火不到闇而能破闇，義不相應。❻

龍樹的意思是：如果火中或火處沒有黑闇存在，使得燈火不必接

❸ 〈觀三相品〉第 7，頌 11，《中論》卷 2 說：「云何燈生時，而能破於闇？此燈初生時，不能及於闇。」引見《大正藏》卷 30，頁 9 下。

❹ 參見 E. M. Johnston and A. Kunst, *The Vigraha-vyāvartanī of Nāgārjuna*, in K. Bhattacharya, *The Dialectical Method of Nāgārjuna* (*Vigraha-vyāvartanī*), p. 35.

❺ 參見 Sir Monier Monier-Williams, *A Sanskrit-English Dictionary*, p. 707, b.

❻ 《迴諍論》；引見《大正藏》卷 32，頁 19 下。

觸（到）該一黑闇，就照明了燈火自己，那麼，此處的燈火也應破除（照明）他處的一切黑闇。為什麼呢？因為，燈火沒有接觸（到）他處的黑闇，和沒有接觸（到）火中或火處的黑闇既然都相同，那麼，燈火既然能夠自照，它也應該能夠照明他處的一切黑闇才對。

以上有關燈火的論證，龍樹似乎是在討論燈火的不能自照；但實際上卻在證明量的無法證明自己的成立。明顯地，儘管正理學派以為量之方法 (means) 與量之對象 (object) 屬於不同的兩個範疇，以致有其本質上的差異；但是，龍樹仍然認為二者同屬一個範疇，以致如果外物（正知對象）必須經由量來證知，那麼，量也必須經由其他的量來證明其可靠性。在龍樹看來，量由他量來證明是不可能的（因為這樣一來就有無窮後退之過），因此，正理學派有關量的主張，自然是困難重重的。

龍樹為什麼把量和所量 (prameya)——正知對象視為同一範疇呢？原因是基於他那量與所量二者相依相成的「緣起」（因緣生，pratītyasamutpadā）思想。也就是說，量是相對於所量而存在的；反之，所量也是相對於量而存在的。沒有量，就沒有所量；沒有所量，也就沒有量。二者相待而成。因此，依據龍樹「眾因緣生法，我說即是無」㊼的主張，量與所量都是空幻不實的。有關這一點，應該是龍樹對於量的第三批判了：

㊼ 〈觀四諦品〉第 24，頌 18，《中論》卷 4；引見《大正藏》卷 30，頁 33 中。其中，「眾因緣生法」是梵文 pratītyasamutpādaḥ 的翻譯；而「無」字則是梵文 śūnyatāṃ 的翻譯，在其他的經論當中，也譯成「空」字。（以上參見《大正藏》卷 30，頁 33 ❺。）

㈢第三批判

龍樹把量與所量視為相待的「緣起」法，而歸入同一範疇之中，這在《迴諍論》中說得相當清楚：

> 若量能自成，不待所量成，是則量自成，非待他能成。（第一頌）
>
> 不待所量物，若汝量得成，如是則無人，用量量諸法。（第二頌）
>
> 若所量之物，待量而得成，量則所量成，待量然後成。（第三頌）
>
> 若物無量成，是則不待量，汝何用量成，彼量何所成？（第四頌）[48]

在這四首《迴諍論》的偈頌當中，第一首的註釋說：「若汝意謂量與所量，如火成者，量則自成，不待所量。」[49]龍樹的意思是：如果量像燈火的自照一樣，也能自己證明自己成立的話，那麼，量就不必依靠所量（其所證知的對象）即可自己成立了。也就是說，龍樹以為所謂的「自己證明自己成立」（自成，svataḥ siddhiḥ）[50]，是指不必依靠他物即能自己成立的意思；相反地，

---

[48] 引見《大正藏》卷 32，頁 20 上。

[49] 引見《大正藏》卷 32，頁 20 上。

凡是必須依靠他物才能成立的事物，都不是「自己證明自己成立」（自成）的事物。因此，龍樹說：「若自成者，則不待他；若待他者，非自成故。」51

在這種定義下，正理學派的四量既然是「自成」的，就必須是不必依靠所量的對象即已存在的實體。然而，這種獨立自存的量，龍樹認為是不可能存在的；所以在第二頌中，他說：「不待所量物，若汝量得成，如是則無人，用量量諸法。」（詳前文。）龍樹的意思是：如果量是「自成」的實體，不必依靠所量的助成，那麼，量與所量之間的相對關係即不存在。這樣一來，我們也就無法用量來證知所量的存在了。上引《迴諍論》第二頌的註釋當中，龍樹把他的這些想法，表達而成下面：

> 若汝意謂不待所量而量得成，則無有人用量量法。有如是過。若何得人須用量者，不待所量而得有量。52

其中，「無有人用量量法」一句，在巴達恰亞的英譯本《迴諍論》中作：「那些量就無所量了」(those pramāṇas are pramāṇas of

---

50 梵文 svataḥ siddhiḥ 乃第一頌中的原文。例如第一句——「若量能自成」，原文作：yadi svataś ca pramāṇasiddhiḥ；而最後一句——「非待他能（自）成」，則作：na parāpekṣā svataḥ siddhiḥ。（參見 K. Bhattacharya, *The Dialectical Method of Nāgārjuna* (*Vigraha-vyāvartani*), p. 30.）而所謂 svataḥ siddhiḥ，則是自己成就，自己確立，自己證實等意思；亦即自己在本質上的成立，不必依靠他物的證明。

51 《迴諍論》；引見《大正藏》卷 32，頁 20 上。

52 同前引。

nothing)[53]；意思是：量就成了沒有對象的量了。另外，引文最後一句——「若何得人……而得有量」，英譯本作：「但是，如果量是某物之量 (pramāṇas are pramāṇas of something)，那麼，它們就不能變成獨立於認知對象的認知工具。」[54]

總之，從上引《迴諍論》中的第一、二首偈頌看來，龍樹以為量是不能獨立於所量而「自成」的；因為，量若「自成」，就會產生無所量（沒有量的對象）等過錯。這一批判，顯然是建立在「自成」(svataḥ siddhiḥ) 一詞的語意分析之上。

事實上，上引《迴諍論》中的第一、二首偈頌，只是龍樹整個兩難論證 (dilemma) 的前半——當量不必依存於所量時 。而下面所要討論的第三、四首偈頌，則是這一兩難論證的後半——當量依存於所量時。在這後半當中，龍樹再度指出：即使量依存於所量，仍然有錯誤存在。現在詳論如下：

第三首偈頌，巴達恰亞的英譯本《迴諍論》譯作：

> 然而，如果量相依於所量 (prameya) 而被證明，所量即不能相依於量而被證明。（以上第三頌）
>
> 而且，如果所量（已經）獨立於量而被證明，你證明量又會有什麼用處呢 (kiṃ te pramāṇasiddhyā)？它們所能提供的目的〔已經〕被證明了 (tāni yadarthaṃ prasiddhaṃ tat)。（以

---

[53] 參見 K. Bhattacharya, *The Dialectical Method of Nāgārjuna (Vigraha-vyāvartanī)*, p. 30.

[54] Ibid.

上第四頌）[55]

在第三頌中，龍樹以為：如果量的存在必須依靠所量才能證明，也就是說，量能證知所量的真實性，那麼，量即是「能證知」(sā dhana)，而所量是「所證知」(sādhya)。「所證知」的所量既然是被「能證知」的量所證明，那麼，「所證知」的所量就不能反過來證明「能證知」的量是成立的。所以，龍樹說：

> ……所證知 (sādhya) 的對象，不能證明能證知 (sādhana) 的工具。而量確實是能夠證明所量的工具 (sādhanāni ca kila prameyāṇāṃ pramāṇāni)。[56]

總之，前引第一～四首《迴諍論》的偈頌，乃是龍樹慣用之兩難式 (dilemma) 的全部。在這一個兩難式的論證當中，龍樹所要證明的結論依然是：量不是「自成」的。下面即是這一兩難式論證的簡化：

> 量依存於所量，或者量不依存於所量；
> 如果量依存於所量，則量不能被證明；
> 如果量不依存於所量，則量沒有所量的對象；
> 所以，量不能被證明，或者量沒有所量的對象。

---

[55] Ibid., p. 31.

[56] Ibid.

兩難式中的第二個前提，即是上引第三、四頌的簡化57；第三個前提，則是第一、二頌的大意。而結論中的兩種情形——「量不能被證明」與「量沒有所量的對象」，自然都是正理學派所無法接受的。這樣，龍樹就達成他批判正理學派的目的了。另外，值得注意的是：兩難式中的第二、三個前提，都是依照歸謬證法，亦即「應成法」(prāsaṅgika-annmāna) 而證明成立的。(詳見註釋8。)

以上三個批判，是龍樹針對正理學派「量是實有」之主張而提出來的。在第一批判當中，龍樹提出了自己的主張——「空」，然後駁斥了量、所量、以及「所遮」(甚至包括「能遮」與「遮」) 的真實存在性。這可以說是「形上學的」(metaphysical) 批判。在第二批判當中，龍樹從方法論 (methodology) 上指出：量與所量乃

57 對於兩難式的第二難，龍樹不但以第三、四頌來證明會導出「量不能被證明」的困難，而且，龍樹還用下面的第五、六頌，來證明量與所量「不相離」，以致量與所量「二種俱不成」的過錯：「若汝彼量成，待所量成者，是則量、所量，如是不相離。若量成所量，若所量成量，汝若如是者，二種俱不成。」(引見《大正藏》卷 32，頁 20 中。) 其中，所謂「不相離」，巴達恰亞的英譯譯作「互換」(interchange)，顯然那是梵文 vyatyaya (交換、顛倒) 的翻譯。〔參見 K. Bhattacharya, *The Dialectical Method of Nāg-ārjuna* (*Vigraha-vyāvartanī*), p. 31.〕龍樹的意思是：如果量必須依存於所量才能證明，那麼，量變成被所量所證明，所量變成能證明量的成立。這樣一來，量即是所量，所量即是量，二者的地位對換了過來。因此，二者也無法證明對方的正確性了。就像父生子、子生父、父子之間的關係 (能生、所生的關係) 錯亂了一樣。所以龍樹說：「為是父生子，為是子生父？何者是能生，何者是所生？為何者是父，為何者是子？汝說此二種，父子相可疑。」(同前書，頁 20 中～下。)

屬同一範疇的兩個概念，因此量也和所量一樣，必須被其他的量所證明；但是，如此一來，即有無窮量之過錯。所以這是「方法論上的」批判。而在第三批判當中，龍樹構作了一個兩難式的論證，探討量與所量之間的依存關係，以證明量的並非「自成」。這可以稱之為「相關性的」(relativistic) 批判；也可稱為「緣起論的」(pratītyasamutpadā) 批判。這三個批判，構成了龍樹對於「量」之理論。而他的結論則是：

> 量非能自成，非是自、他成，非是異量成，非無因緣成。(58)

三、「量」與「二諦」的關係

從上文看來，無可置疑地，龍樹在《迴諍論》中確實激烈地批判了正理學派所主張的四種認知的工具——「量」。然而，引文中我們也說過，龍樹在他的作品當中，卻又自己大量地採用了「比量」——邏輯的推論；這特別是指窮舉證法（例如「兩難式」）和被後代中觀派學者稱為「應成法」的歸謬證法(59)。事實上，即使

---

(58) 《迴諍論》；引見《大正藏》卷 32，頁 20 下。龍樹的結論是：量不是自己能證明自己成立的，不是自己和其他事物能證明成立的，不是其他的量能證明其成立的，但也不是沒有條件它們就成立的。這相當於《中論（卷 1）・觀因緣品（第 1）》的不自生、不（自、他）共生、不他生和不無因生。（參見《大正藏》卷 30，頁 2 中。）

(59) 參見❽。

在《迴諍論》中，龍樹也明顯地用到了兩難式和應成法；上文第三批判中所引用的第一～四頌，即是一個實例。

更有甚者，龍樹的《中論》當中，不但大量地應用了窮舉證法和歸謬證法（應成法），而且還非常相似地用到了因明 (Hetu-vidyā) 中的「三支作法」[60]。例如，《中論（卷 4）．觀邪見品（第 27)》，第 22 頌即說：

五陰常相續，猶如燈火炎，以是故世間，不應邊無邊。[61]

頌文的第一句可以看作是「因支」（即理由，hetu），第二句可以看作是「喻支」（即實例，udāharaṇa），而後兩句則是「宗支」（即主張或結論，pratijñā）。這樣，頌文即可改寫成下面的「三支作法」：

---

[60] 因明 (Hetu-vidyā)，通常是指印度古代佛教，特別是瑜伽行派 (Yogā-cāra)，所發展出來的一套邏輯理論。世親 (Vasubandhu; A.D. 320–400) 之前的因明，稱為「古因明」；陳那 (Dignāga; A.D. 400–480) 之後的因明，則稱為「新因明」。（參見沈劍英，《因明學研究》，上海：中國大百科全書出版社，1985，頁 28。）古因明援用了正理學派的邏輯──「量」的理論，採用了五個支分（即部分，avayavas），作為一個論證（比量）所必要的成分。通常即稱之為「五支作法」。五個支分是：宗（即主張，pratijñā）、因（即理由，hetu）、喻（即實例，udāharaṇa）、合（即應用，upanaya）、結（即結論，nigamana）。陳那的新因明，與古因明之間，有許多的差異，其中之一即是新因明省去了五支中的後兩支，而成三支，故稱「三支作法」。（參見前書，頁 28～31。）

[61] 引見《大正藏》卷 30，頁 38 下。

宗：世間（即實有，pravartate）與有邊或無邊不相應。
因：因為（世間之）五陰相續流變的緣故。
喻：凡是相續流變的事物都是與有邊或無邊不相應的，例如燈焰。

龍樹的頌文不是嚴格意義的「三支作法」，因為原文中「因支」與「喻支」並沒有分開，而是合成一句。也就是說，頌文的第一、二句，在原文中作：

skandhānāmeṣa saṃtāno yasmāddīpārciṣāmiva/
pravartate tasmānnāntānantavattvaṃ ca yujyate//[62]

其中，skandhānām 是「八轉聲」(aṣṭavibhaktayaḥ)[63]中的「屬聲」(sv-āmivacane)，亦即文法中的「所有格」（屬格，genitivecase）；因此應該譯為「（眾多）五陰的」。同樣地，dīpārciṣām 也是屬聲，應譯為「（眾多）燈焰的」。這兩個形容詞都是用來形容主詞 eṣa saṃtānaḥ（這個相續）。因此，前半頌應該譯為：「由於 (yasmāt)（眾多）五陰的（這個）相續，就像 (iva)（眾多）燈焰

---

[62] 引見 Kenneth K. Inada, *Nāgārjuna, A Translation of his Mūlamadhyamakakārikā with an Introductory Essay*, Tokyo: The Hokuseido Press, 1970, p. 169.

[63] 八轉聲乃梵文名詞語尾的八種變化 (declension)。例如，五陰的原字是 skandha；當它是單數 (singular) 而且是當主詞 (subject) 時，應該寫成 skandhaḥ；當它是多數 (plural) 主詞時，寫成 skandhāḥ；當它是單數所有格 (genitive case) 時，寫成 skandhasya；而當它是多數所有格時，則寫成 skandhānām。

一樣」；甚至，更精確地應該譯為：「像（眾多）燈焰一樣的（眾多）五陰的（這個）相續」。顯然，這並不是一個完整的句子，而只是一個句子的主詞 (subject) 而已(64)。即使再加上下半頌的第一個字 pravartate〔意思是：它（指相續）在進行著〕，而成完整的句子，但也只是下面一句而已：「由於像燈焰一樣的五陰的相續正在進行著」(65)。可見前半頌中並沒有真正獨立的「因支」與「喻支」(66)。因此，前引頌文依照梵文原典看來，並不是一個真正的「三支作法」。而實際上，「三支作法」的理論，遲至第五世紀，才由陳那 (Dignāga;A.D. 400–480) 所建立起來(67)；龍樹是第二～三世紀的人，自然不可能採用嚴格意思的「三支作法」。

儘管如此，正如上文所說，《中論》中的這首偈頌，已經非常接近「三支作法」的形式，而它本身顯然也是一個邏輯上的推理方式——比量，因此，龍樹的作品當中，大量地採用了比量，是一個不容懷疑的事實。

---

(64) 完整句子的主詞在下半頌的第一個字 pravartate，它是動詞字根 pra-√vṛt（進行、運轉）的第三人稱現在式。因此應譯為「它（指相續）在進行著」。如此一來，完整的句子應是：「（由於）（眾多）像燈焰一樣的（眾多）五陰的（這個）相續正在進行著」。而下半頌則應譯為；「因此 (tasmāt)，它（指相續） 不與有邊 (anta) 和無邊 (an-anta) 相應 （相關連或相結合）」。〔其中 antānantavattvam 是 anta-ananta-vattvam 的連結 (sandhi)，而 vattva 則是「相似性」的意思。〕

(65) 詳(64)。

(66) 所謂真正獨立的因支與喻支，意思是因支與喻支（或至少是因支）必須是兩個單獨而完整的語句，而不僅僅是一個連結在一起的主詞。

(67) 參見(60)。

龍樹既然在他的作品當中大量地採用比量，為什麼卻又在他的《迴諍論》中，嚴厲地批判正理學派所提出來的四量呢？而這二者之間的矛盾，又如何解消呢？筆者以為，要回答這些問題，必須說到龍樹的二諦論。

二諦是俗諦（世俗諦，saṃvyavahāra-satya 或 vyavahāra-satya）與真諦（第一義諦，paramārtha-satya）。前者是指一般的世間常識；後者則指超越世間的（解脫世間的）究竟真理。龍樹在《迴諍論》中，曾這樣地用到了這兩個概念：

> ……我依於世諦，故作如是說。此偈明何義？……又我所說，不違世諦，不捨世諦。依世諦故能說一切諸法體空。若離世諦，法不可說。佛說偈言：「若不依世諦，不得證真諦；若不證真諦，不得涅槃證。」[68]

引文中的最後一首偈頌，幾乎完全一樣（只有最後稍有差別）地出現在《中論（卷 4）．觀四諦品（第 24）》的第 10 頌當中[69]。

這段引文，在《迴諍論》中是用來回答正理學派的問難：如果一切皆空，那麼「一切皆空」這句話本身也是空；如果「一切皆空」這句話也是空，那麼這句話就無法否定事物的真實性，因為一個空的東西並沒有否定的作用。龍樹的回辯則是：並不是空的東西就沒有它的功能或作用；也並不是空的東西就不能用語言

---

[68] 引見《大正藏》卷 32，頁 18 下。

[69] 參見《大正藏》卷 30，頁 33 上。又見 K. K. Inada, *Nāgārjuna*, p. 146; E. H. Johnston and A. Kunst, *The Vigraha-vyāvartanī of Nāgārjuna*, p. 29.

來描述它。在超越世間的究竟真理——「真諦」當中，一切皆空，沒有功能與作用，也沒有語言能夠描述它；但是，在一般的世間常識——「俗諦」之中，卻可以有功能與作用，也可以用語言來描述。這是龍樹對於正理學派之問難的回辯[70]。在這一回辯當中，龍樹並沒有論及「量」的問題。因此，我們可以追問的是：在「真諦」當中，一切皆空，當然包括正理學派所提出來的四量，也在否定之列；但是，在「俗諦」當中，龍樹是否允許四量的存在並承認它們的功能與作用呢？答案是肯定的。我們的理由有二：⑴《迴諍論》中明文說到了俗諦的功能；⑵《中論》中明文說到「空」是為了建立一切法。

就第⑴點理由來說，上引《迴諍論》文「若離世諦，法不可說」，依巴達恰亞的英譯本，應作：「如果不依靠俗諦，就不可能教導絕對的真理（法，dharma）。」[71]可見俗諦的功能乃在透過它來教導絕對的真理——「法」。這意味著為了要把絕對的真理詮釋清楚，不惜利用一般世間所認可的各種常識，其中自然包括四量在內，來當做暫時的工具。我想，這就是龍樹為什麼一方面主張一切皆空，因此四量也空，而另一方面卻又大量採用比量來證明其主張的原因。依照龍樹看來，一切皆空（因此四量也空）是他所謂的絕對真理——「法」；而俗諦中的比量，正是可以達到教導

---

[70] 有關正理學派的這一問難，以及龍樹的回辯，詳見楊惠南，〈空否定了什麼？——以龍樹迴諍論為主的一個研究〉，《臺大哲學論評》第 8 期，臺北：臺灣大學哲學系，1985，頁 175～191。

[71] 引見 K. Bhattacharya, *The Dialectical Method of Nāgārjuna (Vigraha-vyāvartanī)*, p. 22.

這一絕對真理之目的的一種工具。

其次，就第(2)點理由來說，《中論（卷4）．觀四諦品（第24)》，一開頭即說到外人批評龍樹的「空」破壞了佛所說的四諦、四果、四向、以及三寶等有關「罪福」的道理。緊接著，龍樹則反駁說：所謂的「空」，不但不會破壞「罪福」的道理，而且相反的，正是為了建立起「罪福」的道理，才要主張「空」[72]。龍樹下結論說：「以有空義故，一切法得成；若無有空義，一切則不成。」[73]依此類推，龍樹雖然站在一切皆空的立場，否定了正理學派的四量，但是，事實上他卻給予四量一個之所以能夠成立的理論基礎。龍樹有關「空」的哲學，乃立基於「因緣生」（緣起，pratītyasamutpāda）的理論基礎；所以他說：「眾因緣生法，我說即是無（空，śūnyatā）。」又說：「未曾有一法，不從因緣生，是故一切法，無不是空者。」[74]因此，就四量而言，四量乃依存於其「所量」(prameya) 而有；沒有「所量」，四量也就不成其為四量。就這個（因緣生的）意義而言，龍樹說四量是「空」的。這種意義的「空」，否定的只是四量的獨立性。龍樹把這種不必依存於其他條件（因緣）的獨立性，稱為「自性」(svabhāva)。因此，所謂四量是「空」的，意思是四量沒有「自性」；亦即四量是「自性空」（無自性，niḥsvabhāva）。

四量的「自性」雖然是空的，但它們仍然可以有各自不同的功能或作用。龍樹曾在《迴諍論》中舉了「化人」(nirmitaka) 與

---

[72] 《大正藏》卷30，頁32中～34下。

[73] 同前書，頁33上。

[74] 同前書，頁33中。

「幻人」(māyāpuruṣa) 為例，來說明一個「空」的東西，仍然有它的功能或作用。他說：

> 化人於化人，幻人於幻人，如是遮所遮，其義亦如是。此偈明何義？如化丈夫於異化人，見有去來種種所作，而便遮之。如幻丈夫於異幻人，見有去來種種所作，而便遮之。能遮化人彼則是空；若彼能遮化人是空，所遮化人則亦是空。若所遮空，遮人亦空。能遮幻人彼則是空；若彼能遮幻人是空，所遮幻人則亦是空。若所遮空，遮人亦空。如是，如是，我語言空，如幻、化空。如是空語能遮一切諸法自體。是故汝言汝語空故則不能遮一切諸法有自體者，汝彼語言則不相應。[75]

此處，所謂「化人」(nirmitaka) 是指人造的人 (artificially created person)[76]，類似中國古代高僧所說的「機關木人」；而「幻人」(māyāpuruṣa) 則是指魔術師所變化出來的人。這兩種人自然都是不真實的（人），亦即是「空」的（人）。但是，這兩種「空」的人，卻能夠阻止（遮，pratiṣedhayeta）另外兩種「空」的人，去做某些事情（去來種種所作）。也就是說，甲化人（即註釋中的「化丈夫」）能夠阻止（遮）乙化人去做某些事情；甲幻人（即註

---

[75] 《迴諍論》；引見《大正藏》卷 32，頁 18 上～中。

[76] artificially created person 是 K. Bhattacharya 的翻譯；參見 *The Dialectical Method of Nāgārjuna*, p. 18. 梵文 nirmitaka 乃由動詞字根 nir-√mi（用神通製造）的變化語。

釋中的「幻丈夫」）也能夠阻止（遮）乙幻人去做某些事情[77]。而能阻止（能遮）的甲化人和甲幻人，是空的；被阻止（所遮）的乙化人和乙幻人，也是空的。

龍樹舉這兩個例子的目的，乃在說明作為「能遮」的語句——「一切皆空」，以及作為「所遮」的一切事物（自然包括四量），雖然都像甲、乙幻人、化人一樣，都是空的，但是「遮」（阻止）的作用卻仍然可以存在。可見，一個「空」的東西，並不是就沒有它的功能或作用。

這樣看來，龍樹儘管否定了正理學派所提出來的四量，說它們都是「空」的；但是，所謂的四量是「空」，意思僅僅止於四量的沒有「自性」，亦即僅僅止於四量無法獨存於其「所量」的事物之外。龍樹並不進一步否定四量的功能或作用。這也許就是他之所以依然大量採用比量的原因吧？

龍樹在他的《中論（卷 4）．觀四諦品（第 24）》，第 18 頌說到：「因緣生」的意義就是「無」（空，śūnyatā），就是「假名」(prajñā-pti)，也就是「中道」(madhyamāpratipad)[78]。因此，當他

[77] 在 K. Bhattacharya 的英譯本中，乙化人和乙幻人分別乃由甲化人和甲幻人自己的幻化能力所製造 (svamāyayā sṛṣṭam) 出來的。這樣一來，就更富趣味性了。（參見 *The Dialectical Method of Nāgārjuna*, p. 18.）

[78] 原偈頌是：「眾因緣生法，我說即是無，亦為是假名，亦是中道義。」（引見《大正藏》卷 30，頁 33 中。）其中，依照梵文原典，「眾因緣生法」是 yaḥ pratītyasamutpādaḥ 的翻譯，意思是指那些 (yaḥ) 由各種條件（因緣，pratītya）所生起 (sam-ut-pāda) 的事物。〔在此，生起 (samutpāda) 一詞乃由動詞字根 sam-ud-√pad 所變化而來。〕其次，「無」又譯作「空」或「空性」，乃梵文 śūnyatā 的翻譯，意思是：不存在、虛無、不真實。而「中道」

說四量是「空」（無）時，他的意思是：四量乃依存於其他的條件（例如「所量」）而存在——「因緣生」。而且，四量是「假名」。在此，所謂假名，是指為了把自己已知的消息（道理）教導、或傳遞給別人，因此而彼此同意、約定的一種表達方式[79]。例如，就四量而言，它們雖然都是空的，但是，為了要把佛教的真理——「一切皆空」教導其他的眾生，因此，也不妨採用這些世間人共同約定的認知方法，來達到教導「一切皆空」的目的。這是為什麼龍樹一方面激烈地否定正理學派的四量，另一方面卻又大量採用比量的原因[80]。龍樹就把這種一方面否定事物（例如四量）的真實性，二方面又肯定其世俗功能——教導、傳遞消息的功能，稱為不偏不倚的中庸之道——「中道」。

應是梵文 madhyamā-pratipad 的翻譯，但在原頌文中卻作：pratipad-madhyamā。（其中，madhyamā 是中間、中庸、平均值的意思，而 pratipad 則是抵達、涉足、行走、發現、理解、學習的意思。）另外，「假名」是梵文 prajñāpti 的翻譯。而 prajñāpti 的原義有：教導、教示、消息、約定、同意等。（參見 Monier Monier-Williams, *A Sanskrit-English Dictionary*, p. 659 a.）意思是為了要把消息教導他人或傳遞消息給他人，而彼此同意、約定的一種（教導、傳遞）方式。

[79] 詳[78]。

[80] 在古代的中國，「假名」一詞往往被理解為不真實的「假有」。這如果不是一種誤解，就是一種引申的意思，而非它的原義。其實，在中文裏的「假」，固然有虛幻之「假有」的意思，但也有「假借」亦即暫時借用的意思。後者才是「假名」一詞的原義。

四、結　論

上文說到，在龍樹的哲學當中，一切皆空的「真諦」與不妨是有的「俗諦」之間，不但不相矛盾，而且二者之間還存在著依存的關係。因此，真諦當中儘管四量都是空的，但是，俗諦當中，為了教導眾生的目的，不妨把四量當做方便的工具——「假名」。

在龍樹的哲學裏，一方面採取否定的立場，二方面卻又肯定了許多世俗的價值，是常常見到的事情。在《迴諍論》和《中論》中，他用「真諦」與「俗諦」，乃至「無」（空）與「假名」等兩組概念，來解消二者之間所存在的可能矛盾。而在《大智度論》當中，他又採用「四悉檀」與「二道」的說法，來統攝二者之間的關係。

《大智度論》卷 1，曾把佛法區分為四種「悉檀」(siddhānta)[81]：(1)世界悉檀；(2)各各為人悉檀；(3)對治悉檀；(4)第一義悉檀[82]。其中，前三者是指世俗的常識（世界），或為特定對象而說的道理（各各為人），乃至為了治療特殊的煩惱而設定的法門（對治）。而最後的第一義悉檀，則是指超越世間的究竟真理。因此，從「如如法性」或「實際」而言，前三悉檀都只是方便施

---

[81] 梵文 siddhānta 一般中譯為「成就」，有最終目的、（論證之）結論、確定的意見或教理、公理 (axiom)、公認的真理等意思。（參見 Monier Monier-Williams, *A Sanskrit-English Dictionary*, p. 1216 a.）這四種悉檀（即道理），能使眾生獲得利益，因此稱為「悉檀」（成就）。

[82] 參見《大正藏》卷 25，頁 59 中。

設，因此都是虛妄不實的道理；相反地，第一義悉檀則是真實的道理。所以，《大智度論》卷 1 說：「如如法性、實際，世界悉檀故無，第一義悉檀故有；(各各為) 人等亦如是。」[83]但是，從解脫前的凡夫階位來看，世俗的一切 (世界悉檀等) 不妨看成是有，只有第一義悉檀才是空的。所以，《大智度論》卷 1 又說：「世界悉檀（等）故有，第一義悉檀故無。」[84]在此，第一義悉檀即是《中論》和《迴諍論》中的「真諦」和「無」(空)，而前三悉檀則是「俗諦」和「假名」。所以，四量的空，乃是依據第一義悉檀而言；而四量的大量採用，則是依據前三悉檀的方便手段。

龍樹在他的《大智度論》卷 71，還說：「二人者，般若及方便。般若波羅蜜能滅諸邪見煩惱戲論，將至畢竟空中。方便將出畢竟空。」[85]這是註釋《摩訶般若波羅蜜經（大品般若經）‧譬喻品 (第 51)》的一段論文。經中用五種譬喻，說到一個雖然「有信、有忍、有淨心、有深心、有欲、有解、有捨、有精進信」的菩薩，如果沒有「般若（之）方便」，依然會「中道（中途）衰耗，墮聲聞、辟支佛地」；因為信、忍、乃至精進信等，都只是「世間功德」的緣故[86]。龍樹在註釋這段經文時，一開頭即說有兩種菩薩：一、得諸法實相；二、雖未得實相，但在佛道當中卻有信、有忍、乃至有精進信者[87]。最後則下結論說，這兩種菩薩

[83] 同前書，頁 59 下。

[84] 同前引。

[85] 引見《大正藏》卷 25，頁 556 中。

[86] 參見《大正藏》卷 25，頁 555 中～556 中。

[87] 同前書，頁 556 上～中。

都必須具足般若與（般若之）方便，才能成就解脫之道[88]。

在《般若經》中，「般若」(prajñā) 一詞通常被視為是理解一切皆空的一種超越的智慧[89]。而「方便」(upāya)，其梵文字義是：接近（目的）、前進、抵達、達到目的之方法、打敗敵人的手段、計謀、策略等[90]。《大般若經（卷 329）．初分巧方便品（第 50 之 2)》曾有一段有關「方便」的經文：

> 一切法空，皆不可說。如來方便，說為無盡。或說無數，或說無量，或說無邊，或說為空，或說無相，或說無願，或說無作，或說無生，或說無滅，或說離染，或說寂滅，或說涅槃，或說真如，或說法界，或說法性，或說實際。如是等義，皆是如來方便演說……如來甚奇，方便善巧。諸法實相，不可宣說，而為有情方便顯示。[91]

---

[88] 值得注意的是，上面引文中所說的「二人者，般若及方便」，並不是分別指這兩種菩薩。事實上，它是註釋經文中所舉的最後一個譬喻中的二人——「兩健人」。這兩個健壯的人就像般若與方便，能把行走在長遠之菩薩道中的病弱老人（譬喻菩薩）扶持起來，繼續完成其未竟之業。（參見《大正藏》卷 25，頁 556 上～中。）

[89] 例如，《摩訶般若波羅蜜經（卷 3）．集散品（第 9)》即說：「何者是般若波羅蜜？何以故名般若波羅蜜？……若法無所有、不可得，是般若波羅蜜……內空故。外空、內外空、空空、大空、第一義空、有為空、無為空、畢竟空、無始空、散空、性空、自相空、諸法空、不可得空、無法空、有法空、無法有法空故……。」（引見《大正藏》卷 8，頁 236 中。又見《大智度論》卷 43；《大正藏》卷 25，頁 369 中～371 中。）

[90] 參見 Monier Monier-Williams, *A Sanskrit-English Dictionary*, p. 215 b.

依此看來，所謂「般若」，乃是證得一切皆空之絕對真理的智慧。其所證得的真理，即是《迴諍論》和《中論》裏的「真諦」；佛、菩薩依此而宣說之道理，即是前文《大智度論》中所說的「第一義悉檀」。而所謂「方便」，乃是克服菩薩道中所可能遇到的困難——例如退轉為聲聞、辟支佛的小乘心；也是體悟「空」之絕對真理之後，為了教導眾生，而暫時採用的手段或方法。亦即是《迴諍論》和《中論》裏所說的「世諦」，或《大智度論》中所說的前三悉檀。而正理學派所提出的四量，從「般若」道的觀點來看，自然是空幻不實的；但從「方便」道而言，卻不妨是菩薩自證涅槃或度化眾生所可以採用的暫時性手段或方法。這是為什麼龍樹一方面嚴厲地批判四量，另一方面卻又在他的作品當中大量採用四量（特別是比量）的原因。

---

91 引見《大正藏》卷6，頁687下。引文中最後的「方便善巧」，應是梵文 upāya-kuśala 或 upāya-kauśala 的翻譯。其中，kuśala 譯為「善巧」，有正確、恰當、適當、良好、健康、巧妙等意思。而 kauśala 也同樣譯作「善巧」，而有幸福、幸運、繁榮、成功、巧妙、聰明等意思。（參見 MonierMonier-Williams, *A Sanskrit-English Dictionary*, p. 297 b, p. 317 c.）因此，所謂「方便善巧」，應指一種可以克服困難而帶來成功、幸福的方法或技巧。

王陽明——中國十六世紀的唯心主義哲學家

張君勱　著；江日新　譯

張君勱是同唐君毅、徐復觀及牟宗三諸先生共倡「當代新儒學」的代表人物。為尋繹中國走向民主政治的問題及方法，張君勱的思想研究是一個重要的可能取徑。王陽明哲學的重新認取和發揮，則是了解張君勱思想的一個關鍵。本書是張氏全面論述陽明哲學的專著，內容深入淺出，能幫助讀者把握張氏在此方面的真正意圖及洞見，是研究張氏思想與陽明心學的重要著作。

硬美學——從柏拉圖到古德曼的七種不流行讀法

劉亞蘭　著

本書作者另闢蹊徑，擺脫以「唯美」的藝術作品來介紹美學的方法，反而從七個迥異的主題下手，藉由最「冷硬」、最尖銳的議題來挑動讀者的哲學神經。這些議題包括了對藝術體制的批判、藝術與詮釋問題、創作與靈感、解構藝術、藝術與性別／種族、藝術的本質等爭議，範圍除了涵蓋當代歐陸美學與分析美學兩大傳統外，也討論了美學史上重要的哲學家。

形上學要義

彭孟堯　著

哲學是人文的基礎，形上學是哲學的根基。本書介紹在英美哲學思潮下發展的形上學，解說形上學最根本的四大概念：等同、存在、性質、本質。在介紹的過程中同時也探討了「個物」以及「自然類」等概念。另外，基於形上學必定要探討這個世界的結構，尤其是這個世界的因果結構，本書特別對於因果關係進行一些說明。

哲學概論

冀劍制　著

不同於傳統以訓練哲學專業為目標，本書做為哲學入門教科書，著重在引發學生興趣與思考。希望透過與哲學的簡單接觸，就能吸收養分，轉換成生活的智慧。本書另一項特點是廣泛介紹各種哲學議題，不偏重於任何特定主題的方式來規劃內容，並且在篇末設計了一些值得討論的問題，訓練學生的思考能力。

國家圖書館出版品預行編目資料

龍樹與中觀哲學／楊惠南著.——三版一刷——臺北市：東大，2022
面；　公分

ISBN 978-957-19-3322-1（平裝）
1. 龍樹(Nayavjuna, 150-250) 2. 佛教哲學

220.125　　111005067

龍樹與中觀哲學

作　　者｜楊惠南
發 行 人｜劉仲傑
出 版 者｜東大圖書股份有限公司
地　　址｜臺北市復興北路 386 號 (復北門市)
　　　　　臺北市重慶南路一段 61 號 (重南門市)
電　　話｜(02)25006600
網　　址｜三民網路書店 https://www.sanmin.com.tw

出版日期｜初版一刷　1998 年 10 月
　　　　　二版三刷　2010 年 10 月
　　　　　三版一刷　2022 年 5 月
書籍編號｜E220160
I S B N｜978-957-19-3322-1

東大圖書公司